Le sexe des gestes

Du même auteur

La grammaire des gestes, J'ai lu, 8652
Le langage psy du corps, J'ai lu, 9247
Les gestes du succès, les mots de la réussite, J'ai lu, 9446
Ces gestes qui vous trahissent, J'ai lu, 9588

Les gestes des politiques, Éditions Flammarion (2006)
La grammaire des gestes, Éditions Flammarion (2006)
Le dico illustré des gestes, Éditions Flammarion (2009)

Les Étonnants Pouvoirs de l'énergie positive, First Éditions (1993)
Les gestes de la séduction, First Éditions (1995)
Les gestes de la vie professionnelle, First Éditions (1997)
Talents cachés, First Éditions (1997)
Le sens caché des gestes, First Éditions (2002)
Ces gestes qui manipulent, ces mots qui influencent, First Éditions (2003)
Ces gestes qui séduisent, First Éditions (2004)
Les gestes du succès, les mots de la réussite, First Éditions (2004)
Le langage psy du corps, First Éditions (2004)
Ces objets qui vous trahissent, First Éditions (2005)
Ces gestes qui vous trahissent, First Éditions (2005)
Le petit décodeur gestuel, First Éditions (2006)
Le sexe des gestes, First Éditions (2007)

De Caroline et Joseph Messinger

Ne leur dites jamais... savoir parler à ses enfants, ça s'apprend, J'ai lu, 8591
Les mots qui polluent, les mots qui guérissent, J'ai lu, 8592

Dis maman, pourquoi on peut pas dire merde ?, J'ai lu, 9140

Êtes-vous faits l'un pour l'autre ?, First Éditions (1999)

Entre mères et filles, Éditions Flammarion (2009)

JOSEPH MESSINGER

Le sexe des gestes

J'AI LU

Bienêtre

Collection dirigée
par Ahmed Djouder

Avertissement

Je vous invite à considérer ce livre comme la réunion d'une grande quantité de fiches de travail sur un sujet commun : les différences qui séparent ou qui rassemblent les femmes et les hommes. Je vous conseille vivement de le lire en picorant les aspects du problème qui vous interpellent en priorité. Il existe une interaction entre ces fiches, qui sont autant de petits chapitres sous la forme de renvois. Cette procédure m'a permis de ne pas répéter certaines règles ou certains postulats gestuels de base. Ceci afin de ne pas alourdir mon propos. Pour vous en faciliter la consultation, j'ai classé ces fiches en ordre alphabétique tous thèmes confondus. Les gestes y tiennent une part importante, comme il se doit, mais pas seulement. Vous y trouverez aussi divers points de vue associés à toutes les sciences humaines et biologiques de pointe.

« 55 % de l'attraction mutuelle éprouvée lors d'une première rencontre seraient liés au langage, 38 % à la tonalité de la voix et à la rapidité d'élocution et seulement 7 % à la teneur des propos échangés. Mais l'arme de séduction la plus puissante serait tout simplement le regard[1]. »

---

1. *Ça m'intéresse n° 8.*

Le geste est premier, c'est avec le corps que nous avons d'abord appris à communiquer.

Christiane OLIVIER

Le sexe des gestes

« Je n'aime pas l'idée d'un malentendu entre les hommes et les femmes qui ne fait qu'entretenir la peur de l'autre. C'est comme la peur du loup : on craint quelque chose que l'on n'a jamais rencontré. Donc, on est confronté à des caricatures : les hommes ont peur ou les hommes sont violents ; les femmes sont soumises ou elles sont castratrices. Mais la guerre est à l'intérieur de chacun de nous. C'est difficile de grandir. C'est douloureux. Mais on n'a jamais trouvé d'autre moyen pour se construire ».
Catherine BLANC – Sexologue

Inventaire gestuel à la Prévert

Les hommes se baladent souvent avec les mains accrochées dans le dos ; les femmes croisent les bras en marchant ou quand elles sont contrariées.

Les femmes orientent les paumes vers l'avant ; les hommes marchent avec les paumes orientées vers le corps.

Les jeunes femmes fument avec la cigarette pointée vers le ciel ; la cigarette de l'homme est pointée vers l'avant ou vers le sol.

Les hommes tiennent souvent leurs lunettes de soleil en main quand il leur arrive de les ôter ; les femmes les remontent toujours en diadème sur le sommet du crâne.

Les hommes marchent avec les mains dans les poches ; les femmes évitent de cacher leurs mains.

L'homme marche devant, la femme suit dans la plupart des cultures ; l'homme ouvre la voie et protège sa compagne contre les prédateurs.

Sur une population observée de 1091 individus, j'ai repéré 437 femmes qui croisaient les jambes pour 654 hommes. Ce qui signifie que les hommes ne maîtrisent pas aussi bien leur image sociale que les femmes. La gestuelle de la femme est globalement séductrice, sensuelle ou sécurisante ; la gestuelle de l'homme est affirmative, offensive, agressive ou réductrice.

Une femme qui se tripote les cheveux en permanence est une femme romantique ou rêveuse ; un homme qui se passe la main dans les cheveux ou qui lisse son crâne chauve est en orbite autour de son nombril.

La femme qui porte un anneau ou une bague à l'auriculaire droit est plutôt indiscrète et curieuse ; l'homme qui enfile une bague à ce même doigt sera ambitieux ou carriériste. Debout face à un homme, la femme a tendance à inverser les jambes (dites aussi jambes en X) ; l'homme campera son corps sur ses deux pieds ou orientera l'un de ses pieds en direction de la femme.

La femme pose ses fesses sur un siège ; l'homme s'assoit.

Certaines femmes préfèrent papoter debout ; les hommes ne peuvent se confier sans s'asseoir.

La femme tribord (à droite de son compagnon) réagit en femme maîtresse, la femme bâbord (à gauche de son compagnon) se conduit en maîtresse femme. L'homme tribord est romantique et très amoureux, l'homme bâbord est sentimental et autoritaire.

Et ainsi de suite...

Fuis-moi, je te suis ! Suis-moi, je te fuis !

« L'homme propose, la femme dispose », disait le journaliste Louis Auguste Commerson, auteur de maximes spirituelles au début du XIXe siècle. Les choses ont-elles évolué depuis cette époque ? Il est vrai que de nos jours la parité tient le haut du pavé. Égalité : ressemblance, définit le dictionnaire. Mais sommes-nous si égaux selon le sexe ? En viendra-t-on un jour à inverser les valeurs : « La femme propose, l'homme dispose » ? Sommes-nous si semblables ou plutôt si différents ? Sexes fort et faible ne fonctionnent pas sur le même mode. Ils se complètent, et pour ce faire, ne doivent-ils pas être antagonistes et complémentaires ?

Enfermés dans leurs différences physiologiques, protégés par leurs différences psychologiques et psychogestuelles, ils n'ont fait que partager une intimité charnelle sans jamais vraiment comprendre leurs modes d'emploi respectifs. Et ce n'est pas par hasard que nous avons vu récemment fleurir une kyrielle d'ouvrages sur le sujet. Les femmes n'apprécient-elles plus la société des hommes et les sentiments machistes qui l'animent au nom de la parité ? Elles les rejettent tout en multipliant les moyens de leur plaire un peu plus efficacement encore, d'où la justification du paradoxe en tête de cette introduction. Un comportement parfaitement contradictoire qui déroute l'homme mais qui est parfaitement normal dans l'esprit d'une femme en quête d'amour. « Elle vous fuira, si vous lui plaisez, donc il vous suivra, si vous le fuyez. » Tel est le mode opératoire qui prélude à ce type de conduite, incohérente pour les uns, mais parfaitement naturelle pour les autres. Hommes et femmes se différencient moins par la nature de ce qu'ils éprouvent que par le sens apparent de leurs postures ou leurs gestes.

Et les gestes ?

Des différences entre hommes et femmes sur le plan gestuel, il y en a, et elles sont multiples, comme vous aurez l'occasion de vous en rendre compte au fil des pages de ce livre. Certains codes gestuels tiennent plus à la morphologie qui nous différencie, d'autres expriment la divergence des attitudes corporelles face à des situations émotionnelles ou sentimentales similaires. Le corps masculin n'est pas le corps féminin et leurs mouvements divergent en toutes circonstances. Quelques exemples vous permettront déjà de comprendre à quel point le fossé est large entre ce qui se passe dans le mental d'une femme et celui de son compagnon en face à face.

Figure 1

Quand une femme regarde son partenaire ou un inconnu, coudes en appui sur la table, doigts croisés, sauf les index collés qui pointent vers les narines en diagonale des lèvres (fig 1), elle exprime silencieusement son envie de se rapprocher affectivement de l'homme qui lui plaît. Mais attention ! Ce peut être aussi les perspectives professionnelles proposées par l'interlocuteur qui vont stimuler ce code d'intention.

Quand un homme reproduit la même séquence face à une femme, il songe à faire l'amour sans préliminaires.

Mais quand il reproduit ce même code face à un autre homme, il cherche le moyen de le rouler ou de le renvoyer dans les cordes du ring. Un geste identique, mais l'interprétation diffère en fonction du contexte. Généralement, les femmes tendent la joue pour recevoir le baiser d'un homme et les hommes embrassent la joue tendue. Suivant qu'elles tendent la joue droite ou la gauche, le message n'est pas du tout le même, comme vous aurez l'occasion de le découvrir par la suite. L'homme qui tend la joue pour recevoir le baiser social de la femme est un machiste pur porc. La femme qui embrasse l'homme (qui n'est pas son compagnon) est en demande larvée d'affection... ou plus si affinités.

Les embrassades viriles des hommes entre eux sont des corps à corps sans participation des lèvres. Vous ne verrez jamais une femme se livrer à ce genre de simagrées, fut-elle ministre.

Figure 2

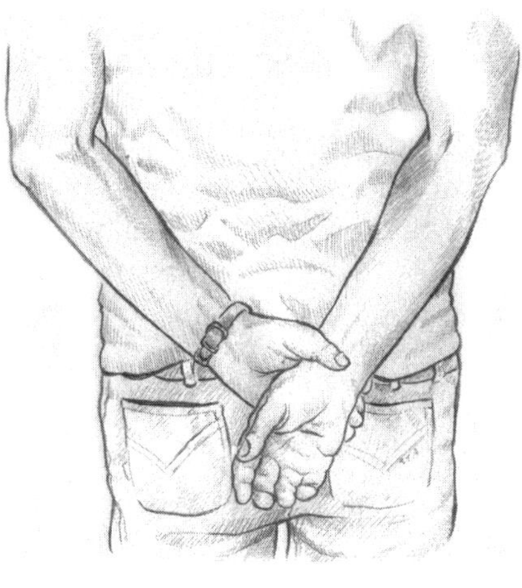

Quand un homme debout se désinvestit ou ne se sent pas concerné, il accroche ses mains dans son dos (fig 2).

Figure 3

Les femmes auront plus tendance à croiser les bras sur la poitrine (et non en dessous) dans le même état d'esprit. Écraser sa poitrine revient à « dégonfler » sa motivation (fig 3).

En réalité, peu de codes gestuels, mis à part les refrains gestuels invariables, ont le même sens quand on passe d'un sexe à l'autre. Et vous savez pourquoi ? Parce que les hommes ne vivent pas sur la même planète que les femmes, même s'ils ne proviennent pas de planètes différentes.

Le succès des livres de John Gray est la preuve que la différence sexuelle préoccupe pas mal de monde de nos jours. C'est aussi le signe majeur qu'il y a un fossé qui s'élargit paradoxalement entre les sexes alors qu'on parle tant de parité, donc d'égalité sexuelle. On en parle, mais pour ce qui est d'agir au profit de cette égalité, nous sommes encore loin du compte.

Mars contre Vénus

Selon John Gray, l'auteur de *Les hommes viennent de Mars, les femmes viennent de Vénus*, le livre qui a fait sa fortune, hommes et femmes ne jouent pas dans la même catégorie, c'est évident...

Christine Baudry rapporte dans le magazine *Psychologies* qu'une psychologue de l'université du Wisconsin, aux États-Unis, a voulu jeter un regard scientifique sur cette thèse. Comme s'il s'agissait d'une thèse et non d'une évidence ! Une certaine Janet Hyde a donc passé au crible une cinquantaine d'études réalisées sur les différences hommes-femmes effectuées au cours de ces vingt dernières années. Sa conclusion est sans appel : selon elle, les deux sexes appartiennent bien à la même espèce ! Génial ! On ne s'en serait jamais douté.

Elle affirme que les hommes et les femmes sont tout à fait semblables dès qu'il s'agit de comportements, de personnalité, d'intelligence ou de compétences sociales, ce qui est entièrement faux comme je m'emploierai à le démontrer dans cet opus. Elle ajoute qu'il n'y a guère que sur les capacités physiques, le comportement sexuel et le niveau d'agressivité qu'ils se distinguent un peu, mais si peu. Testostérone, progestérone, même combat !

Le constat de la psychologue américaine corroborerait les conclusions d'une neurobiologiste française, Catherine Vidal, directrice de recherche à l'Institut Pasteur. Cette dernière s'est appuyée sur des études de cerveaux par imagerie cérébrale (IRM, scanners...). Elle en a conclu que, sur le plan anatomique, il y a plus de variations entre deux cerveaux de personnes du même sexe qu'entre un cerveau d'homme et un cerveau de femme. D'autres études tendent à prouver le contraire. Mais ça n'empêche nullement les différences psychoaffectives, comportementales, gestuelles, posturales, de sensibilité et j'en passe.

Selon Ulrich Kraft dans *Cerveau et Psycho*, le livre de John Gray s'est vendu à 15 millions d'exemplaires dans le monde. Les différences entre les hommes et les femmes fascinent, et sont de plus en plus attestées par les sciences de cerveau. D'accord, pas d'accord, les scientifiques ont l'habitude de se contredire quand ils ou elles ne se crèpent pas le chignon par articles interposés.

On sait aujourd'hui que les femmes communiquent plus facilement, ressentent mieux les émotions et se soucient davantage de la vie sociale et familiale. Les hommes s'attachent aux symboles du statut social, parlent moins volontiers et trouvent leur chemin sur une carte routière même quand elle est tenue à l'envers. Ce qui reste à prouver ! Là aussi, il faut faire un *distinguo*. Les hommes parlent, mais ce sont les femmes qui écoutent. Et quand les femmes prennent la parole, les hommes sont souvent aux abonnés absents.

Les femmes auraient-elles naturellement le sens de la famille, de la sollicitude et de la monogamie ? L'homme serait-il nécessairement infidèle, engagé dans une permanente compétition, mais libre et parfois libertin ? Les différences entre les hommes et les femmes sont-elles totalement acquises, empreintes de la société et résultat de l'éducation ou génétiquement culturelles ? La vérité se situe vraisemblablement à mi-chemin entre ces points de vue. Même quand les parents s'efforcent de dispenser une éducation non sexuée à leurs enfants, aucun garçon ni aucune fille ne peut échapper aux rôles stéréotypés prédéterminés qu'on attribue à leur sexe. La majorité des expériences de psychologie montrent que nous sommes vraisemblablement dotés, dès notre naissance, de préférences propres à notre sexe. Si vous avez déjà mis les pieds dans une pouponnière, vous admettrez qu'il est relativement aisé de distinguer un poupon mâle d'un poupon femelle.

Le poids du cerveau

Ces différences se manifestent aussi dans le cerveau. Voici plus d'un siècle que des anatomistes ont découvert que le cerveau masculin a un volume supérieur de 10 à 15 % à celui de la femme. Ils (car c'était des hommes) en conclurent hâtivement que les hommes étaient plus intelligents que les femmes. On sait aujourd'hui que le nombre de neurones ne fait pas l'intelligence et que la qualité de leurs connexions est essentielle, comme vous le verrez dans le chapitre consacré au sexe des hormones. Malgré cela, les hommes continuent à se parer de mille avantages intellectuels comme autant de plumes de paon. Cependant, on a découvert que les femmes l'emportent quand il s'agit de l'expression verbale, de la perception des scènes visuelles complexes ou de certaines tâches manuelles. Je suis un expert gestuel reconnu et ma capacité d'observation est très entraînée. Pourtant, mon épouse enregistre mieux que moi les détails gestuels que je zappe. Rien ne lui échappe quand il s'agit d'une scène visuelle complexe. Moi si !

Les aptitudes cognitives des deux sexes sont probablement apparues parce qu'elles représentaient un avantage sélectif au cours de l'évolution. L'homme chasseur devait bien viser et trouver le long chemin du retour vers le village (sens de l'orientation à ne pas confondre avec le sens spatial). Les femmes s'occupaient du campement, confectionnaient des vêtements et prodiguaient des soins aux enfants (sens de l'éducation).

Une petite expérience amusante

Je vous propose de réaliser une expérience en famille ou entre amis. Disposez un saladier rempli d'eau sur le sol, asseyez vous en tailleur à deux mètres de ce récipient et munissez vous de 10 pièces d'un ou deux euros. Chacun à votre tour, l'homme et la femme, le garçon et la fille, vous allez devoir viser ce saladier ***les yeux fermés***. À dix reprises ! À votre avis, combien de pièces atteindront leur cible suivant les sexes ? Cette petite expérience vous permettra de confirmer ou d'infirmer le sens spatial de chaque joueur en fonction de son sexe. Et voulez vous que je vous prédise les résultats ? Les femmes ont un meilleur sens spatial que les hommes, contrairement à ce que prétendent les scientifiques.

Darwin lui-même n'avait pas prévu qu'une des conséquences de sa théorie serait que l'homme et la femme ont des capacités complémentaires contribuant au fonctionnement des sociétés.

« La distinction principale dans la puissance intellectuelle des deux sexes, disait-il, c'est que l'homme atteint, dans tout ce qu'il entreprend, un point auquel la femme ne peut arriver. »[1] Ce qui s'inscrit en faux de nos jours. Les femmes ont conquis les forteresses du patriarcat, réputées imprenables. Notamment dans le secteur des services dont l'expansion, dans nos sociétés occidentales, est la plus rapide. Dans d'autres branches, dans le monde hospitalier et celui de l'entreprise, les aptitudes féminines, telles que la capacité de travail en équipe et la souplesse d'esprit, sont de plus en plus appréciées.

La guerre des sexes aura-t-elle lieu ?

Aux États-Unis, certains sociologues craignent déjà une domination des femmes et appellent à la résistance masculine. L'égalité professionnelle n'est pas encore atteinte

1. Charles DARWIN, *La Descendance de l'homme,* Éditions Complexe, 1981.

en matière de revenus et de postes de direction que se profile déjà une nouvelle guerre des sexes. Cette guerre se produit inévitablement quand on cherche à confronter les genres car tout individu aspire au succès. On a doté l'homme et la femme d'armes différentes, mais sont-elles aussi efficaces les unes que les autres ? La force du mâle a toujours cédé le pas devant la ruse de la femelle. Ce que femme veut, Dieu le veut, paraît-il.

Les facteurs biologiques

Quels sont ces facteurs biologiques ? S'ils ont été sélectionnés par l'évolution, ils ont certainement un sens et doivent conférer un avantage reproductif. Les différences résultent du fait que les femmes portent les enfants et consentent un « investissement parental » auquel les hommes se rechignent à adhérer le plus souvent. Dans toutes les cultures, ce sont les femmes qui prodiguent les soins aux enfants. En effet, depuis des millions d'années, le développement affectif (et intellectuel) du nouveau-né dépend de la qualité des soins maternels. Un comportement prévenant, qui s'exprime précocement chez les petites filles quand elles jouent à la maman, s'inscrit peut-être dans ce déterminisme biologique.

Plusieurs études ont montré qu'une majorité de femmes éprouvent une profonde satisfaction à s'occuper de leurs enfants, l'exercice d'une profession n'y change rien : la plupart des femmes prévoient aujourd'hui comme hier dans leur projet de vie une période de maternage. Cette rupture dans le cursus professionnel n'encourage pas les patrons à leur confier des postes stratégiques dans l'entreprise.

La preuve par la bague

Les femmes doivent apprendre à mieux s'imposer dans leur concurrence avec les hommes, notamment en améliorant leur tolérance à l'échec et en revalorisant constamment leur estime de soi. Une haute fréquence de bagues au majeur gauche chez les jeunes filles et les jeunes femmes (siège symbolique de l'image et de l'estime de soi) vient appuyer cette affirmation. Beaucoup d'entre elles arborent également une bague au majeur droit, siège symbolique de la confiance en soi et du sentiment d'échec. S'agit-il là d'un hasard ? L'observation gestuelle permet de confirmer les conclusions des scientifiques.

Comme vous avez pu le constater, le débat n'est pas élémentaire. Pour vous faciliter la digestion de toutes les informations inédites que vous allez découvrir dans cet ouvrage, je vous propose de le lire en fonction de vos intérêts les plus marquants en consultant la table des matières avant de choisir l'un ou l'autre chapitre. C'est un livre à picorer au gré de votre curiosité ou de votre fantaisie. La gestuelle y vient toujours en appui des théories scientifiques qui en représentent le fonds de commerce, d'où son utilité.

Joseph MESSINGER

A

LE SEXE DE L'AMBITION

« Je ne comprends pas la différence que vous faites entre ambition et motivation », intervient une personne qui assistait à une de mes conférences.

La frontière entre la motivation et l'ambition est assez floue. Pour les départager, il suffit de se souvenir que la motivation est un sentiment dynamique qui s'inscrit dans le court terme tandis que l'ambition exige du souffle et une ténacité à l'épreuve des balles. De plus, sans l'apport d'une foi inextinguible, l'ambition n'est qu'un discret pet de lapin.

Et les gestes de l'ambition ?

Sur le plan pratique, je ne résiste pas au plaisir de vous livrer quelques secrets bien gardés par les ambitieuses que vous croisez dans les couloirs de la société qui vous emploie ou ailleurs.

Le besoin de tirer les cheveux en arrière pour dégager le front trahit l'ambition chez la femme comme chez l'homme. Le front est la proue du caractère, le cacher sous une frange peut traduire un manque de caractère mais aussi un besoin d'afficher une sensualité un peu trouble.

L'épaule droite est le siège symbolique de l'ambition (chez les droitiers). Une ambition réfrénée, pénalisée ou castrée pourrait entraîner des douleurs rhumatismales à l'épaule droite ou dans le deltoïde correspondant, voire une tendance aux torticolis. Mais les douleurs rémanentes des trapèzes peuvent aussi être dues au shopping ou à la nécessité de porter de jeunes enfants sur de longues distances. Conclusion : il ne faut pas statuer trop vite.

Parlons maintenant des pommettes sans lesquelles les joues ne seraient que des étendues de chair flasques. Proéminentes chez certains, elles sont à peine visibles chez d'autres. La mise en valeur de pommettes par le biais du maquillage est significative. Il ne suffit pas d'avoir les pommettes hautes pour ressentir le besoin de les maquiller. Cette mise en valeur d'une partie du visage traduit bien souvent un « soupçon d'ambition », à la limite de l'arrivisme, chez l'*executive woman* que vous croisez tous les jours dans les couloirs de votre entreprise. Ne lui en tenez pas grief ! Chacun choisit et fourbit ses armes en fonction de ses qualités, qu'elles soient professionnelles ou plastiques. Il est cependant fortement conseillé aux collègues des pommettes rouges de regarder attentivement où ils mettent les pieds. Elles sont assez féroces dans leur genre.

Figure 4

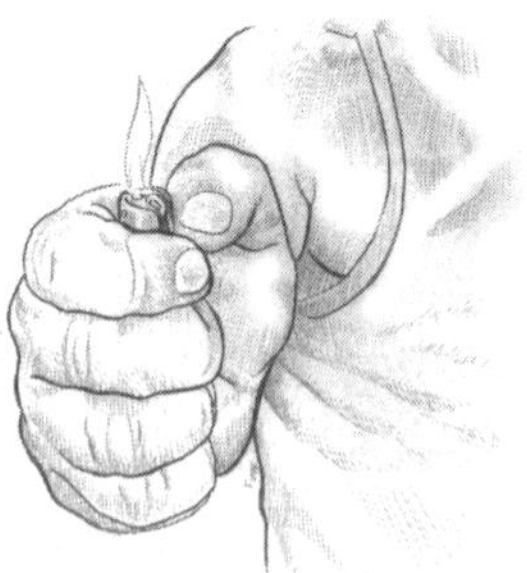

Un homme qui allume son briquet du pouce droit est séducteur et ambitieux si la flamme est orientée vers la droite (voir fig 4).

J'ai pu constater que les femmes, en majorité, allument leur briquet dans l'autre sens, flamme orientée vers la gauche. Ce qui indique qu'elles privilégient la complicité et la séduction passive au détriment de la séduction active.

Bien sûr, les femmes ambitieuses ne manquent pas mais elles ne se projettent pas dans l'avenir de la même façon que les hommes. Une ambitieuse ne vise pas le même objectif de carrière que son collègue masculin. Le pouvoir, chez la femme, est le véhicule de l'ambition, il lui permet de faire évoluer sa carrière et bouger les lignes ; pour l'homme le pouvoir est un orgasme permanent et une fin en soi.

LE SEXE DES AMOURS

Il y a tant d'amours dans la vie d'un homme ! À dix ans, amour de la petite fille qui joue avec vous ; à treize, amour d'une grande femme à la gorge replète, (...) à quatorze ou quinze, amour d'une jeune fille qui vient chez vous : un peu plus qu'une sœur mais moins qu'une amante ; puis à seize, amour d'une autre femme jusqu'à vingt-cinq ; puis on aime peut-être la femme avec qui on se mariera. Cinq ans plus tard, on aime la danseuse qui fait sauter sa robe de gaze sur ses cuisses charnues ; (...) à soixante, amour de la fille de joie qui vous appelle à travers les vitres et vers laquelle on jette un regard d'impuissance, un regret vers le passé. « Mémoires d'un fou », dans L'éducation sentimentale, *Gustave Flaubert*

Le psychologue américain Todd K. Shackelford a récemment effectué une vaste enquête auprès de plusieurs milliers d'hommes et de femmes dans trente-sept pays. Il leur a été demandé de préciser quels étaient leurs critères déterminants dans le choix d'un partenaire. Les résultats ont montré que les hommes attachent surtout de l'importance à l'apparence physique des femmes, qu'il s'agisse de la beauté, de la forme physique ou de la jeunesse, tandis que, pour ces dernières, le statut social (les revenus, le niveau d'étude ou la profession exercée) constitue le critère le plus important. Ce qui explique pourquoi les hommes riches choisissent toujours de jolies jeunes femmes pour épouse laissant aux hommes moins riches les jeunes femmes moins jolies, fatalement. En 1973, le sociologue John Alan Lee, à l'université de Toronto, a défini en se fondant sur des textes philosophiques et littéraires six « styles d'amour » : Eros, l'amour romantique, Ludus, l'amour ludique, Storge, l'amour-amitié, Mania, l'amour possessif, Pragma, l'amour pragmatique et Agapé l'amour désintéressé ou altruiste. Lee était conscient que ces styles étaient théoriques et qu'ils n'étaient que les composantes de multiples combinaisons possibles.

À ces six formes d'amour, j'aimerais substituer huit formes plus généralistes et plus proches de notre XXIe siècle.

L'amour du pouvoir

Le pouvoir, pour Napoléon III, fut le résultat d'une élection, pour l'impératrice Eugénie, fut le résultat d'une érection. Prosper Mérimée

À quoi aspirent les couples du pouvoir ? À la richesse, la notoriété, la prise de responsabilités politiques ou la réussite d'une double carrière. Chaque conjoint est le moteur de l'autre, l'objectif étant d'atteindre le sommet social auquel tous deux se destinent. C'est l'équivalent de l'amour pragmatique de Lee, je suppose.

D'après le psychologue social Harrold Kelley, les personnes ne construisent une relation durable que lorsqu'elles peuvent se récompenser mutuellement. En réalité, l'une est le bâton et l'autre est la carotte : la femme est le moteur et l'homme est le véhicule. Par analogie avec le processus d'échanges économiques, il y aurait, au sein du couple, des bénéfices et des coûts pour chacun. La stabilité serait un bilan de ces coûts et de ces bénéfices. Si les styles d'amour des deux partenaires sont semblables, le bénéfice vaut pour les deux.

Le moteur commun de ces couples est l'envie ou l'avidité, ce qui revient au même. La tendance à rivaliser, à se comparer à ses pairs pour les rabaisser est, selon Thorstein Veblen, un économiste du XIXe siècle, l'un des plus vieux traits de la nature humaine. C'est aussi le couple de l'avarice (au sens de cupidité), l'un de sept péchés capitaux.

L'amour romantique

Ah ! si je t'aimais, comme je t'aimerais !

« L'amour est une intellectualisation des sens », disait la prêtresse Diotima, préceptrice de Socrate. Je rejoins John Alan Lee dans ce cas de figure. Le conjoint est idéalisé, considéré comme un but en soi, il est la dernière marche du podium de l'amour Cupidon.

À la différence de l'animal qui réagit physiquement aux stimulations des sens, l'homme en extrait des concepts et forge des idéaux à partir de ces stimulations. Un des sommets de cette démarche est la cristallisation chère à Stendhal : l'amant édifie une image parfaite de l'être aimé en le parant de toutes sortes de qualités issues de son imagination. À l'Université de Londres, une équipe de chercheurs a accompli ce qui peut être considéré comme les premiers pas dans la conquête neurologique des sentiments positifs. Ils ont étudié l'amour romantique.

Qu'est-ce que l'amour romantique ?

Il a été demandé à une série de candidats de subir un examen par scanner tandis qu'on leur soumettait différentes photos de leur partenaire ou d'autres camarades d'études du même sexe et du même âge, qu'ils connaissaient depuis longtemps. Les chercheurs ont vu « s'allumer » quatre zones du cerveau des volontaires lorsqu'on leur montrait une photographie de leur partenaire. Ces zones sont toutes reliées à une même structure cérébrale, le système limbique qui contrôle nos émotions. Au contraire, l'activité du cortex, situé à la surface du cerveau, ne s'est pas modifiée, que la photographie soit celle du partenaire ou non. Ceci signifie que le « cerveau visuel » transmet au « cerveau émotionnel » une information ciblée. L'amour romantique aurait donc sa spécificité neuronale.

Les drogues euphorisantes, telle la cocaïne, activent des aires cérébrales beaucoup plus étendues, mais qui incluent ces quatre mêmes zones. On peut en conclure que l'amour fait partie des états d'euphorie, non seulement sur le plan psychologique, mais aussi au niveau neuronal, donc biologique.

Par ailleurs, ces zones distinguent l'amour de la pure excitation sexuelle. En effet, le désir stimule certaines régions de l'hypothalamus, lesquelles sont inactives lors des tests. En revanche, l'amour sensuel semble activer le noyau caudé et le putamen : dans ces régions se trouvent deux des quatre modules de l'amour. Ces zones apportent la composante érotique à l'amour romantique...

Le troisième module de l'amour romantique est localisé dans le cortex cingulaire antérieur. Cette aire joue un rôle dans la reconnaissance de ses sentiments propres et de ceux d'autrui, faculté indispensable à l'amour.

Le quatrième module, enfin, est une partie de l'insula, située à l'intérieur du diencéphale et possédant de nombreuses fonctions : notamment, son activité augmente à mesure qu'on trouve un visage attrayant. Une telle zone associe manifestement l'affect et la perception visuelle. Elle semble également recevoir des informations de la région stomacale : les messages en provenance de notre abdomen (plus exactement du plexus solaire) feraient halte au niveau de l'insula avant de poursuivre leur route vers le cortex.

Si peu de petites aires cérébrales engagées dans un sentiment et une source d'inspiration aussi puissants ! Étonnant, non ? Les études anatomiques ont montré que ces quatre petits modules de l'amour sont reliés à la quasi-totalité des régions cérébrales. Le point de vue du neurobiologiste éclaire notre vision de l'amour romantique : l'amour ne rend pas seulement heureux, mais aussi, il adoucit et rend courageux. Les individus sont moins sensibles à la peur, comme c'est notamment le cas pour les consommateurs d'alcool. De plus, chez les heureux candidats, le lobe frontal antérieur droit est très peu actif, alors qu'il s'active intensément chez les personnes dépressives ou maussades. L'amour romantique devrait être prescrit sur ordonnance et vendu en pharmacie pour traiter la déprime.

L'amour charnel

Il faut aimer avec le cœur et non uniquement avec les reins.

C'est la traduction de l'amour ludique, c'est à dire érotique. Si deux personnes s'aiment d'amour charnel ou ludique, il peut arriver que lorsque l'une des deux se désiste, l'autre prenne également ses distances, auquel cas le « jeu » est fini. Les deux partenaires utilisent le même mode de comportements, qui aboutit ici à la rupture de la relation. La théorie des échanges peut paraître très prosaïque, dans la mesure où elle ramène les relations amoureuses à un dénominateur commun purement charnel. Pourtant une analyse des coûts et des bénéfices peut aider les couples à comprendre pourquoi leur union ne fonctionne pas et leur révéler ce que chacun perd ou gagne en cas de séparation.

L'amour narcissique

L'amour de l'autre à travers soi. Un amour spéculaire fondé sur la beauté et la recherche de la jeunesse perpétuelle. Ce type de partage des sentiments est toujours un marché de dupes. L'autre n'est pas aimé pour lui-même, mais pour ce que son conjoint trouve en lui : une part de lui-même, une image rêvée de ce qu'il croit être, voire un bristol social. Cet amour narcissique n'aide pas le couple à évoluer ou à construire, il peut même être dangereux pour leurs enfants qui n'auront d'autre choix que de survivre jusqu'au moment de quitter la maison pour se reconstruire sur d'autres critères que l'apparence.

L'amour fusionnel

Le paradoxe de l'amour réside en ce que deux êtres deviennent un et cependant restent deux.[1]

Il s'agit d'amour jaloux, d'un amour qui se transformera en haine de l'autre en cas de rupture. C'est un amour

1. Erich Fromm, *L'art d'aimer*, EPI, 1968.

qui ne pardonne pas. Entre deux amoureux jaloux surgissent tant de conflits que les coûts émotionnels sont trop élevés et que le couple n'y résiste pas.

Avec le mot amour, on explique tout, on pardonne, on valide tout, parce que l'on ne cherche jamais à savoir ce qu'il contient. C'est le mot de passe qui permet d'ouvrir les cœurs, les sexes, les sacristies et les communautés humaines. Il couvre d'un voile prétendument désintéressé, transcendant, la recherche de la dominance et le prétendu instinct de propriété. C'est un mot qui ment à longueur de journée. Il fournit une tunique honorable à l'assassin, à la mère de famille, au prêtre, aux militaires, aux bourreaux, aux inquisiteurs, aux hommes politiques. Le mot amour se trouve là pour motiver à la soumission, pour transfigurer le principe du plaisir... Ce n'est pas sans raison que le candidat en campagne use et abuse du verbe aimer. Il invite ses électeurs potentiels à fusionner avec son programme, ses idées, sa personne. La plupart des hommes et des femmes politiques sont de gros jaloux, sinon tous sont fusionnels.

Aimer l'autre, cela devrait vouloir dire que l'on admet qu'il puisse penser, sentir, agir de façon non conforme à nos désirs, à notre propre gratification, accepter qu'il vive selon son bon plaisir et non selon le nôtre. L'apprentissage culturel au cours des millénaires a lié le sentiment amoureux à celui de la possession, de l'appropriation, de la dépendance par rapport à l'image que nous nous faisons de l'autre. L'amour doit être fusionnel ou ne sera pas. Tel est le credo du couple fusionnel.

L'amour clanique

La famille est un embryon social

Amour fondé sur la réalisation du couple par la création d'une famille, l'amour clanique était devenu plutôt rare au vingtième siècle. Le boom des naissances dans l'Hexagone est en train d'inverser la tendance. Un boom qui provient probablement de l'insécurité et du brouillard qui nous empêche de voir l'avenir à long terme. Seul les enfants permettent de dresser des barrières contre l'incertitude. Nous réagissons comme des poissons qui multiplient les alevins pour que certains parviennent à survivre. L'homme était le prédateur suprême jusqu'à ce que la nature se venge en le menaçant de catastrophes climatiques qui décimeront les générations futures en inventant une nouvelle forme de génocide : les génocides écologiques !

L'amour passion

Et si aimer à la folie conduisait tout droit à la folie d'aimer ?

C'est l'amour volcanique, du déchaînement des passions. L'amour qui côtoie la mort annoncée du couple. Des biologistes ont mesuré la concentration en certaines protéines qui reflètent le fonctionnement cérébral et ils ont observé qu'elles sont altérées de la même façon chez l'amoureux transi et chez le malade qui souffre de TOC (troubles obsessionnels compulsifs).

Donatella Marazzitti et ses collègues de l'université de Pise[1] ont réalisé une série d'expériences visant à tester

1. Source internet.

l'hypothèse selon laquelle, de l'amour à l'obsession et au délire, il n'y aurait qu'un pas. Pour cela, ils ont mesuré la concentration sanguine d'une protéine nommée « transporteur de la sérotonine ». Cette protéine est présente dans le sang, mais aussi dans le cerveau, où elle régule la concentration de sérotonine, un neurotransmetteur influant sur l'humeur et sur le comportement. Les chercheurs ont effectué leurs mesures sur trois groupes de personnes : des individus « normaux », des amoureux transis et des patients obsessionnels victimes de troubles compulsifs (ceux qui renouvèlent toujours les mêmes gestes). Les biologistes ont constaté une variation analogue du transporteur de la sérotonine chez les sujets amoureux et chez les malades souffrant de TOC, un constat qui tend à prouver que l'amour serait proche d'une pathologie psychique.

La sérotonine intervient dans la régulation des fonctions instinctives, tels l'appétit, le sommeil, la douleur, la régulation de la température corporelle, de la sexualité. Elle est liée à des troubles comme l'addiction, l'impulsivité et l'anxiété. Elle module l'activité d'ensemble des neurones dans le cerveau, interagissant sur les conduites de l'individu.

Comment se fait-il que l'obsession de l'être aimé puisse provoquer une telle modification du système sérotoninergique ? Les pensées en boucle de l'amoureux et les troubles obsessionnels se distinguent par leur « degré de certitude ». Il ne croit pas qu'il aime, il en est persuadé comme d'un dogme.

L'amour passion évoluerait ainsi entre obsession et délire. Les idées délirantes ne se distingueraient alors des idées amoureuses envahissantes que par le fait que l'amoureux a conscience d'être troublé, contrairement au délirant. L'association entre obsession et amour-passion est confortée par une observation physiologique : l'activité cérébrale des personnes atteintes de troubles obsessionnels compulsifs se caractérise par l'hyperactivité d'une région du cerveau nommée noyau caudé, laquelle s'active également lorsque des amoureux se focalisent sur l'objet de leur amour. C'est un nouvel indice apporté par l'imagerie cérébrale en faveur d'une concordance entre ces deux états.

Donatella Marazzitti et ses collègues ont étudié la phase précoce de l'amour, définie par Stendhal comme une passion non consommée, en restreignant leur étude à des fiancés éperdument amoureux de leur promise, mais totalement abstinents. Pendant l'attente du mariage, la concentration en transporteur de la sérotonine subit les modifications caractéristiques des patients obsessionnels. Puis, lorsqu'on réalise la même mesure après la consommation du mariage, les taux de transporteur de la sérotonine retrouvent leur niveau initial et l'obsession s'évanouit. L'amour fou serait ainsi une obsession dont on guérit en l'assouvissant. Lorsque l'objet aimé est conquis, la sérotonine cèderait la place à la dopamine, « l'hormone du plaisir ». Les groupes de neurones utilisant la dopamine interviennent dans les comportements liés au plaisir, voire liés à la dépendance. Des études génétiques ont notamment mis en évidence un système dopaminergique particulier chez les personnes en quête permanente d'aventures sexuelles. De telles personnes présentent souvent des variations d'humeur, elles sont dites cyclothymiques.

Cette folie amoureuse atteint-elle plus les hommes ou les femmes ?

Les biologistes ne font aucune différence sur le plan de l'appartenance sexuelle. Mais si on envisage les choses sur un plan plus sociologique, je dirais que la modification du système sérotoninergique s'effectuera plus facilement chez les hommes que chez leurs compagnes. Le besoin d'additionner les conquêtes multiplie les phases « coup de foudre » qui représentent pour beaucoup de Don Juan une sorte de shoot d'adrénaline répétitif. Après la phase dopaminergique (le plaisir consommé) l'effet dopant du coup de foudre disparaît et l'attrait pour la nouvelle amie conquise n'éveille plus ce délicieux sentiment de nouveauté. Beaucoup d'hommes sont des drogués du sexe qui s'ignorent ou qui veulent ignorer leur trouble. Ils font la fortune des discothèques et autres *speed dating* sans jamais découvrir l'âme sœur qu'ils prétendent rechercher. Ils sont en chasse perpétuelle d'un plaisir renouvelable à peu de frais et sans danger pour leur petite santé (pour autant qu'ils sortent couvert). Ils sont atteints de donjuanisme, un trouble bien connu en théorie. En pratique, ces individus ne consultent jamais un psy. Ils ne se considèrent pas comme les victimes d'une pathologie quelconque. Ce ne sont pas des dragueurs qui recherchent le sexe pour le sexe. Non ! Ce sont de vrais amoureux en puissance mais qui vivent leurs amours comme des *soap opera*.

L'amour raisonnable

Il peut correspondre à l'amour amitié. Les conjoints conviennent d'une attirance mutuelle basée sur une mutualisation des statuts sociaux, des goûts communs pour les loisirs, une origine religieuse ou ethnique commune, une attirance vers la sédentarisation dans un milieu ou une région dont ils sont originaires. Faut-il accorder son style d'amour avec celui de son partenaire ? On dit parfois que « les contraires s'attirent ».

Pourtant, l'analyse des questionnaires soumis à un échantillon de population par des chercheurs révèle que les styles d'amour dans les couples ne sacrifient guère à cette loi de complémentarité. Les deux partenaires ont souvent tendance à avoir le même style d'amour et à se conformer à des diktats socio-économiques non dits.

L'amour sur la planète

Les Chinois apprécient l'amour romantique, mais l'amour altruiste et pragmatique tient une place plus importante dans leur culture. Ces deux styles d'amour sont regroupés sous une seule et même forme, sorte de devoir réciproque entre partenaires. Par ailleurs, les régimes politiques influent sur les sensibilités amoureuses... En 1996, un questionnaire a été proposé à des personnes originaires d'Allemagne de l'Est et d'Allemagne de l'Ouest. Les Allemands de l'Est ont obtenu des scores plus élevés sur toutes les échelles de l'amour ; peut-être une société mettant plus l'accent sur la collectivité, et moins sur la réussite personnelle, favorise-t-elle une cohésion supérieure des couples ? Peut-être aussi une société répressive, comme celle de l'ancienne Allemagne de l'Est, conduisait-elle les gens à se réfugier dans une relation fusionnelle à deux, où ils pouvaient se créer leur propre espace de liberté ? Toute société répressive induit un besoin relationnel plus fusionnel avec les proches.

Pourquoi aimons nous ?

Dans la théorie de l'attachement, proposée en 1969 par le psychanalyste anglais John Bowlby[1], la petite enfance joue un rôle important. L'attachement affectif entre l'enfant et ses parents influerait sur les relations

---

1. *Attachement et perte*, PUF, 1978.

ultérieures de l'enfant dans ses rencontres amoureuses. Selon J. Bowlby, cet attachement formerait l'assise comportementale prédisposant l'individu à se lier d'affection avec ses semblables à l'âge adulte.

Je ne résiste pas au plaisir de citer David Servan Schreiber[1] sur ce sujet : « *Malgré la température idéale, les conditions d'oxygène et d'humidité parfaitement établies, une alimentation mesurée en milligrammes et des U. V..., les nourrissons prématurés ne grandissaient pas ! Scientifiquement, c'était un mystère, presque un affront. Comment dans des conditions aussi parfaites, la nature refusait-elle de coopérer ? Médecins et chercheurs s'interrogeaient et se rassuraient comme ils le pouvaient en constatant qu'une fois sortis de la couveuses, les enfants – c'est-à-dire ceux qui avaient survécu – rattrapaient leur poids rapidement. Mais un jour, dans une unité néonatale américaine, on a remarqué que certains bébés, bien qu'encore en couveuse, semblaient grandir normalement. Rien pourtant n'avait changé dans les protocoles de soins. Rien... ou presque. Une enquête a en effet révélé, au grand étonnement des cliniciens, que tous les enfants qui grandissaient étaient suivis par une même infirmière de nuit qui venait de commencer à travailler dans le service. Interrogée, la jeune femme a d'abord hésité puis à fini par avouer : elle était incapable de résister aux pleurs de ses petits patients. D'abord avec inquiétude, puisque c'était interdit, puis avec une assurance croissante au vu des résultats, elle avait entrepris quelques semaines plus tôt de caresser le dos des bébés pour calmer leurs pleurs. Comme aucune des réactions négatives contre lesquelles on l'avait mise en garde ne se produisait, elle avait continué.* »

---

1. *Guérir,* Robert Laffont, 2003.

Hans-Werner Bierhof, un chercheur allemand, a analysé les sentiments d'un grand échantillon de personnes à travers un questionnaire comprenant, pour chaque style amoureux, dix déclarations que le sujet doit accepter ou refuser, en nuançant ses réponses sur une échelle comprenant neuf degrés allant de « parfaitement exact » à « totalement faux ». Proposé à plus de deux mille personnes, il a livré les résultats suivants : en Occident, le style amoureux le plus prisé est l'amour romantique. L'altruisme, l'amitié et la jalousie viennent à la suite. L'amour pragmatique et l'amour ludique sont bons derniers : on cherche apparemment moins l'aventure sexuelle et davantage un partenaire exclusif pour un amour durable.

J. Bowlby fit remarquer que le style d'amour d'une personne semble reproduire celui de ses parents. Une étude réalisée aux États-Unis sur le style d'amour de jumeaux élevés séparément paraît infirmer cette affirmation : les vrais jumeaux, dont les patrimoines génétiques sont identiques ne sont pas plus semblables en amour que deux personnes de patrimoines génétiques différents. Ceci indique que la façon d'aimer est essentiellement déterminée par le milieu social. Le tempérament amoureux serait très influencé par les expériences relationnelles vécues au moment de l'enfance et de l'adolescence et bien sûr par la mère et le père. Un adolescent s'oriente peut-être en fonction de l'expérience de ses parents, mais il peut choisir une tout autre voie et développer sa propre construction sociale de l'amour.

Mais en définitive, y-a-t-il une différence de perception ou d'approche de l'amour entre l'homme et la femme ?

Elle se résume assez bien en une seule phrase : « Un homme commence par aimer l'amour et finit par aimer une femme ; la femme commence par aimer un homme et finit par aimer l'amour ». L'homme est cornaqué par son sexe, la femme place ses sentiments en première ligne. L'érection du pénis est vécue par l'un comme une arme offensive, la pénétration est perçue par l'autre comme une forme de viol territorial par consentement mutuel. Le fruit défendu, bien mal nommé, se situe toujours dans le corps de la femme. Cette complémentarité anatomique est la clef de la survie de l'espèce humaine. Mais sans l'amour, l'homme ne serait qu'un mammifère de plus sur la planète. Car cette harmonie affective autant que sexuelle est la source de l'intelligence humaine.

LE SEXE DES ANNULAIRES

Les annulaires pris en couple représentent les aptitudes, les compétences, les prédispositions et les talents. Le fait de porter une bague à chaque annulaire est aussi une mode très féminine. Elle signifie symboliquement : « Je veux aimer ou être aimée » en langage non verbal. Elle indique aussi que le porteur souhaite s'investir dans ses passions. Les annulaires gauches sont les doigts les plus bagués de la planète puisqu'ils supportent l'anneau de mariage. Mais si on sort de ce contexte conventionnel, l'annulaire gauche orné d'une bague et non d'un anneau est un doigt essentiellement féminin. L'annulaire gauche symbolise les affects, mais aussi la persévérance, qui est une qualité essentiellement féminine.

L'annulaire droit symbolise les schémas volontaires, la détermination, la ténacité et, curieusement, la colonne vertébrale. J'ai en effet pu constater à plusieurs reprises que les porteurs d'un anneau ou d'une bague à l'annulaire droit souffraient de maux de dos plus fréquemment que les autres.

Lorsque chaque annulaire porte une bague

Chez une femme : c'est un signe de fidélité au sens large du terme. Statistiquement, ce couple est nettement plus féminin que masculin.
Chez un homme : c'est un signe de sensibilité, voire de romantisme.

L'annulaire droit est bagué en solitaire

Chez une femme : elle se débat contre une structure constitutionnelle plus dépressive qu'anxieuse. La bague sert de booster aux schémas volontaires.
Chez un homme : il a des difficultés à valider ses automatismes et investit sa détermination ou sa volonté pour redresser la barre. Il sera donc plutôt volontariste.

L'annulaire gauche est bagué en solitaire

Je précise qu'il ne s'agit pas d'une alliance, mais d'une bague.
Chez une femme : elle a envie de s'investir dans une relation amoureuse.
Chez un homme : il veut être reconnu pour ses prédispositions ou ses talents.

LE SEXE DE L'ANXIÉTÉ

Définition de l'anxiété : sensation de peur et d'angoisse diffuse sans objet précis.

Des études récentes ont démontré que l'humeur anxieuse serait plus féminine et le caractère bipolaire (humeurs) plus masculin. Les critères retenus pour définir le tempérament anxieux sont les suivants : tension et difficulté à se détendre, soucis constants et crainte excessive de l'avenir, rumination du passé, préoccupation exagérée pour tout ce qui concerne les performances et les compétences, fréquentes plaintes somatiques, sensibilité aux événements pénibles et aux situations d'examen.

Angoisse ou anxiété sont plus ou moins synonymes en matière de gestes. L'anxiété est un sentiment basique qui débute dans la vie intra utérine du fœtus. Déjà, il suce son pouce pour se rassurer. Or, l'action de sucer est un puissant anxiolytique, ce qui explique le succès des cigarettes, des bonbons et autres sucettes jusqu'à l'âge adulte et par delà.

Tous les enfants sucent leurs doigts, soit pour s'endormir, soit comme moyen de défense naturel contre le stress qu'il leur arrive de subir dans le milieu familial. Ce réflexe anxiolytique se perpétuera bien plus tard dans la substitution que représente l'acte du fumeur ou par des allers-retours quasi automatiques entre la bouche et les doigts, attitude à laquelle nul ne prête attention. Encore moins une signification ! Sucer ou mordiller ses doigts, arracher les peaux des ongles ou se les ronger ne sont pourtant pas des gestes innocents, pas plus que n'importe quelle autre attitude corporelle. Comme je l'ai évoqué, le réflexe de succion des doigts débute dans la vie intra-utérine et se poursuit jusqu'à la mort. L'enfant qui suce son pouce grandira et continuera à taquiner ses dents du bout de ce même pouce nostalgique.

La jeune femme qui mordille souvent son majeur gauche ne se souvient plus de la petite fille un peu ronde qui suçait ce même doigt jusqu'à le rendre exsangue. Elle avait déjà un problème d'image ou d'estime de soi, sans aucun doute. L'auriculaire droit que votre voisin de table mordille quand le doute encourage ses incertitudes chroniques est le même doigt dont il se délectait déjà comme d'une friandise lorsqu'il était enfant. En bref, le fait de sucer un doigt en réaction à une idée anxiogène indique clairement un accès d'angoisse associé au sujet évoqué dans le cadre d'un entretien.

Toutes les actions de mordiller, de sucer, de se gratter sont révélatrices d'une anxiété. Si votre interlocuteur mâchonne son stylo ou les branches de ses lunettes en permanence, s'il se mordille l'intérieur des joues, c'est que votre présence le met mal à l'aise ou l'inquiète plus qu'il n'oserait vous l'avouer. Si votre vis-à-vis se met à mordiller son crayon ou son stylo, vous pourrez vous dire que les tétines ne sont pas mortes quand l'angoisse montre le bout de son nez. Et n'oubliez pas qu'une secrétaire sereine est un mauvais élément. L'anxiété de vous plaire est son moteur et la garantie d'un travail bien fait. Achetez lui un pot de crayons en bois à mordiller pour la fête des secrétaires. Elle sera ravie.

Si votre interlocuteur mordille l'un de ses index au coin des ongles, cette localisation de la morsure indique que la situation lui échappe. Et quand votre secrétaire se mordille l'ongle ou la pulpe de l'annulaire gauche ou droit ? Vous vous en doutiez, ce grand classique de la gestuelle trahit un sentiment d'anxiété chronique.

Les simples faits de s'accrocher ou de s'appuyer sur un support sont des attitudes réactionnelles destinées à combattre un sentiment d'anxiété. On s'accroche pour ne pas perdre symboliquement l'équilibre et on s'appuie contre un mur pour retrouver un équilibre chahuté.

Votre interlocuteur se gratte souvent l'entrefesses. La répétition de cette séquence est un signal anxiogène par excellence. Bien entendu, ce comportement peu ragoûtant pourrait tout aussi bien provenir d'un prurit accidentel.

Un dernier pour la route ! Les ados ou les adultes qui se grattent régulièrement les testicules sont victimes d'une anxiété chronique et massive. Preuve que l'anxiété peut aussi avoir des effets majeurs sur ces messieurs.

Pour les psychanalystes, la peur de la castration est à l'origine de l'angoisse existentielle de l'homme et de son agressivité. L'anxiété féminine étant, elle, à rattacher au sentiment de perte (cycle menstruel et maternité) et à la peur de l'abandon. D'où, chez la femme, des phases dépressives et le besoin d'être rassurée. Deux pôles émotionnels qui les marqueront à vie. Dès l'âge de trois ans, au moment de la prise de conscience de l'identité sexuée, les différences s'accusent. Les garçons deviennent plus coléreux et extériorisent leur violence dans le choix de leurs jeux, tandis que les filles intériorisent leurs affects. À la puberté, sous l'effet des bouleversements hormonaux (mue chez les garçons, apparition des règles chez les filles), puis à l'adolescence, période cruciale pour l'affirmation de sa sexualité, le caractère anxieux des filles se renforce, et les garçons font tout pour prouver « qu'ils en ont » et qu'ils « assurent » ! D'où un investissement des humeurs en lieu et place des angoisses.

LE SEXE DE L'APPLAUDISSEMENT

Tout a commencé par l'applaudissement. Je veux dire mon intérêt pour la gestuelle. La genèse de ma curiosité pour le geste a pris son essor dans un centre de recherche pour lequel je travaillais au début des années 1980. La direction m'avait demandé d'initier un cycle de conférences sur des sujets aussi divers que variés. Les finances de l'assoce étaient au plus bas et il fallait interpeller le public concerné par les méthodes de développement personnel. Lors d'une intervention particulièrement réussie – la salle était pleine, pour changer – le déclic est venu lorsque j'ai réalisé que les auditeurs n'applaudissaient pas tous dans le même sens. Personne n'avait jamais applaudi mes interventions jusqu'alors. J'étais plus interloqué que ravi. J'en ai touché un mot au psychiatre du centre qui m'a répondu que c'était sans doute une question de latéralité. Point. En me remémorant la conclusion de ma conférence du jour, je trouvais, pour ma part, que cela représentait un fameux paquet de gauchers et une minorité de droitiers. J'imaginais alors qu'un droitier applaudissait forcément en percutant la main gauche de sa main droite et le gaucher procédait à l'inverse. Lors de la conférence suivante, j'ai demandé au public d'applaudir en prenant conscience de leur mode d'applaudissement. Qui était gaucher, qui était droitier ? Sur vingt personnes, seulement trois étaient gauchers. En revanche, treize applaudissaient droite sur gauche et quatre utilisaient le mode gauche sur droite.

Restaient mes trois gauchers qui applaudissaient également gauche sur droite. Avais-je affaire à treize gauchers pour quatre droitiers ? Statistiquement impossible ! Renseignement pris, les treize personnes ayant adopté le mode droite sur gauche étaient de vrais droitiers. Les quatre du mode gauche sur droite aussi. On s'y perd vite ! En réitérant l'expérience à plusieurs reprises, j'ai pu poser l'hypothèse que ces deux modes d'applaudissement ne dépendaient absolument pas de la latéralité de ma petite population d'auditeurs. Fort de ce constat, je suis retourné voir le psychiatre, bille en tête. Il m'a écouté poliment avant de s'excuser pour son manque de disponibilité. Ma découverte ne l'interpellait pas plus que ça. Avec la multiplication des conférences et des patients que je recevais dans mon cabinet d'alors et auxquels je soumettais le test de l'applaudissement, les contours d'une explication ont percé la couche d'indifférence. Mais par delà ce refrain gestuel particulier, j'ai commencé à observer mon entourage professionnel et je me suis mis à dresser la liste des gestes récurrents alternatifs ou non que reproduisaient tous ceux que je rencontrais. Progressivement mon regard de psy s'est ouvert sur une dimension peu explorée à l'époque des faits que je rapporte ici.

« Ça n'a aucun sens ! Comment pouvez vous conclure que… C'est pure spéculation ! Etc, etc. » Je me suis fait allumer par la majorité de mes confrères, plus orthodoxes et respectueux des lois édictées par les gourous de leurs églises respectives que curieux d'une vision créative de leur métier. Ils ont fini par me traiter d'illuminé à défaut de pouvoir m'envoyer brûler sur le bûcher de leur sainte vanité professionnelle.

Je vous rappelle que tout cela se passait au début des années 1980. Obsessionnel par nature et par vocation, j'ai poursuivi ma quête d'applaudissements et continué à observer les gestes et les attitudes des gens sans plus en parler autour de moi. Jusqu'au jour où j'ai eu le déclic. J'ai compris le sens de l'applaudissement et la porte de mon empathie s'est ouverte. Je lisais un ouvrage d'Adam Smith, un ethnologue réputé : *Les Cosmonautes de l'Inconscient* publié chez Robert Laffont. Il y expliquait que certaines tribus aborigènes d'Australie, lorsqu'elles traversaient le bush, s'aidaient de deux bâtons pour progresser. Un bâton mâle dans la main droite et un bâton femelle dans la main gauche. J'ai immédiatement établi la relation entre le cerveau droit, celui qui commande la partie gauche du corps et le cerveau gauche qui dirige la partie droite. Le bâton femelle représente l'image maternelle et tous les sentiments et qualités féminines qui y sont associés. Il est commandé par le cerveau droit, le cerveau dit affectif, évidemment. Le bâton mâle est identifié à l'image du père et tous les sentiments, conduites et comportements qui y sont associés. Il est commandé par le cerveau gauche rationnel, dit cognitif. Quand la main droite vient percuter la main gauche, on pourrait imaginer que papa stimule maman. Et quand la main gauche vient percuter la main droite, ce serait maman qui stimulerait papa… qui manque plus souvent d'énergie que maman. La main dominante est celle qui percute l'autre.

L'applaudissement est avant tout une manière simple et directe d'eprimer son approbation ou son enthousiasme. La main droite percutant la main gauche, c'est aussi le cerveau gauche qui stimule le cerveau droit. Il faut inverser les rapports. La raison (alias le cerveau gauche) stimule et domine l'émotion (alias le cerveau droit), ce qui en d'autres termes induit une prépondérance du raisonnable sur l'émotionnel. Ce type d'applaudisseur n'est pas forcément bon public dans la mesure où sa raison étouffe son émotion. À l'inverse, quand la main gauche percute la main droite, l'émotion domine la raison. L'enthousiasme est au rendez vous. Le sujet est bon public et très investi dans son image sociale. Il est vrai que les femmes sont généralement plus sensibles que les messieurs en toutes circonstances. Quand elles apprécient, elles n'ont pas peur de le faire savoir et elles aiment qu'on s'en aperçoive. Les hommes sont plus réservés. Ils approuvent souvent du bout des lèvres. L'analogie entre l'image maternelle et la sensibilité ou l'émotion et celle qui unit l'image paternelle à la raison ou au contrôle de soi ne sont plus à démontrer.

Réflexe inné ou acquis ?

L'applaudissement est-il un réflexe acquis ou inné ? On peut apprendre à un chimpanzé à applaudir pour manifester sa joie feinte ou réelle. Je pense, pour ma part, qu'il s'agit d'un réflexe inné qui intervient naturellement parce que les mains sont, avec la pince pouce index, les seuls outils opposables de l'être humain, au même titre que le bébé d'un an est capable d'utiliser sa pince pouce index sans apprentissage pour s'emparer d'un petit objet. Chez un bébé, le besoin d'exprimer sa joie passe par le rire ou les cris. Il commencera à battre des mains un peu plus tard pour renforcer encore ce besoin particulier. La percussion des deux mains est une manière symbolique de s'emparer du bonheur fugace qui passe à sa portée, de stimuler l'énergie très spécifique du plaisir au sens large du terme. Les modes d'applaudissement sont invariables. On applaudit toujours de la même façon, sauf quand l'exaltation ou l'enthousiasme sont au rendez-vous. Dans ce cas précis seulement, les deux mains se percutent en même temps à mi-course. Ce dernier mode est majoritairement utilisé par les femmes.

Avant d'analyser la signification pragmatique des modes d'applaudissement, il faut savoir que la main gauche, commandée par le cerveau droit, est aussi la main des émotions, de la créativité et de l'imaginaire chez le droitier. La main droite, commandée par le cerveau gauche, est, quant à elle, la main de l'autorité, de la motricité, de l'habileté.

Avec le temps et la multiplication des observations sur des centaines d'inconnus, mais aussi sur des dizaines de patients dont je connaissais l'histoire, j'en suis arrivé à la conclusion que la percussion gauche sur droite révèle une attitude démonstrative et une adhésion *a priori*. Quant à la percussion droite sur gauche, elle révèle une attitude critique et réductrice. J'appartiens à la seconde catégorie. Je n'ai jamais été bon public, comme si une partie de moi refusait de partager l'enthousiasme de la majorité. Cette attitude ressort d'un contrôle que j'exerce en permanence sur mes émotions. En réalité, je suis vulnérable et parfois hypersensible malgré moi. Cette composante de mon caractère m'a sans aucun doute obligé à contrôler gestuellement mes émotions. On peut donc être parfaitement sensible et mauvais public. Si vous applaudissez de la même manière que moi, je gage que vous vous reconnaîtrez sans peine dans ce bref portrait.

Quand un individu gauche sur droite inverse son mode d'applaudissement, il le fait sciemment pour marquer son ironie ou son manque d'enthousiasme. De même pour l'individu droite sur gauche. Faites en l'expérience, vous constaterez que cette inversion de la percussion manuelle ne correspond absolument pas à une adhésion sincère. L'inversion peut être observée chez les élus à l'Assemblée, lorsqu'ils applaudissent un adversaire dont ils désapprouvent l'intervention ou le discours. C'est un fac-similé d'applaudissement dont le sens conventionnel ironique n'échappe à personne.

Quel est le rapport entre ce réflexe gestuel commun et le succès ?

Élémentaire, mon cher lecteur ! Si vous exercez un métier public ou, que vous êtes directeur de salle de spectacles et que vous souhaitez réussir vos prestations, quelle que soit la qualité de celles-ci, arrangez-vous toujours pour glisser des invitations aux applaudisseurs gauche sur droite, ce sont de véritables chauffeurs de salle. Il suffit d'environ 10 % d'applaudisseurs chauffeurs gauche sur droite ou d'applaudisseurs enthousiastes (les mains se percutent à mi course) pour assurer le succès d'une prestation ou d'un spectacle. La minorité entraîne toujours la majorité là où elle refuserait d'aller si on ne lui montrait pas le chemin. J'ai souvent assisté dans des petites salles peu peuplées à des débuts artistiques laborieux. J'observais les pourcentages différentiels d'applaudisseurs. Trop d'applaudisseurs critiques ou réducteurs et pas assez de chauffeurs de salles. Or, ces derniers adorent se rendre au spectacle mais les spectacles coûtent cher. Il faudrait les inviter pour lancer chaque nouveau spectacle. J'ai touché un mot de ce phénomène à quelques directeurs de salle. Ils m'ont écouté poliment, voire amicalement, puis ils ont pensé à autre chose. L'une d'entre elles, une directrice, vient de déposer le bilan. Ne croyez pas qu'un spectacle fait un bide parce qu'il est mauvais. Il ne passe pas la rampe parce qu'il lui manque des supporters naturels, comme au foot : des applaudisseurs chauffeurs de salle. Le genre de supporters « groupies » qui assurent le succès des spectacles de stars ! Les acteurs ou les chanteurs deviennent sublimes quand le public les porte à bout de bras.

Je me souviens d'avoir sauvé un tour de chant de cette manière. Je me suis levé devant un public très difficile, refroidi par une mauvaise sonorisation, et j'ai applaudi seul à tout rompre en criant : « Bravo ! Bravo ! » J'ai été suivi d'abord mollement, puis j'ai crié : « Chante nous une chanson sans la sono ! Une chanson ! Une chanson !... » Mon cri de guerre a été repris en chœur par le public. Les applaudissements se sont nourris d'eux-même et l'artiste a pris sa guitare pour nous chanter une chanson unplugged. C'était magistral. Elle était transfigurée. À propos, j'avais applaudi instinctivement à la manière des chauffeurs de salle, ce qui n'est pas mon mode d'applaudissement naturel. La chanteuse était ma petite amie du moment. Que ne ferait on pas pour une petite fiancée de passage ? C'est une très vieille histoire !

En gestuelle, les mains sont des outils de communication essentiels à la réussite de vos interventions, qu'elles soient professionnelles ou privées. Nous aurons l'occasion d'y revenir à maintes reprises et vous constaterez à quel point le lien entre les mains et les aires cérébrales peut apporter des informations primordiales dans le décodage des refrains gestuels chez vos interlocuteurs, sans oublier chez vous-même.

L'applaudissement est un code gestuel invariable et réflexe. L'applaudimètre est une véritable émanation de l'inconscient collectif, le thermomètre le plus fiable et le plus démocratique qui soit. Il existe globalement trois manières d'applaudir : prosélyte, critique ou enthousiaste.

Le prosélyte

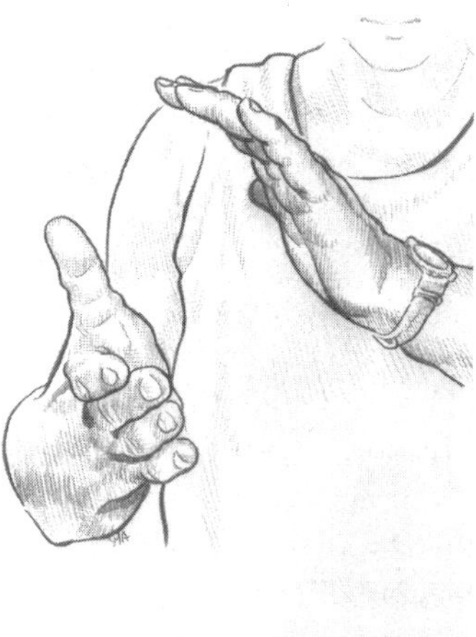

Figure 5

Quand la main gauche percute la main droite, le mode d'implication est favorable ou bienveillant (fig 5.) Ce mode d'applaudissement est invariable. Il signifie que le sujet qui applaudit de cette manière est fondamentalement un prosélyte. Il est bon public a priori et surtout très festif. *Il apprécie la prestation au lieu de juger la valeur de l'artiste.*

Le critique

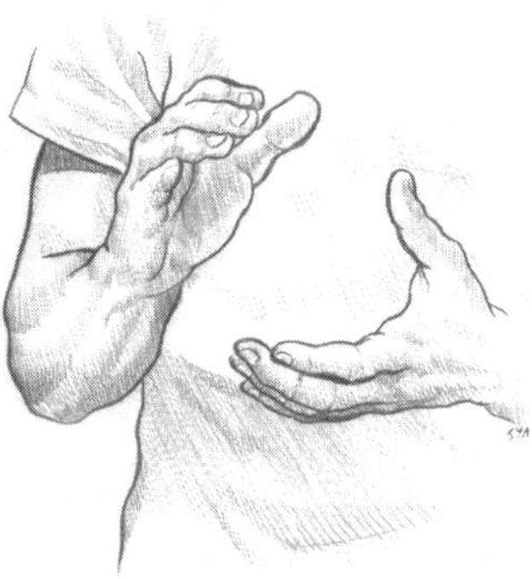

Figure 6

Quand la main droite percute la main gauche, le mode d'implication est évaluateur, réducteur, voire critique (fig 6). Ce mode d'applaudissement révèle un spectateur ou un auditeur plus difficile à satisfaire. *Il juge la valeur de l'artiste au lieu d'apprécier la valeur de la prestation.*

L'enthousiaste

Il existe un troisième mode qui consiste à percuter les deux mains à mi course devant soi (fig 7). C'est le mode universel de l'enthousiasme que nous sommes tous susceptibles d'adopter quand nos émotions sont bouleversées. Tous les enfants applaudissent de cette manière, certains adultes aussi. Ils rejoignent la catégorie bon public représentée par les prosélytes.

Figure 7

Les hommes sont plus critiques que prosélytes ou enthousiastes. Les femmes sont plus enthousiastes et souvent plus prosélytes. Consommatrices de culture à tous les échelons, les femmes font ou défont le succès d'un spectacle. Il suffit de mesurer la proportion des genres dans une salle de spectacle ou de théâtre au cours des premières représentations pour savoir si la pièce ou le show survivra.

LE SEXE DE L'ASEXUALITÉ

Ils sont hétéros, homos ou bis, mais ils revendiquent avant tout le fait d'être « a ». A comme asexuels. C'est-à-dire complètement désintéressés des rapports sexuels. Aux États-Unis, selon une enquête de l'université de Chicago, ils constitueraient 2 % de la population. Une étude du Kinsey Institute de l'université d'Indiana nuance cependant le propos : *les asexuels témoigneraient de comportements sexuels similaires à la moyenne, mais sans les désirer vraiment*. Selon l'Aven (Asexual Visibility and Education Network, une organisation qui milite pour la reconnaissance des asexuels), les asexuels ne sont pas forcément célibataires. Certains sont mariés, d'autres prêts à faire des enfants ou à se satisfaire de relations platoniques. Face aux psychologues et psychiatres qui qualifient cette libido zéro de « désir sexuel hypoactif », les membres de l'Aven répondent : « Le plus dur est de convaincre les autres qu'il ne s'agit pas là d'un problème. » Les asexuels (et les alexithymiques[1]) sont repérables à un tic gestuel particulier : *quand ils croisent les doigts, les pouces ne sont pas superposés mais demeurent côte à côte ou s'opposent au niveau des pulpes en contact (voir fig. 8)*. Ce geste trahit une sexualité hypoactive.

Figure 8

L'asexualité est un avatar de l'alexithymie : on peut la percevoir en partie comme une incapacité à ressentir le désir de l'autre. Elle a toujours existé et perdurera pour des raisons plus culturelles que biologiques. Le besoin de se singulariser ne se conjugue pas seulement avec la marginalité ou l'originalité. Les enfants mal aimés deviennent parfois des adultes qui aiment mal à leur tour, comme pour se conformer au moule dans lequel ils ont grandi. Leur désir sexuel est hypoactif en ce qui

1. Individus ayant des difficultés à exprimer verbalement leurs émotions.

concerne l'autre, mais ils compensent souvent par une hypersexualité solitaire dont ils ne risquent pas de se vanter en public.

LE SEXE DES AURICULAIRES

L'auriculaire gauche de la femme est plus souvent bagué que le droit. En revanche, les hommes apprécient de glisser un anneau ou une chevalière à l'auriculaire droit. Ces observations reposent sur des considérations statistiques.

Les deux auriculaires représentent le temps et *l'intuition*, cette vitesse lumière de l'intelligence qui repose à la fois sur les expériences du passé et la pré-science du futur ou du destin que l'individu s'est choisi inconsciemment. « Mon petit doigt m'a dit que... », prétend la maman du haut de son statut. Mais de quel petit doigt s'agit-il ? Tout dépend si l'intuition est conjuguée au passé ou au futur.

L'auriculaire gauche symbolise l'espace, le passé, l'enfance, le souvenir, les mémoires et les expériences. Il appartient à la main gauche qui dépend de l'hémisphère droit du néocortex, le cerveau affectif ou féminin.

L'auriculaire droit représente symboliquement le temps, l'avenir, l'ambition, la curiosité intellectuelle. Il appartient à la main droite qui dépend de l'hémisphère gauche du néocortex, le cerveau dit cognitif ou masculin.

Remarquez que le présent n'existe pas dans cette distribution particulière ! Il n'est qu'un instant T qui pourrait se situer entre les deux pouces.

Lorsque chaque auriculaire porte une bague

Chez une femme : les auriculaires bagués d'une femme ne délivrent pas le même message que chez l'homme. Excessive dans ses affects, elle est parfois difficile à cerner car elle est tiraillée entre un passé nostalgique et un avenir brouillé.
Chez un homme : quand les deux auriculaires d'un homme sont bagués, cet instinct est fragilisé par des conduites jusqu'au-boutistes ou extrémistes.

L'auriculaire droit est bagué en solitaire

Chez une femme : ambitieuse et croqueuse de diamants
Chez un homme : ambitieux et égocentrique.

L'auriculaire gauche est bagué en solitaire

Chez une femme : nostalgique de la période de son enfance.
Chez un homme : tourné vers le passé historique et/ ou ancestral.

B

LE SEXE DES BAISERS

J'aborde quatre types de baisers en fonction du sexe de celui ou celle qui le donne. Chaque contact entre les lèvres et le corps de l'autre est un micromessage dont le sens n'est pas toujours immédiatement évident.

Les choix topographiques du bisou

- Les joues : siège des baisers sociaux et amicaux
- Le nez : siège du baiser impertinent
- Le front : siège du baiser paternaliste ou maternant
- Le cou : siège du baiser érotique

Le baisemain

C'est le baisemain – le moins excessif des baisers de soumission – qui a survécu le mieux jusqu'à nos jours. Dans certains pays, il est toujours de mise qu'un homme baise la main d'une dame. Mais cela tend à disparaître, les femmes luttant pour leur égalité sociale. Le pape a également été forcé de faire des concessions et ceux qui obtiennent une audience privée ont maintenant le droit de baiser sa bague (située sur l'annulaire droit). Mais ils doivent se mettre à genoux, politesse formelle qu'aujourd'hui le pape seul partage avec Dieu.

Dans la posture du baisemain, la femme présente le dos de sa main motrice, paume orientée vers le sol. Paradoxalement, elle se soumet ou fait allégeance au baiser simulé de son vis-à-vis. *La main de supination (tournée vers le haut), celle de l'homme, domine toujours la main de pronation (orientée vers le bas), celle de la femme (voir fig 9).*

Figure 9

Le baiser sur la bouche

Lèvres closes : c'est un baiser froid entre deux personnes qui n'entretiennent pas des rapports très intimes même si elles vivent ensemble. Très prisé autrefois par les Anglo-Saxons plutôt puritains. Baisers typiques des scènes hot dans les films américains des années 1950.

À bouche que veux-tu : c'est le baiser classique des amants et des films européens.

Le rôle de la langue : elle pénètre la bouche du partenaire. Généralement la langue de l'homme s'introduit dans la bouche de sa compagne, mais certaines femmes apprécient de reprendre le rôle pour imposer leur domination sexuelle d'entrée de jeu.

Le baiser érotique

Les baisers érotiques sont évidemment liés à l'intime. Il existe différents lieux corporels que privilégient les hommes et d'autres que les femmes embrassent parfois contraintes et forcées. Le plaisir du baiser ne suit pas les mêmes règles suivant le sexe.

L'origine du baiser

La mère devait passer de l'allaitement à la nourriture solide par l'intermédiaire de morceaux qu'elle mâchait elle-même puis transférait soigneusement, bouche à bouche, à son petit. Cette opération a créé un lien primitif entre le contact des lèvres et la récompense de la nourriture donnée par la mère. Être embrassé signifie être aimé et embrasser signifie aimer. Quand des amants embrassent le clitoris ou le pénis de leur partenaire, les mouvements de leur bouche rappellent ceux qu'ils faisaient goulûment en tétant leur mère. L'impact du stade oral de notre existence se répercute sous une forme ou sous une autre pratiquement tout au long de notre vie.

Le baiser social

L'homme avance ses lèvres vers la joue tendue de la jeune femme qu'un ami vient de lui présenter. Elle tend la joue gauche. Pourquoi pas la droite ? Est-elle gauchère ?

Lors d'un premier contact entre deux personnes qui ne se connaissent pas, le baiser social est un préambule qui dépend du contexte ou de l'âge des protagonistes. Les ados et les jeunes adultes embrassent spontanément les inconnus qu'ils rencontrent pour la première fois. Un adulte plus mûr tend la main mais finit par embrasser la femme dont il vient de faire la connaissance en la quittant, si le courant est passé entre eux. La femme présentera soit sa joue gauche, soit la droite. L'homme avancera toujours ses lèvres pour poser sur cette joue un baiser furtif, presque distrait. L'effusion est tellement fugitive que le message, joue droite ou joue gauche, échappe généralement à l'attention de l'embrasseur. La latéralité du baiser social est pourtant essentielle pour la suite des évènements.

Mais tout d'abord, pourquoi les femmes tendent-elles leurs joues en règle générale ? Et pourquoi les hommes se sentent-ils obligés d'embrasser ?

Il faut préciser qu'elles ne tendent leurs joues qu'aux messieurs. Quand deux femmes s'embrassent, elles émettent un smack sonore à l'air libre. Les joues se posent l'une sur l'autre mais pas les lèvres.

Le baiser fait partie de la panoplie des conventions sociales de notre époque. On embrasse ses amis, les amis de ses amis quand on les rencontre ou quand on les retrouve, et on finit, dans la foulée, par embrasser tout le monde quand on se quitte. Le sens primaire du baiser social ou amical indique, en théorie, un élan de sympathie d'une personne envers une autre, qu'elle soit de même sexe ou de sexe opposé. Vous remarquerez que vous n'embrasserez pas, en principe, une personne avec laquelle vous venez de passer la soirée, si celle-ci ne vous a témoigné aucun intérêt ou si elle vous est antipathique. Le baiser social est avant tout une marque de sympathie adressée à une relation de passage. Hiérarchiquement, ce baiser représente le degré au-dessus de la poignée de main. Cependant, certains baisers sociaux, dont on peut considérer qu'ils font partie de contraintes professionnelles ou familiales, sont des signaux de rejet. D'autres en revanche, sont à ce point ambigus qu'on peut se poser des questions quant aux intentions effectives de l'embrasseur ou de celle qui reçoit cet hommage charnel : le bisou dans le vide, par exemple, ou le bisou avec retrait du corps. Ce dernier réflexe pourrait être une réaction liée à un rejet olfactif. Mauvais haleine, maquillage suret, odeur corporelle désagréable, etc.

La mode des quatre bisous

Pourquoi quatre bisous et pas un, deux ou trois ou dix ? La mode franco-française des quatre en un est assez récente. Elle serait une réaction sociale à la montée de l'insécurité. Les Irakiens s'embrassent beaucoup car ils craignent de ne plus revoir leurs proches ou leurs amis à cause des attentats endémiques dans ce pays. Huit baisers à l'affilée !

Embrasser l'autre, c'est créer les conditions d'un pacte de non agression. D'où la manie d'embrasser tout le monde, y compris les inconnus au bataillon ! Solliciter un pack de quatre bisous est une manière d'enterrer la hache de guerre avant l'ouverture éventuelle des hostilités. Cette coutume est d'ailleurs urbaine. On embrasse beaucoup moins à la campagne ou la poignée de main reste en vigueur, voire le bonjour à distance.

Quelle est la différence entre la joue gauche ou la joue droite ?

Jean Paul Gaultier, le couturier, accueillait Madonna sur le podium de son défilé. Il l'embrassa avec le corps rétracté. Nul n'ignore que le couturier est homosexuel et donc peu concerné, en principe, par les charmes de la star américaine. Est-ce la raison pour laquelle il a reculé en l'embrassant ? Pour éviter le contact des corps ? Bien sûr que non ! Les homosexuels sont des garçons sensuels qui aiment justement ce contact essentiellement affectueux, que ce soit avec une femme ou avec un homme. Alors pourquoi ce recul ?

Peut-être parce que la star a tendu sa joue droite au couturier ?

La joue droite

La joue droite dépend du cerveau gauche, le cerveau cognitif et masculin. Le simple fait de tendre la joue droite à l'embrasseur est une manière de dresser une barrière. Dans certaines circonstances, la femme ne peut éviter ce baiser social, elle adoptera donc le mode joue droite pour marquer une distance virtuelle face à ce rapprochement subi et parfois non désiré. Certaines femmes sont des habituées de la joue droite avec toutes les personnes qu'elles rencontrent, connues ou inconnues. Ce sont des femmes psychorigides. Une femme en colère ne tendra jamais sa joue gauche à son partenaire avec lequel elle vient de se disputer. Pour autant qu'elle accepte de se laisser embrasser. La présentation de la joue droite est la norme dans la majorité des cas.

La joue gauche

La joue gauche dépend du cerveau droit, le cerveau affectif et féminin.

La joue gauche est une invitation, un visa affectif, un laissez passer qui ouvre la première porte entre deux individus qui se connaissent déjà ou viennent de flasher l'un sur l'autre. La femme tend instinctivement cette joue gauche à un homme qui lui plaît d'entrée de jeu. Si une complicité s'établit dans un couple sans attache sentimentale, la joue gauche sera tendue impulsivement par la femme. De même, l'homme posera son baiser social sur la joue gauche non tendue, si la femme ne fait pas le premier pas.

L'élan de sympathie entraîne d'office cette latéralité de la joue gauche de la part de la femme.

Quand Jean-Pierre Chevènement a marqué son ralliement à Ségolène Royal, cette dernière lui a tendu sa joue gauche en priorité pour se faire embrasser. Inhabituel chez cette femme plutôt distante et joue droite dans la majorité des cas. Sur un autre cliché, on la voit embrasser amoureusement la joue gauche de François Hollande, son ex-compagnon.

Et les femmes qui embrassent ?

Elles existent mais ne sont pas légion. Cette conduite envisagée lors d'un premier contact en dit long sur la demande directe de l'embrasseuse. Le baiser amical de la séductrice est humide. Chez le chien et chez l'homme, la salivation abondante est un signal d'appétit, qu'il soit sexuel ou gastronomique. Le baiser sec et souvent glacé que vous recevez chaque matin de vos collègues féminins ou masculins est clairement un baiser social, voire pseudo-amical. En revanche, le baiser humide est tout aussi clairement sensuel. Le baiser humide de la petite fille à son papa adoré est clairement celui d'un bout de femme amoureuse de l'homme de sa vie. Pourquoi ce même type de baiser devrait changer de sens vingt ans après ?

Le baiser d'adieu

Au moment de se quitter, une hésitation mutuelle empêche l'un et l'autre de choisir la joue sur laquelle ils déposeront le baiser plus suave que sonore de l'au revoir. Leurs lèvres ont une fâcheuse tendance à se retrouver face à face, sans qu'ils l'aient cherché. Que voilà une jolie attitude bien explicite ! On dirait que les inconscients se jouent des consciences, essayant de forcer la main aux personnes en présence ou de leur faire comprendre par la grâce d'un double acte manqué qu'il serait temps de penser aux choses sérieuses...

Le truc du dragueur

Pour en revenir au nœud du problème, la joue gauche de la délicieuse inconnue qu'on vient de vous présenter se situe sur votre droite tandis que la joue droite qu'elle vous a tendue subrepticement se situe sur votre gauche. Si vous voulez créer les conditions favorables à une meilleure connivence d'entrée de jeu, arrangez vous toujours pour vous situer légèrement sur la gauche de votre nouvelle rencontre et embrassez la sur la joue gauche en décalant gentiment son menton du bout des doigts, même si elle vous tend la joue droite. Instinctivement, elle comprendra qu'elle ne vous est pas indifférente, même si vous ne lui plaisez pas spécialement. Il suffit parfois d'un geste innocent pour enflammer le cœur d'une belle inconnue.

À l'inverse, si vous êtes une femme, tenez compte de cette latéralité pour cerner vos pulsions inconscientes. Laissez le venir à vous et surtout laissez le choisir la joue sur laquelle il posera son premier baiser ! Vous serez tout de suite fixée sur le sens à donner à la suite du programme.

Un dernier conseil pour la route ! Si votre petit ami vous embrasse en gardant ses mains à l'abri dans les poches de son jean, trouvez-vous un remplaçant, il ne vous aime pas plus que ça.

LE SEXE DE LA BEAUTÉ

« Ces bourgeois modestes et fiers jugeaient la beauté au-dessus de leurs moyens ou au-dessous de leur condition ; ils la permettaient aux marquises et aux putains[1]*. »*

Comme l'explique très bien Christiane Olivier dans plusieurs de ses ouvrages, pour ce qui est de la beauté, la femme va commencer très tôt à mettre en valeur le corps de sa petite fille, avec de jolies coiffures, des petites robes amusantes, des couleurs gentiment assorties, de sorte que chacun, voyant ce ravissant objet, s'écrira à juste titre : « Oh ! comme elle est mignonne ! » Comme si la séduction physique faisait partie de la petite fille dès ses premières années. Ainsi s'inscrit dans l'inconscient de l'enfant l'idée que l'extérieur peut déclencher un « plus d'amour » chez les autres, et cela va figurer comme l'un des premiers engrammes du logiciel féminin. Plus tard, quand la petite fille fera quelque chose de mal, sa mère ou sa grand-mère lui diront fréquemment : « Oh ! Tu es vilaine ! » adjectif qui renvoie l'enfant non à une loi morale, mais à une loi esthétique.

En 1997, Albert Magro, un chercheur du *Fairmont State College*, aux États-Unis, a réussi à percer le grand

1. Jean-Paul SARTRE, *Les Mots*, Gallimard.

mystère des critères de beauté en effectuant l'étude suivante : il a montré à 495 personnes des schémas et photographies d'êtres humains dotés de caractéristiques physiques diverses (différentes formes de visages, de segments corporels, etc.). Les participants indiquaient quelle variante de chaque partie du corps ils trouvaient la plus attrayante, et l'on a constaté que les gens détestent à la fois les mollets courts, les cuisses courtes, les jambes arquées, les grandes canines (surtout lorsqu'elles étaient pointues), les gencives proéminentes, les pouces courts, les longues paumes, les ongles incurvés, les petits cous, les mâchoires prognathes. En revanche, les participants appréciaient les femmes de grande taille, les longues jambes, les tailles minces, les longs cous, les lèvres rouges et incurvées, les grands yeux, les épaules carrées, les dents droites et non espacées, les doigts droits, la peau lisse et dépourvue de poils, les fronts droits, les ventres plats, les voûtes plantaires flexibles.

Magro remarqua que la poupée Barbie rassemblait les caractéristiques valorisées par les participants. Pourquoi ? Selon lui, les recherches effectuées sur les fossiles d'hominidés indiquent qu'au cours du temps, certains attributs physiques ont été dévalorisés au profit d'autres. Ces nouvelles caractéristiques se sont développées lors de l'évolution des bipèdes que nous sommes, de l'augmentation de l'intelligence, de la dextérité manuelle et du régime omnivore. Ce sont ces changements physiques qui, dans son étude, ont été les plus appréciés par les participants. Par exemple, la bipédie a entraîné une augmentation de la taille des jambes, une augmentation de la longueur du cou et des épaules carrées rejetées légèrement en arrière. Le fait d'être omnivore a modifié la forme de la mâchoire et la dentition ; le développement du cortex a augmenté le volume du crâne ; le développement de l'intelligence a accru la capacité à utiliser des outils et la dextérité manuelle, ce qui a eu pour conséquence de modifier la forme des mains. Quant aux lèvres, nous sommes la seule espèce à présenter nos muqueuses labiales tournées vers l'extérieur, ce que l'on ne retrouve chez le singe qu'au stade fœtal. C'est la raison pour laquelle les lèvres rouges (couleur muqueuse) sont appréciées.

Magro a également constaté que les traits qui plaisaient le moins étaient présents chez nos ancêtres les plus primitifs et le sont toujours chez les singes. Lorsque l'on regarde une poupée Barbie, on remarque que bizarrement, elle est un condensé des traits évolués (corps et visage) et qu'elle ne possède aucun trait primitif. Est-ce l'origine de sa popularité ?

Notre perception de la beauté a certainement évolué en même temps que nos traits physiques. En effet, si ces « nouvelles » caractéristiques sont davantage présentes aujourd'hui, c'est parce que les humains ont toujours choisi leurs partenaires sur cette base. Ces caractères ont donc été conservés grâce à une reproduction « sélective ». Les femmes qui possédaient ces atouts avaient plus de chance que les autres de se reproduire et d'engendrer des enfants qui possèderaient à leur tour ces caractéristiques. Il est évident que les jolies femmes reçoivent plus de propositions matrimoniales.

D'après les psychologues évolutionnistes, même si les canons de la beauté faciale fluctuent légèrement selon les époques et la culture, il existe une norme universelle de beauté. Selon une hypothèse darwinienne, la beauté servirait à identifier les individus possédant les « bons gènes ». Elle serait un indicateur de bonne santé, et nous chercherions à nous reproduire avec les belles personnes afin de partager nos gènes avec les leurs. Si les cheveux sont beaux, le corps svelte et musclé, la peau lisse et ferme, le visage symétrique, c'est que le patrimoine génétique confère de bonnes qualités de survie et de reproduction, notamment un bon système immunitaire. Par exemple, la symétrie indiquerait que le développement du corps s'est déroulé de façon harmonieuse.

Un psychologue de l'Université de Austin au Texas, a démontré que les hommes sont sensibles au rapport taille/hanches : 60 cm de tour de taille et 90 centimètres de tour de hanches dans l'idéal, et qui témoigne de la capacité d'une femme à procréer. La poitrine de la femme n'entre pas en ligne de compte.

La jeunesse représente également un critère de beauté, l'âge étant lui aussi un indicateur de fertilité. Dans l'étude de A. Magro, les grands yeux sont appréciés, car ils sont un signe de jeunesse (comme ceux des enfants). De tous temps, les hommes ont aimé la jeunesse et cherché des femmes plus jeunes qu'eux. Selon une étude réalisée en 1996, seuls les adolescents préfèrent des femmes de cinq ans en moyenne plus âgées qu'eux, c'est-à-dire des femmes plus fertiles que celles de leur âge.

Les bébés préfèrent les jolies femmes

À l'Université de Exeter, le psychologue Alan Slater a montré à plus de 100 bébés âgés de cinq heures à deux jours, des paires de photos placées l'une à côté de l'autre à environ 30 centimètres de leur visage. Chaque paire comportait la photo d'une femme très belle et la photo d'une femme ordinaire. Le regard des bébés s'est attardé quatre fois plus longtemps sur les visages jugés attrayants par les adultes.

Mon fils Maxime, huit mois, s'agite en souriant de ses quatre dents quand il aperçoit une jolie journaliste dans la lucarne du JT. Il affectionne particulièrement Catherine Mataush, présentatrice du JT de France 3.

Ceci montre que l'identification des jolis visages serait pré-câblée dès la naissance : mais pourquoi cette préférence pour la beauté chez les bébés ? Selon A. Slater, les beaux visages représenteraient en quelque sorte le prototype d'un visage humain : d'ailleurs, si l'on fusionne par ordinateur des centaines de visages, on obtient une moyenne statistique de caractéristiques faciales particulièrement attrayante. Dans l'esprit d'un bébé, ces beaux visages représenteraient le prototype du visage humain. Et ce modèle servirait peut-être de repère, le bébé comparant les visages des personnes qui lui sont proches à ce prototype. Quelle que soit notre origine ethnique, nous sommes tous sensibles à la beauté. Nous sommes programmés biologiquement dès la naissance pour la reconnaître et l'apprécier.

Une autre étude s'est attachée à savoir ce qui est séduisant dans le visage de l'autre, des chercheurs multiplient les expériences consistant à montrer des centaines de portraits à des volontaires qui déterminent ceux qu'ils jugent attirants. Majoritairement, les femmes sont attirées par des hommes virils mais pas trop, avec moins de mâchoires qu'Arnold Schwarzenezgger. Quant aux hommes, ils préfèrent les visages avec de grands yeux, des lèvres pleines, un menton étroit, un nez et un front petits et une peau uniforme, c'est-à-dire apparemment jeunes et bien portants, gorgés d'œstrogènes qui gonflent les lèvres. C'est du moins l'interprétation des scientifiques. Mais peut-être ne s'agit-il que de fantasmes d'anthropologues mâles... Preuve que les hormones ne font pas tout, Marilyn

Monroe aurait découvert son pouvoir de séduction à 8 ans en voyant les garçons se précipiter pour l'aider à descendre d'un arbre. Si, comme ceux des animaux, nos choix sont gouvernés par la nécessité de la reproduction, ils sont aussi modulés par les images imprimées dans le cerveau dès l'enfance. Au final, notre idéal serait une moyenne entre tous les visages que nous avons pu observer et notre préférence irait à celui que nous avons vu le plus : le nôtre.

Alors ? La beauté est-elle plus féminine que masculine ? La culture du beau touche les deux sexes mais la publicité s'adresse majoritairement à la femme quand il s'agit d'embellir les atouts plastiques, de perdre quelques kilos ou d'avoir recours à des moyens esthétiques pour retarder la sanction de l'âge.

Un décolleté bien garni peut détourner l'attention d'un visage moins attrayant ; un dos bien cambré peut se substituer à une absence de poitrine généreuse ; des fessiers durs et bien découpés auront plus d'impact qu'une poitrine boostée. Il faut choisir de mettre en valeur ce qui peut l'être et non de suivre stupidement les diktats des canons de l'esthétique.

LE SEXE DES BIJOUX

Les bijoux que vous portez « trahissent » le besoin de séduire ou de plaire au-delà des significations conventionnelles que la tradition leur accorde. Aucune femme ne portera jamais un bijou qui lui déplaît, fut-il hors de prix. La relation qu'elle entretient avec ses bijoux est souvent plus passionnelle que celle qu'elle est susceptible d'entretenir avec les vêtements qu'elle porte ou, parfois, les hommes dont elle tombe amoureuse.

Les bijoux se rejoignent dans les grandes familles d'ornements que privilégient la plupart des femmes, et dont je vous livre quelques significations symboliques, seulement, tant il est vrai que la diversité de ces ornements mériterait à elle seule un ouvrage entier.

Le bracelet

Les bracelets sont autant de parures temporaires destinées à mettre en valeur les mains, les poignets, les chevilles et les avant-bras. Ils sont surtout prisés dans les cultures africaines et arabes dans lesquelles les femmes les portent en batterie. Si on considère que les poignets sont les sièges symbolique du sentiment de sécurité et les avant-bras ceux de la protection du visage, il se pourrait que ces bijoux particuliers aient aussi un rôle plus psycho-symbolique que séducteur. Un bracelet au poignet gauche n'est pas un bracelet au poignet droit, vous vous en doutiez déjà. Le bracelet gauche traduit un attachement à l'image sécuritaire de l'amour maternel, un bracelet à droite, à l'image sécuritaire de la protection paternelle. Des bracelets en batterie à chaque poignet trahissent un besoin de régression au paradis perdu de l'enfance et signalent paradoxalement une insécurité affective endémique.

Le bracelet de cheville

Longtemps considéré comme un signe de soumission à l'homme, le bracelet de cheville est principalement porté par les femmes et souvent attaché à la cheville gauche. L'origine de cette mode n'est pas clairement établie. Elle pourrait provenir des Indes où le langage du bijou est fortement codifié. Une autre hypothèse voudrait que le bracelet de cheville soit une représentation symbolique du fer qu'on attachait aux pieds des esclaves africains, exportés par les négriers vers les Amériques. Selon mes observations comportementales, les femmes qui adoptent le bracelet de cheville sont en recherche d'un esclavage plus érotique, teinté de masochisme et d'abandon total. L'esclavage n'a pas rendu les armes, il a tout juste changé de visage. La soumission absolue à la violence ou à la tyrannie amoureuse demeure un plaisir trouble auquel bien des femmes (ou des hommes) adhèrent sans oser l'avouer en public.

La chaine ceignant la taille

Il s'agit d'une sorte de chaîne aussi fine qu'un bracelet de poignet mais qui fait le tour de la taille. À l'instar du bijou dans le nombril, c'est assez peu courant sous nos latitudes mais fortement prisé dans les pays du soleil. Il est possible que la taille soit ceinte quand une femme a été traumatisée par sa grossesse et qu'elle souhaite retrouver virtuellement la taille de guêpe qu'elle avait étant jeune fille.

La chaine large autour du cou

Besoin d'agrandir son territoire pour échapper à l'étouffoir affectif d'une mère trop envahissante ou d'un père trop possessif.

La chaine ras de cou

La chaîne ras de cou est souvent prétexte à attirer l'attention sur la finesse d'une gorge ou la puissance des pectoraux, tout dépend du sexe de celui ou celle qui la porte.

La chevalière

Blason de grande famille que l'on porte généralement à l'auriculaire gauche, le doigt du passé et que les arrivistes arborent à l'auriculaire droit, peut-être pour que leurs descendants puissent un jour le remettre à l'auriculaire gauche.

La plupart des hommes obèses adorent glisser une chevalière à leur auriculaire droit. Pourquoi ? Parce que le niveau d'arrivisme d'un individu est directement proportionnel au poids de son corps. Soit, il s'obstine à vouloir éliminer les kilos superflus, soit il dévie cette ambition vers une option de succès professionnel ou financier. Il est vrai que les obèses sont rarement des indigents. Bien manger coûte plus cher que d'entretenir une maîtresse !

Le collier de perles

Le collier de perles est investi du pouvoir magique de fécondité, peut-être à cause de la similitude entre les perles et les ovules ?

La gourmette

Ce bijou répond à un défaut d'identification. Le sujet se situait mal dans la structure familiale au cours de son enfance, il réagit inconsciemment en affichant la seule appellation qu'il ne partage avec personne au sein de sa famille : son prénom.

Les boucles d'oreille

Plus les boucles d'oreille sont visibles, plus elles trahissent une frustration affective ou sexuelle. Le désir est au rendez-vous mais le plaisir lui a posé un lapin, en quelque sorte. Au fil des années de pratique psychothérapique et des entretiens que j'ai eu avec plusieurs centaines de patientes ou de stagiaires, j'ai repéré un lien de causalité entre l'anorgasmie (incapacité d'atteindre l'orgasme) et le fait de porter des anneaux d'oreille de plus en plus grands. Dans « L'île de la Tentation », deux des quatre jeunes femmes mises sur la sellette, qui ont trompé leur partenaire respectif, portaient des anneaux d'oreille extra larges. Faut-il y voir une coïncidence ?
La mode des boucles d'oreille pour les hommes révèle une féminisation du masculin et l'ouverture à une sensibilité largement gommée par l'éducation machiste qui prévalait en ce qui concerne les garçons. Il ne faut pas y voir une décadence des valeurs phallocrates, comme certains poujadistes de la sexualité l'affirment mais une ouverture de l'homme à ses émotions.

LE SEXE BIOLOGIQUE

La multitude de relations humaines indique que les liens entre partenaires sont donc très influencés par divers éléments, historiques, culturels et sociaux. On a cependant identifié des bases biologiques de la monogamie chez un campagnol des champs d'Amérique. Ce petit campagnol mène une vie strictement monogame et s'occupe longtemps de sa progéniture. En revanche, son voisin le campagnol des montagnes rocheuses change fréquemment de partenaire, et laisse très tôt ses petits se débrouiller tout seuls. Les deux espèces ont des morphologies et des patrimoines génétiques très proches. Elles diffèrent pourtant par deux hormones hypothalamiques : *la vasopressine* et *l'ocytocine*. Le campagnol des champs monogame a nettement plus de récepteurs de la vasopressine et de l'ocytocine que son cousin volage.

En général, la concentration sanguine de ces hormones augmente nettement pendant la copulation, selon le sexe de l'animal : la vasopressine augmente chez le mâle et l'ocytocine chez la femelle. Chez les êtres humains, ces hormones semblent jouer un rôle important dans la capacité à avoir une excitation sexuelle, une érection et un orgasme. Ainsi, chez les hommes, la concentration sanguine en vasopressine augmente pendant la phase d'attente sexuelle, celle de l'ocytocine pendant l'orgasme. Chez la femme, la vasopressine diminue le besoin sexuel et l'ocytocine interviendrait tant pendant la période préliminaire que durant l'accouplement. Cependant, il s'agit là de simples transpositions de résultats expérimentaux obtenus sur des animaux. Dans le domaine de la sexualité, il existe chez l'être humain une relation moins étroite entre hormones et comportements que chez les animaux. Les normes sociales, l'éducation, les espérances ont (ou auraient) une influence très supérieure à celles des hormones.

Pourquoi le campagnol des champs est-il monogame ? Les mâles ayant des concentrations cérébrales élevées en vasopressine sont plus étroitement liés à leur partenaire et s'occupent davantage des jeunes que les autres. Chez les femelles, c'est plutôt l'ocytocine qui favorise les attentions portées à la progéniture. L'augmentation de la concentration hormonale pendant l'accouplement renforce le lien entre les partenaires. Chez l'homme, la vasopressine et l'ocytocine semblent exercer un effet similaire. Est-ce le ciment du couple ? Est-ce le premier pas vers la compréhension des mécanismes biologiques de l'amour ? Un shoot de vasopressine et votre mari volage pourrait redevenir fidèle… Un shoot d'ocytocine chez la femme pour devenir une mère parfaite…

LE SEXE DES BLONDES

Les hommes préfèrent-ils les blondes ? La vraie blonde est rare, y compris dans les pays à dominante blanche. En Europe ou aux États-Unis, seulement un adulte sur vingt est blond.

L'engouement pour les blondes ne date pas du siècle dernier puisque les mondes grec et latin avaient déjà leurs fausses blondes grâce aux teintures au safran ou à la fiente de pigeon, et aux cheveux de Germaines captives. Les beautés hollywoodiennes des années 1930 ont réinventé l'âge d'or de la blondeur proclamée « aristocratie de la beauté ». Provocante Mae West, explosive Jayne Mansfield, ou sensuelle Marilyn, la blonde ultime, elles ne se doutaient pas que les blondes (« petites amies » pour les canadiens français) deviendrait les victimes de l'humour vache.

Une chose est certaine : nous aimons les personnes qui portent des gènes éloignés des nôtres, car le mélange des gènes augmente les capacités de survie de l'espèce humaine. Ainsi dans de nombreux pays à dominante brune, les blondes et les blonds seraient plus recherchés, car plus rares. S'unir avec eux permet d'entretenir la diversité génétique et de renforcer le système immunitaire de la descendance, ce qui favorise la conservation de l'espèce humaine. Ceci étant, la moquerie qui s'adresse aux blondes est typique d'une transformation des mentalités. Les blonds ou les blondes deviennent, à l'instar des blacks ou des beurs, une ethnie à part entière. La moquerie en question ne vise pas à dévaloriser l'intelligence des blondes mais à particulariser leur pigmentation dans une société de plus en plus multiethnique où la reconnaissance passe par l'apparence. Si la blondeur de votre chevelure vous gêne aux entournures, sachez qu'une coloration de blonde en brune est plus facile à réaliser que le contraire. Vous remarquerez d'ailleurs que les blonds sont plus rares que les blondes sous nos latitudes franco-françaises.

Les cheveux décolorés adoucissent souvent les traits du visage mais ils indiquent aussi que la femme vit sur un plan plus virtuel que réel. Marilyn Monroe en était un exemple frappant et qui a fait de nombreux émules. D'après Desmond Morris, un blond aura 140 000 cheveux, un brun 108 000 et un roux 90 000, ce qui représente tout de même 36 % en moins que les blonds. Y aurait-il une explication scientifique à cette différence ? On associe souvent la rousseur des cheveux à une hypersexualité. Est-ce fondé ou est-ce une légende lancée par les rouquins souvent moqués dans nos sociétés occidentales ?

Les vraies blondes sont généralement plus narcissiques que les femmes bénéficiant d'autres couleurs de cheveux. Elles sont aussi plus opportunistes en matière de séduction mais pas forcément de bons plans en matière de sexualité.

LE SEXE DE LA BOUCHE

(la forme des lèvres)

Le langage morphologique des lèvres en dit long sur la manière dont une femme ou un homme savoure sa vie amoureuse. Car les lèvres se déforment au fil de la croissance de l'enfant, puis de l'ado en fonction de sa qualité de la vie. L'adulte se retrouvera avec une bouche qui glisse à droite ou se contorsionne à gauche quand il parle, quand il sourit ; une bouche qui imite la protrusion du baiser ; une lèvre supérieure rigide ou mobile ; une lippe inférieure en V, etc. Il va grandir avec ses ressemblances mais de subtiles modifications du dessin de ses lèvres vont marquer les étapes de son existence. Elle aura une bouche à bisous, il aura un pli amer ou ricanant au coin des lèvres ; elle aura la bouche en cul de poule ou des lèvres pleines aux coins relevés ; une bouche rieuse ou des lèvres boudeuses, etc. On peut tout lire sur les lèvres d'un individu, qu'il soit enfant ou adulte : le bonheur, la tristesse, la colère ou le malheur. Des déformations subtiles qu'il faut apprendre à décrypter. Les femmes ont un avantage : elles peuvent maquiller des lèvres trop minces, « botoxer » des lèvres fatiguées mais la déformation labiale qui trahit la synthèse des sentiments est toujours visible.

Curieusement, cette mimique est plus facile à déterminer chez la femme que chez l'homme. Son évolution reste constante tout au long de la vie. Une période de bonheur ou de confiance en soi peut en modifier imperceptiblement le dessin et changer le registre de la face. Ce n'est pas sans raison qu'on trouve bonne mine à une femme amoureuse. Les lèvres se libèrent du stress de la solitude ou du sentiment d'échec affectif.

L'antichambre du plaisir

La bouche est le siège de la possession et aussi un orifice destiné à se donner du plaisir en absorbant la nourriture (ou à (se) donner du plaisir par le baiser, par exemple). Ce que l'on sait moins, c'est que le degré de confiance en soi est lié aux expressions mimiques de la bouche et des lèvres qui en représentent la beauté esthétique. Bouche tordue, lèvres pincées, commissures affaissées sont autant d'indicateurs d'une confiance en soi polluée par la haine, l'amertume ou la méfiance. Le nombre de mimiques disqualifiantes est incalculable. En revanche, la bouche d'un individu qui a confiance en lui-même se distingue immédiatement, quelle que soit la morphologie de ses lèvres. Sa bouche s'harmonise toujours avec le reste du visage et en toutes circonstances. Elle devient naturellement séduisante.

Quand la main dissimule carrément la bouche... (fig 10)

Figure 10

Le saviez-vous ? Votre degré de confiance en soi est fonction de la fréquence des mouvements de vos lèvres, donc liée à leur richesse mimique. Plus les lèvres sont figées quand vous vous exprimez, plus cela trahit un manque de confiance en soi et entraîne inconsciemment le besoin de cacher sa bouche derrière sa main. Forcez vous à articuler quand vous parlez, vous éviterez ainsi spontanément de dissimuler vos lèvres, votre degré de confiance en soi reprendra très vite du poil de la bête, votre pouvoir de séduction aussi.

S'il vous arrive de caresser involontairement le tour de vos lèvres de l'index, comme si vous vous remettiez du rouge, sachez que vous essayez de donner le change alors que vous êtes manifestement perturbée par la présence ou le manège séducteur de votre compagnon.

Les lèvres retroussées

Le retroussement des lèvres est une mimique typique des individus qui ont tendance à s'exprimer « du bout des lèvres ».

Un peu comme s'ils embrassaient de loin leur interlocuteur quand ils parlent. Il s'agit d'un signe de méfiance qui traduit exactement le contraire de ce qu'il transmet.

Figure 11

Les hommes prêtent moins attention à cette partie de leur visage que les femmes. Ces dernières focalisent souvent leur regard sur les lèvres de leur interlocuteur quand elles cherchent à évaluer inconsciemment son degré de séduction. Car les lèvres d'un homme en disent long sur ses comportements charnels. Une lèvre supérieure rigide trahira un compagnon infidèle et menteur. Des lèvres gourmandes indiqueront un épicurien plus voyeur qu'acteur. *Les lèvres serrées, voire inexistantes, dévoileront un homme peu enclin aux jeux sexuels ou à la fantaisie en matière de sexe (fig 11).*

Pour les femmes, c'est la taille de la bouche qui reproduit souvent la taille du sexe. À petite bouche, sexe étroit. À grande bouche, je vous laisse deviner. Une bonne vingtaine d'années d'expériences amoureuses multiples me permet d'affirmer ce genre de constat et bien d'autres encore. Mon intelligence analogique m'a toujours poussé à rechercher des points communs entre différents comportements et certains détails morphologiques, entre autres, même dans des situations scabreuses. Que voulez vous ? La science exige bien des sacrifices.

LE SEXE DU BOUTONNAGE

Vous avez évidemment tous et toutes remarqué que les boutons sont cousus à droite de l'ouverture sur les vêtements destinés aux hommes et sur le bord gauche pour ceux que portent les femmes. Daniel Lacotte dans son ouvrage intitulé *Le Pourquoi du comment ?* (Albin Michel) propose plusieurs explications historiques intéressantes ci-après rapportées.

Il faut tout d'abord souligner que ce problème ne se pose que depuis le XIIe siècle, époque où apparaissent les premiers boutons dont l'usage ne se développe réellement qu'au cours du siècle suivant. Et ce, pour une raison fort simple : pendant les croisades (XIe-XIIIe), les Occidentaux découvrent les merveilles de l'Orient. Notamment les avancées de l'Empire byzantin dans le domaine de la fabrication des étoffes et de la confection des vêtements. Impression des tissus, mais aussi commerce du velours et du satin engendrent de notables bouleversements dans la façon dont l'élite du temps s'habille. Sans que l'on puisse encore véritablement parler d'effets de mode. Dictés par les souverains et leur entourage, ceux-ci n'apparaissent qu'à partir du XIVe siècle.

En cette période charnière du Moyen Âge baptisé âge féodal (XIe-XIIIe), hommes et femmes portent le bliaud, sorte de cotte-chasuble ou de tunique qui couvre la chemise. Pour sortir, on s'abrite sous une cape ou un surcot.

Au Moyen Âge, la tradition vestimentaire dispose également d'un accessoire de base : l'épée. Certes, certaines de ces pièces ne manquent pas d'afficher une exceptionnelle valeur décorative, voire artistique, mais elles répondent fondamentalement à d'autres exigences potentielles, un combat inattendu. Nous touchons ici à la première explication possible à propos de l'énigmatique sens du boutonnage. Les gens en armes portent donc l'épée sur la gauche. Et pour dégager le vêtement qui peut la recouvrir, rien de plus facile que de déboutonner de la main gauche tout en saisissant promptement son arme de la droite, le tout en ouvrant d'un geste ample le pan gauche de la cape… qui doit donc recouvrir le pan droit de l'ouverture. Conclusion : pour ne pas gêner l'exécution de ce geste précis – voire vital ! – il fallait bel et bien coudre les boutons sur le pan droit du vêtement.

À ce jour, aucun chercheur n'a formellement démontré la véracité de cette explication pourtant largement répandue, y compris parmi les histoires de la mode. Mais si cette hypothèse ne touche que la gente masculine, une seconde démonstration repose cette fois sur une « activité » exclusivement féminine. À savoir : l'allaitement. Ainsi, pour faciliter le déboutonnage à l'aide de la main droite (tandis que le bébé se portait le plus souvent sur le bras gauche), les boutons étaient cousus sur la gauche de l'ouverture. Par chance, ces deux explications se complètent efficacement, alors qu'elles sont rigoureusement indépendantes l'une de l'autre. En réalité, il ne s'agit là que de suppositions logiques.

Si épée et allaitement sont peut-être à l'origine d'un sens de boutonnage, certains avancent d'autres hypothèses. Ainsi la version « de l'habilleuse » rassemble-t-elle de nombreux suffrages. Cette théorie affirme que la rangée de boutons a été cousue sur la gauche de la fermeture des vêtements de femmes... pour faciliter l'habillage des reines, princesses et autres dames de l'aristocratie. Il semble en effet que le sens de boutonnage des vêtements féminins soit ainsi plus facile pour une habilleuse droitière qui doit remplir sa tâche, sachant qu'elle se trouve alors en face de la femme qu'elle s'applique à vêtir avec dextérité.

Et s'il y avait une autre explication au sens de ce boutonnage ?

La femme est identifiée à la partie gauche de son corps dans la mesure ou cette portion du corps dépend du cerveau droit, le cerveau féminin. L'homme s'identifie à la partie droite de son corps ; partie commandée par le cerveau gauche masculin. L'hypothèse repose sur le bâton mâle tenu dans la main droite et le bâton femelle tenu dans la main gauche que nous rapporte Alan Smith (déjà cité). Y a-t-il un rapport entre l'identification néocorticale et le sens du boutonnage ? Je ne saurais le dire. Je me borne à constater que la partie gauche du corps, la partie féminine, est commandée par le cerveau droit et que la partie droite du corps, la partie masculine, est contrôlée par le cerveau gauche.

Cependant, vous remarquerez que pour déboutonner un manteau masculin, l'homme se servira de sa main gauche, tandis que la femme déboutonnera son manteau en s'aidant de la main droite. Ce constat conforte les hypothèses évoquées par Daniel Lacotte – l'épée ou le bébé.

LE SEXE DE LA BRAGUETTE

Comme le précise D. Morris, c'est là un phénomène exclusivement contemporain, mais dont la contrepartie pour l'homme a un long passé. Pendant près de deux cents ans (de 1408 environ à 1575), bien des parties génitales mâles de l'Europe furent exposées dans toute leur splendeur grâce au port de la braguette. Modeste à ses débuts, elle prit la forme d'un pan de devant formant une petite poche à l'entrejambe de bas extrêmement serré, ou bas-de-chausses, que portaient les hommes à cette époque. Ces bas étaient si ajustés que cela ne laissait guère de choix. Avec les années, la braguette prit de l'ampleur jusqu'à devenir plus un emblème phallique criard qu'une simple bourse et donna à qui la portait l'air d'avoir le pénis en érection permanente. Pour compléter l'illusion, la braguette était souvent d'une couleur différente de l'habit, et s'ornait même d'or et de bijoux. On alla si loin dans ce sens que cela devint alors un sujet rituel de plaisanterie.

Aujourd'hui de tels excès dans l'exhibition phallique manquent à l'univers de la mode, mais nous en trouvons des échos. Les jeunes de notre époque portent leurs jeans à la turque. La taille basse revient en force. Le haut des fesses et la fente fessière sont exposés sans fausse pudeur. Ils rejoignent la mode du string féminin que l'on peut encore admirer sur les plages à la mode, en été. On ne montre plus un fac similé des organes génitaux de nos jours, les fesses ont pris le relais du renflement suggestif d'autrefois.

D'autres manifestations contemporaines du type génito-vestimentaire sont franchement folkloriques et peu courantes. Citons les costumes de bain et les panties féminins ornés de fourrures dans la région pubienne ou alliant des devant en dentelle qui imitent la forme des parties génitales. Une autre manifestation d'exposition génitale indirecte qui a subi sans commentaires l'épreuve du temps est le sporran écossais, bourse génitale symbolique portée dans la région scrotale et fréquemment couverte de poils pubiens symboliques.

Pour en revenir à la braguette contemporaine, elle appartient aussi bien aux jeans ou pantalons masculins que féminins, seul un détail crucial les distinguait dans les années 1960-1970 : le sens de la patte qui recouvre le zip de fermeture ou le boutonnage sur certains jeans de marque. Cette patte s'ouvrait vers la droite pour les hommes et vers la gauche pour les femmes. Il semble que ce ne soit plus le cas pour les jeans, de nos jours. La patte de couverture ouverte vers la gauche pour les femmes n'avait pas d'autre raison d'être que de reproduire le boutonnage des vêtements féminins : ouverture à gauche. Curieusement, la théorie gestuelle repose sur le croisement des commandes cérébrales : le cerveau droit dit affectif et féminin commande la partie gauche du corps identifié à l'image maternelle. Le cerveau gauche dit cognitif et masculin commande la partie droite du corps identifiée à l'image paternelle. Je vous renvoie au « sexe du boutonnage » pour plus d'informations.

La braguette qui était un élément vestimentaire masculin est devenu un élément unisexe avec la popularisation du jean. Cependant, le boutonnage des robes, vestes ou chemisiers féminins demeure un boutonnage vers la gauche, dans la majorité des cas.

LE SEXE DU BRIQUET

L'allumage du briquet par le pouce gauche ou le pouce droit est un des refrains gestuels invariables. La flamme est interne ou externe, suivant les individus.

La flamme interne

Figure 12

Si vous privilégiez la flamme interne vous êtes un séducteur passif (fig 12). Vous recherchez un moyen de plaire à vos interlocuteurs mais pas de les séduire. Vous présentez la flamme de votre briquet de manière latérale interne ou centripète. Pour vous, l'échange relationnel amical ou l'établissement d'une relation durable prime sur l'utilité ponctuelle ou l'aspect purement séducteur de la relation. Les flammes internes sont majoritairement féminines

La flamme externe

Figure 13

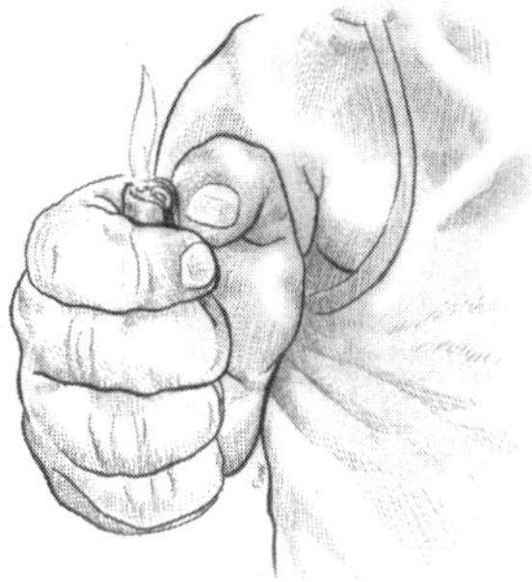

Si vous privilégiez instinctivement la flamme externe, vous vous conduisez en séducteur actif. Vous présentez votre flamme de manière latérale externe ou centrifuge. L'utilité de l'échange relationnel l'emportera au détriment de l'établissement d'une relation amicale. *La flamme externe est typique du séducteur masculin (fig 13).*

Les allumages atypiques

On peut allumer un briquet jetable avec d'autres doigts que le pouce. Notamment les index ou les majeurs. Dans ces cas là, le choix de la main indique le mode de séduction, mais pas seulement.

- Main gauche : besoin de plaire
- Main droite : besoin de séduire

L'allumage du bout de l'index (fig 14) trahit le tombeur ou le dragueur agressif. Trop sûr de lui à droite, possessif ou élitiste à gauche.

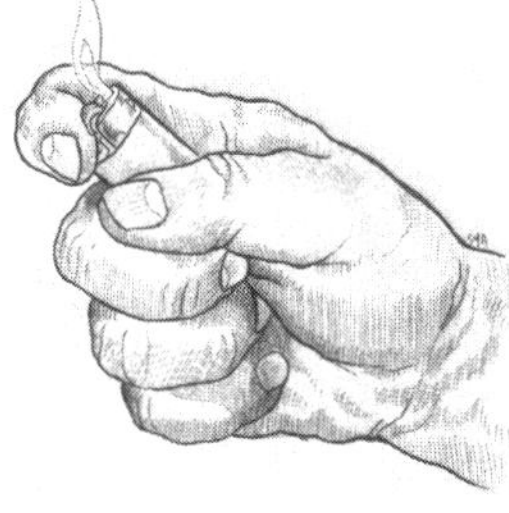

Figure 14

L'allumage par le majeur (fig15) révèle l'égoïste patenté.

Figure 15

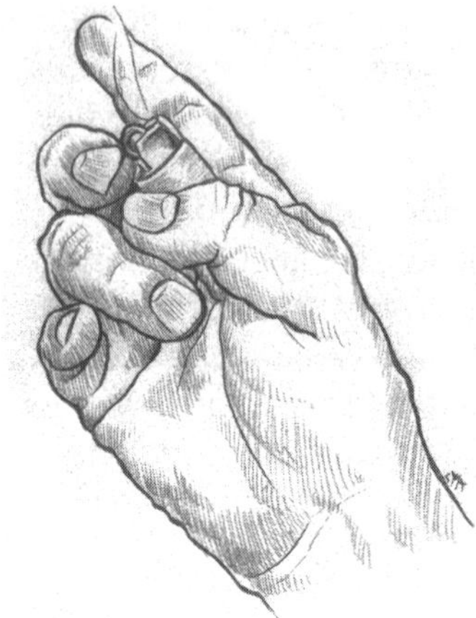

L'attachement que l'égoïste porte à sa personne l'amène systématiquement à subordonner l'intérêt d'autrui à son propre intérêt. Le majeur gauche indique un personnage très centré sur l'impression qu'il fait à son entourage. Il vit pour paraître. Le majeur droit traduit un séducteur actif psychologisant ou intellocrate. En tout état de cause et quel que soit le doigt allumeur, c'est toujours l'orientation de la flamme qui prévaut. Ces modes d'allumage sont majoritairement masculins.

C

LE SEXE DES PETITS CADEAUX

Dans le règne animal, les cadeaux sont susceptibles de séduire les femelles, en particulier des matériaux pour la construction du nid chez les oiseaux : branches chez les aigrettes, algues chez les cormorans, cailloux chez les manchots Adélie. Le troglodyte mâle offre carrément un nid en chantier à chacune de ses partenaires, mais se sauve vers un autre chantier dès qu'il les a fécondées.

Peut-on parler de cadeaux et de séduction quand les mâles offrent leur semence, plus ou moins emballée, avec plus ou moins de tact, comme le font de nombreux insectes et les scorpions ? Les vers palolos du Pacifique, mâles et femelles, s'éclatent, au sens strict du terme, en projetant leurs cellules sexuelles dans la mer, après une danse collective frénétique, synchronisée, une *party* mortelle pour les participants ! La femelle du mille-pattes récupère soigneusement dans sa bouche la goutte de sperme abandonnée par le mâle, puis pond son œuf et le mâchouille pour le féconder. La femelle de l'*Haplochromis burtoni,* une perche des lacs africains, récupère dans sa bouche les œufs qu'elle pond au cours de la parade. Puis trompée par des taches de la nageoire anale du mâle qui ressemblent à des œufs, elle titille le mâle en essayant de ramasser les taches, ce qui provoque l'éjaculation et ainsi féconde ceux qu'elle tient dans sa bouche. Qui a prétendu que les rapports buccogénitaux ne sont pas naturels ?

Et les petits cadeaux humains ?

Le dernier disque de Bénabar, petits bijoux, bouquets de fleurs, places de spectacles en duo, petits week-ends en amoureux au soleil ou à la neige, etc. Pour la lingerie fine et les sex toys, il faut attendre de mieux se connaître. Mais tous ces petits cadeaux et autres attentions délicates n'ont d'autre but que de favoriser la rencontre charnelle, comme pour nos cousins, les animaux.

Curieusement, les femmes sont plus *petits cadeaux* que les hommes, dès que le couple s'est formé. Elles veillent à entretenir la flamme de l'amour naissant par des offrandes au dieu de l'amour.

LE SEXE DES CADRES

Le Nouvel Observateur du 6 octobre 2005 rapporte sous la plume de Véronique Radier qu'« en 2005, on ne trouve toujours que 11 % de femmes parmi les trente mille cadres dirigeants des cinq mille plus grandes sociétés, selon le *Guide des états-majors* édité par l'Agefi[1], et une dizaine à peine parmi les dirigeants des quatre cent cinquante premières entreprises françaises. Ainsi, lasse d'être la seule femme dans son comité de direction, Marie-Claude Peyrache a créé en 1998, l'un des tous premiers programmes de promotion des carrières féminines chez France Télécom. Elle préside

1. L'Agence économique et financière.

aujourd'hui la branche parisienne de l'*European Professional Women's Network*. Ce réseau européen rassemble deux mille femmes cadres supérieurs, dont quelques huit cents à Paris et les adhésions se multiplient. « *L'an passé, nous avons organisé une rencontre de femmes HEC. Nous pensions en accueillir deux cents. Nous avons rempli le Carrousel du Louvre, nous étions plus de mille* », raconte Caroline de Talle, cadre supérieure dans un cabinet conseil. « *En voyant le taux d'évaporation des femmes dans la hiérarchie, je me suis sentie frustrée et j'ai décidé de rejoindre celles qui se battent contre cette situation* », explique-t-elle.

De fait, en ce moment, les réseaux en tous genres poussent comme des champignons. Ils ont pour noms : Grandes Écoles au féminin, Cyber-Elles, Administration moderne, Paris Professional Women's Network, Femmes et Finance, Inter-Elles, etc. Ils se connaissent, se fédèrent, s'organisent, grâce à internet. Car si les femmes sont si peu nombreuses au sommet, ce n'est pas faute de candidates. Une étude commanditée par Grandes Écoles au féminin, auprès d'anciennes de huit grandes écoles met à mal les idées reçues en ce domaine : 62 % des femmes interrogées font de la réussite professionnelle leur priorité et désirent accéder à des postes clés assez rapidement[1]. 32 % seulement privilégient l'équilibre entre vie professionnelle et vie privée[2]. Et cela qu'elles aient vingt, trente ou quarante ans, qu'elles aient ou non des enfants. Elles travaillent cinquante heures par semaine et, contrairement à un préjugé très

1. Ce sont les femmes d'action, celles qui suspendent leur sac à l'épaule droite (note de l'auteur).

2. Ce sont les femmes cocon, celles qui portent leur sac à l'épaule gauche (idem).

ancré, elles sont mobiles : 71 % se déplacent régulièrement, 20 % vivent à l'étranger, 15 % ont changé de pays suite à une évolution professionnelle. Pourtant, la même enquête révèle que 62 % des entreprises estiment les femmes moins mobiles que les hommes et y voient un frein à leur carrière. »

Les femmes en ont assez du plafond de verre. Pour mieux grimper dans la hiérarchie, elles s'organisent et se serrent les coudes. La révolution est à la porte des hommes. Les verrous résisteront-ils encore longtemps ? La mode des ouvrages sur la différence entre les sexes est une conséquence directe du combat que livrent les femmes pour conquérir l'égalité avec ces messieurs. Si les femmes n'exigeaient pas le partage du pouvoir, ces livres n'auraient aucune raison d'être et leur succès serait mitigé.

LE SEXE DES CARESSES

De quelle main vous caressez-vous ou vous grattez-vous le visage d'habitude ? La gauche principalement ? Vous êtes nostalgique des caresses maternelles et en recherche de sensualité !

La caresse est la première de toutes les marques d'estime ou d'amour que chaque individu intègre dans son cadre de référence, dès la naissance. On observe souvent des personnes se caressant distraitement l'une ou l'autre partie du visage ou du corps. Ce geste tellement commun n'est pas forcément lié à une carence affective. La caresse que l'on se prodigue à soi-même est plus souvent celle que la bienséance nous empêche de faire à notre interlocuteur. Caresse et créativité sont cousines dans l'inconscient. La première enclenche souvent le processus qui éveille la seconde. Or, de la créativité à la sensualité, le chemin est vite franchi.

Figure 16

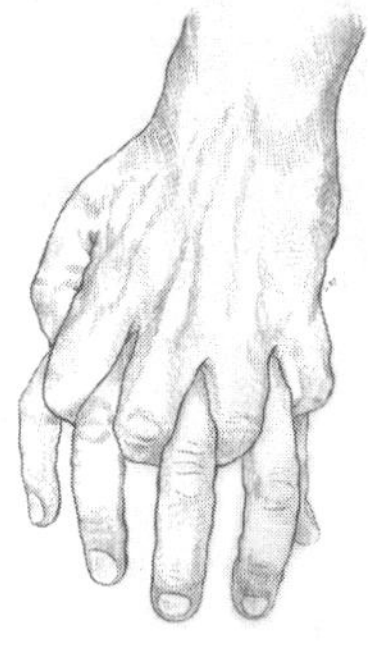

Un inconnu qui se caresse le dessus de la main gauche de la droite ou la main en levrette (fig 16) mime sans le vouloir son goût pour cette position.

Beaucoup de nos gestes préfigurent nos désirs non exprimables en matière de sexualité. Il suffit d'ouvrir l'œil.

Les femmes sont plus tactiles que les hommes, plus visuels ou auditifs. Elles caressent volontiers leur homme en public comme pour affirmer leur territoire amoureux sur leur compagnon. L'homme empoigne, se saisit du corps de sa compagne, mais il ressent moins ce besoin d'effleurement. En tout état de cause, les caresseuses en privé sont des femmes fidèles que leurs compagnons quittent difficilement. Quant aux caresseuses en public, ce sont des compagnes jalouses et souvent mariées à des maris infidèles.

La caresse est un dispositif hypnotiseur inscrit dans la mémoire du nourrisson. Elle est une réponse automatique de la mère à la souffrance du bébé. Une petite fille qui caresse son papa est déjà un bout de femme qui a compris le pouvoir de l'effleurement sur l'homme de sa vie. Elle s'entraîne en prévision de ses futures conquêtes amoureuses d'adolescentes.

Ce n'est pas sans raison que les salons de massage ont toujours autant de succès, même si on y trouve parfois d'autres plaisirs que les caresses d'une paire de mains expertes en câlins.

LE SEXE DES CERVEAUX

« Inutile de rappeler que seul le garçon dans son langage passe par une période anale d'injures grossières, le plus souvent sexuelles, et visant le sexe féminin[1]. »

Les différences corticales

Hommes et femmes diffèrent par leur cerveau, soumis à l'influence d'hormones différentes. Au troisième trimestre de la grossesse, de petites quantités de l'hormone mâle, la testostérone, parviennent au cerveau de l'embryon, dont plusieurs zones portent des récepteurs de cette hormone. Le sexe est principalement déterminé par les récepteurs hormonaux localisés dans l'hypothalamus. Quand la testostérone exerce son effet sur l'hypothalamus au cours de la phase prénatale, le cerveau se masculinise. En l'absence de cette hormone, le cerveau se féminise. Ce n'est pas la testostérone qui agit par elle-même, mais l'œstrogène, une hormone dérivée de la testostérone. Durant le développement du cerveau, les œstrogènes ralentissent la mort naturelle des neurones, de sorte que les mammifères mâles présentent dans la partie antérieure de l'hypothalamus une région plus étendue et plus riche en neurones. Chez les embryons femelles, une substance, nommée alpha-fœtoprotéine, empêche cette action précoce des œstrogènes.

1. Christiane Olivier, *Les Enfants de Jocaste,* Denoël, 1980.

Les différences culturelles

Les hommes et les femmes ne jugent pas leurs semblables selon les mêmes critères. Les femmes sont plus douées pour se mettre à la place d'autrui et leurs jugements sont souvent plus pertinents. Selon le psychologue Simon Baron-Cohen, de l'université de Cambridge, cette meilleure perception résulterait du fait que les filles apprennent dès leur plus jeune âge à écouter, à consoler et à être sensibles aux sentiments et aux pensées de leurs semblables. Le processus de socialisation aiguise le sens psychosocial, l'intuition et les facultés d'observation. En outre, les femmes sont plus attentives que les hommes à leurs propres émotions. Elle prennent plus souvent leurs décisions en se fiant à leur instinct... c'est-à-dire à leur complexe amygdalien pour adopter un vocabulaire neurobiologique, complexe dont dépend également la perception des odeurs et des parfums. L'instinct des femmes serait-il fondé sur les fragrances corporelles ? (Je vous renvoie au « sexe des odeurs »)

Selon Simon Baron-Cohen, certaines aires cérébrales de l'hémisphère gauche seraient entièrement dévolues à la communication verbale. Comme l'hémisphère gauche se développe plus précocement chez la fille in utero, les femmes auraient une longueur d'avance en ce qui concerne le langage et l'intelligence émotionnelle. Ce constat est confirmé par mes propres recherches sur les différences gestuelles qui divisent les sexes (voir Le sexe de l'intelligence).

Chez les garçons, le développement de l'hémisphère gauche est retardé à cause de la présence de l'hormone mâle, la testostérone. Les hommes paieraient par conséquent, en compétence sociale, ce qu'ils gagnent en agressivité.

Le sexe des aires cérébrales

À sa naissance, l'enfant possède « deux hémisphères droits », il n'y a pas encore d'hémisphère verbal, c'est-à-dire d'hémisphère gauche fonctionnel. C'est au cours des deux premières années de sa vie que les deux hémisphères se distinguent l'un de l'autre. L'hémisphère droit lui permet de se situer dans l'espace limité qui l'entoure, de mémoriser les parcours familiers, visages et objets qu'il voit quotidiennement. L'hémisphère droit joue un rôle décisif dans la création de la représentation mentale de soi-même. (L'image de soi et l'estime de soi qui sont représentées symboliquement par le majeur de la main gauche, dépendant de cet hémisphère droit).

Physiologiquement, l'enfant en bas âge n'est pas apte à aborder sans cesse des situations ou des visages nouveaux. Pour s'épanouir, il a besoin de relations familiales stables, de la sécurité d'un endroit familier et de routines. D'autre part, il existe dans l'hémisphère droit un système de surveillance qui détecte, un peu comme le ferait le balayage d'un radar, toute occasion d'assouvir les besoins fondamentaux et aussi, d'une façon générale, tout ce qui constitue une menace vitale, menace réelle ou événement perçu comme tel. Cette fonction s'accompagne d'une expression émotionnelle riche : joie, avidité ou, au contraire, anxiété, peur. Si un petit enfant s'est fait bousculer par un chien, chaque fois qu'il se trouvera en présence de ce genre d'animal, il le repèrera rapidement (surveillance de l'environnement) et exprimera sa peur par des pleurs. Cette réaction est immédiate, instinctive. Enfin, l'hémisphère droit lui permet d'entrer en relation avec son entourage par la communication non verbale et l'imitation. Il intégrera de cette manière une certaine façon de voir le monde qui l'entoure, non seulement fruit de son expérience personnelle, mais aussi profondément imprégnée par l'influence de ses proches.

Vers l'âge de deux ans, l'hémisphère gauche va développer un fonctionnement spécifique, tandis que le droit, émotionnel et féminin par excellence, continuera à assurer l'orientation spatiale, la surveillance de l'environnement et la communication non verbale.

Poussé par son instinct d'explorateur, l'enfant se trouve peu à peu confronté à des situations que son seul hémisphère droit ne lui permet plus d'aborder de façon satisfaisante. Alors tout naturellement et progressivement, il sollicitera de son hémisphère gauche (l'hémisphère masculin) des possibilités qui jusque-là étaient latentes. Pour serrer son ours en peluche dans ses bras, pas besoin de mouvements fins, l'hémisphère droit, avec ses capacités à se situer dans l'espace, y suffit ; mais si l'enfant veut maintenant feuilleter les pages d'un livre ou tenir un crayon, il a besoin de son hémisphère gauche qui régit les mouvements fins volontaires et qui est aussi le siège des automatismes et des schémas volontaires.

Le sens de la continuité

Jusque-là, l'enfant, constamment pris en charge par sa mère, n'avait pas la notion du temps. Il confondait hier et demain, avant et après, car l'hémisphère droit est intemporel[1]. Maintenant qu'il connaît une vie sociale plus large en fréquentant l'école, l'enfant a besoin de s'orienter dans le temps. Le développement fonctionnel de l'hémisphère gauche va lui permettre d'acquérir

1. Ce qui explique pourquoi les intuitions prémonitoires qui dépendent de l'hémisphère droit sont difficiles à situer dans le temps.

cette capacité. Peu à peu, il parviendra à se repérer au cours de la journée, à faire des récits chronologiques. Il apprendra les jours de la semaine, puis l'heure. Lui qui vivait jusque-là dans un monde fragmenté en une suite de présents va acquérir le sens de la continuité, du passé à l'avenir.

Hier ne sera plus demain et l'après-midi confondue avec le matin.

La maîtrise du langage

La maîtrise du langage marque d'une pierre blanche l'entrée en jeu de l'hémisphère gauche. L'enfant reproduisait déjà dans son babil des phonèmes prononcés par son entourage, mais ce langage n'avait pas grande efficacité sur le plan de la communication. Maintenant qu'il s'ouvre à son entourage, il a besoin de se faire comprendre. Il commence à construire de petites phrases, il use de ses premiers rudiments de syntaxe.

L'acquisition du langage constitue un pas considérable dans le développement du cerveau infantile. Être capable de nommer les choses accroît le pouvoir (synonyme d'autorité) de l'enfant sur son environnement.

L'affirmation du profil psychogestuel

C'est aussi vers cette époque que s'affirment les refrains gestuels génériques de base. Il commence à croiser les bras, à croiser les doigts et à écouter sa mamy au téléphone, en usant toujours de la même oreille. C'est aussi à ce moment précis de sa vie qu'il choisit inconsciemment d'appartenir à l'un des huit profils psychogestuels (voir le sexe des profils). Et ce choix ne dépend absolument pas du mimétisme, d'une imprégnation familiale ou de l'éducation. En ce domaine, les chiens peuvent parfaitement faire des chats. Mon épouse appartient au profil idéaliste et j'ai un profil créatif, notre fille est un challenger psychogestuel. Il n'existe définitivement pas de règles en la matière. Le profil challenger de ma fille est un choix déconnecté de l'influence du milieu. J'ai eu deux garçons avec ma première épouse, une tribale. L'aîné des garçons s'identifie à un profil narcissique, le second à un profil cartésien. Si le sujet vous interpelle, je vous renvoie à un précédent ouvrage intitulé *La Grammaire des gestes* publié chez Flammarion.

Les succursales du cerveau

Nous avons deux cerveaux spécialisés : « L'un relève de l'esprit émotionnel et féminin, l'autre de l'esprit rationnel et masculin. En un sens très réel, nous possédons deux esprits : l'un pense, l'autre ressent. Le cerveau "émotionnel" existait bien avant le cerveau rationnel[1]. »

Dans un cerveau normal, chaque hémisphère gouverne la main opposée grâce aux voies motrices inversées. Dans la plupart des cas, l'hémisphère gauche présente une certaine prédominance, ce qui pourrait expliquer pourquoi les droitiers sont plus nombreux que les gauchers (15 % de la population mondiale), car l'hémisphère gauche commande la main droite et la partie droite du corps et l'hémisphère droit la main gauche et la partie gauche du corps. D'où le symbolisme des mains en tant que cerveaux extérieurs du corps humain ! Pourtant, dans des conditions normales,

1. Daniel GOLEMAN, *L'Intelligence émotionnelle*, éd. Robert Laffont, 1997.

les gestes complexes de la vie quotidienne sont organisés simultanément par les deux hémisphères, de sorte que les deux mains coopèrent efficacement.

Toutefois, dans certaines circonstances, c'est l'hémisphère droit (affectif) qui apporte la bonne réponse et l'hémisphère gauche (cognitif) qui perturbe la réalisation du geste. Il s'agit de situations où les aptitudes visuelles ou spatiales sont particulièrement sollicitées. La position des doigts de la main gauche sur le manche d'une guitare ou d'un instrument à cordes en est un bon exemple : la situation spatiale des doigts détermine l'accord.

Comme nous l'avons déjà vu, l'hémisphère droit est plus efficace que le gauche lorsqu'il s'agit de traiter ce type d'information, c'est-à-dire apprécier l'espace ou l'organisation de figures géométriques, par exemple. C'est le cas chez les musiciens (guitariste, violoniste, etc) dont la main gauche (non motrice) doit se positionner automatiquement à un endroit précis pour que la main motrice (droite) puisse reproduire le son ou le rythme *ad hoc*. Mais on peut encore rajouter un cerveau aux deux hémisphères cérébraux gauche et droit.

Le troisième cerveau

Le cerveau humain est fait de trois parties aux fonctions différentes : hypothalamus, cerveau limbique et néocortex sont ces trois parties qui forment un cerveau « tri unique » selon l'expression du neurologue Paul MacLean.

L'hypothalamus (cerveau reptilien) est la voix du corps dans le cerveau, celui qui fait valoir les arguments biologiques dans les choix de l'action, celui qui commande la mécanique gestuelle.

Le cerveau limbique est un sélecteur et un cerveau émotionnel. Au niveau anatomique il existe deux structures particulières : l'amygdale, principalement responsable de la charge émotionnelle, et l'hippocampe, plutôt responsable de la sélection et de la mise en archives des faits (la mémoire à long terme). Le cerveau limbique gouverne la motivation et les mouvements du corps. Il facilite le passage à l'acte.

Le néocortex (la matière grise) occupe 85 % du volume de notre cerveau et se compose de plus de dix milliards de neurones, chacun articulé plus de cent mille fois avec les autres. On compare souvent le cerveau à un ordinateur ; en fait chaque neurone en lui-même a les capacités d'un véritable ordinateur qui reçoit des informations, les traite, les stocke en mémoire, les communique à d'autres neurones et envoie des ordres adaptés. Imaginez dix milliards d'ordinateurs interconnectés !

Le néocortex est réparti en deux hémisphères, droit et gauche.

L'hémisphère gauche est spécialisé dans les fonctions plus abstraites, plus complexes : lire, parler, compter, réfléchir, analyser dans le détail, établir des relations de cause à effet. En psychogestuelle, on dira qu'il est offensif, cognitif et extraverti, donc investi dans le progrès, l'évolution et le dépassement de soi.

L'hémisphère droit est celui qui permet de reconnaître globalement une situation, de la percevoir dans son ensemble et de lui attribuer une coloration émotionnelle. Il est défensif, affectif et introverti, donc sensitif, empathique et sécuritaire. L'hémisphère gauche identifie l'image paternelle et fatalement masculine. L'hémisphère droit identifie l'image maternelle et donc la partie féminine du cerveau humain. Car nous sommes tous issus d'un couple sexuellement antagoniste et complémentaire, on l'oublie trop souvent. Et chaque individu est en somme la synthèse de ce couple de géniteurs. L'enfant mâle s'identifiera à l'image paternelle (hémisphère gauche et partie corporelle droite) ; l'enfant femelle s'identifiera à l'image maternelle (hémisphère droit et partie corporelle gauche).

Adam Smith explique que chaque culture dans le monde, que ce soit sur des bases physiologiques ou non, a mis en évidence cette séparation fondamentale des choses. Notez que le droit représente la loi et l'ordre et un héritier de la main gauche est un héritier illégitime. Les aborigènes australiens portent un bâton mâle dans la main droite et un bâton femelle dans la main gauche. Le côté droit représente le père ou l'activité et le côté gauche représente la mère, l'aspect passif que ce soient chez les Mohaves, les Bédouins ou les Bantous.

« On met de l'argent à gauche pour ses vieux jours. » Pourquoi pas à droite ? Parce que la partie gauche du corps est féminine et donc sécuritaire. Mais aussi parce qu'il est plus pratique au droitier de remiser son portefeuille dans la poche poitrine de gauche que dans celle de droite et vice versa.

« On passe l'arme à gauche » quand on meurt. Est-ce parce que le cœur est situé à gauche ? Cette expression pourrait aussi signifier le retour au ventre maternel (cerveau droit et partie gauche du corps) symbolisé par la mise en terre du cadavre.

Partant de divers constats de ce type, j'ai posé l'hypothèse suivante : la partie droite du corps d'un sujet masculin et droitier appartient à une image paternelle intégrée dans son surmoi. La partie gauche, en revanche, serait symbolique de l'image maternelle. L'homme droitier qui s'identifie à son image paternelle, dans la mesure où il est un homme comme son père, intégrera ses énergies attractives dans la partie droite de son corps et ses énergies répulsives dans la partie gauche. La femme droitière, en revanche, intégrera ses énergies attractives dans la partie gauche de son corps. N'est-elle pas une femme comme sa mère ? Pour les hommes gauchers, les images parentales doivent être inversées : l'image du père se situera à gauche et celle de la mère à droite. Pour les gauchères, même type d'inversion.

C'est de ce postulat que proviennent les règles gestuelles suivantes : pour les hommes, le croisement de la jambe droite sur la gauche (attitude attractive) correspond à une maîtrise de soi et à une ouverture sympathique sur le plan de la communication. Mais si la jambe gauche couvre la jambe droite (attitude répulsive) le sujet se contrôle, il n'est plus réceptif. Pour les sujets masculins gauchers, il suffit d'inverser les rapports. Pour les femmes, le croisement de la jambe gauche sur la droite indique un climat mental réceptif (attitude attractive). Mais si la jambe droite couvre la gauche, l'attitude devient répulsive, votre interlocutrice vient de virer de bord et pas dans le sens qu'on accorde en général à cette expression.

Cerveau affectif et cerveau cognitif sont à la fois antagonistes et complémentaires. Ils influencent la gestuelle et les mouvements du corps tout en nous offrant une première approche logique du décryptage gestuel et non verbal.

Et sur un plan plus biologique ?

L'hypothalamus influe sur le comportement sexuel. Par exemple, lorsqu'un rat mâle s'accouple avec une femelle, les neurones de son hypothalamus antérieur s'activent. Quand cette région est endommagée ou détruite, le comportement copulatoire de l'animal mâle est très perturbé, bien qu'il soit toujours attiré par les femelles. Ceci montre que le nombre de neurones dans l'hypothalamus des jeunes animaux joue un rôle important.
L'amour ne serait-il qu'une fonction cognitive sélectionnée par l'évolution pour garantir le maintien de l'espèce ? Le désir sexuel ne naît pas pour procurer un plaisir personnel, mais pour encourager la reproduction. Plus généralement les sentiments amoureux ne peuvent s'affranchir de leur fonction biologique : ils contribuent à établir et à entretenir une relation entre les partenaires. Ces mécanismes sont commandés par des structures cérébrales particulières et par des molécules nommées neuromédiateurs. Ainsi, le désir et l'amour sont essentiellement produits dans notre cerveau et déterminent notre comportement en fonction du but à atteindre.

Pourquoi avons-nous un sexe ?

Selon les spécialistes de l'évolution, le sexe offre un avantage par rapport aux espèces qui en sont dépourvues : quand un homme et une femme ont des enfants, leurs patrimoines génétiques se mélangent et renforcent la qualité génétique de leur descendance. Notre espèce tire un parti indéniable de ce stratagème, mais les individus se languissent souvent dans l'attente du ou de la partenaire idéale. L'homme ou la femme cherche avec assiduité le prince charmant ou la belle au bois dormant indispensables à la transmission de ses gènes. Leur différence de constitution leur impose des tactiques différentes, que je vous propose d'examiner sans délai.

Une vision très scientifique de nos différences

Cité par le magazine *Cerveau & Psycho*, Philippe Ciofi, épaulé par son équipe de chercheurs à Bordeaux, étudie l'hypothalamus du rat, charnière cérébrale du comportement sexuel. C'est une région du cerveau localisée au-dessus des fosses nasales, et qui présente des différences notables entre les mâles et les femelles. Le rat mâle a un sous-ensemble de neurones hypertrophiés dans l'hypothalamus : l'aire préoptique médiane. Ce groupe de neurones est cinq fois plus développé que chez la femelle. De son côté, la femelle dispose d'un autre ensemble de neurones, le noyau ventromédian, plus complexe que celui du mâle. Chez l'homme, une région équivalente, la région dite INAH3, est deux fois plus développée que chez la femme.

Quelle est la fonction de ces neurones mâles ?

Quand on stimule l'aire préoptique médiane avec des électrodes, on déclenche un comportement de copulation chez le mâle. Au contraire, quand on retire cette aire lors d'une intervention chirurgicale chez les chimpanzés, ces derniers cessent de s'intéresser aux femelles, même s'ils restent sensibles aux plaisirs procurés par les attouchements des parties génitales. Quand au noyau ventromédian de la femelle, il détermine une posture du corps propice à l'accouplement.

L'aire préoptique médiane est connectée aux circuits du plaisir, les noyaux cérébraux qui libèrent de la dopamine. Elle est aussi un moteur alimenté par la testostérone chez le mâle. La testostérone est transformée en œstradiol par un enzyme, active les neurones de l'aire préoptique médiane chez le mâle, et lui fait anticiper le plaisir qui résulterait d'un accouplement en provoquant une libération de dopamine. Le cerveau mâle, baigné de testostérone, établit un lien entre la quête du plaisir et la nécessité de se reproduire, créant la motivation et la pulsion. Ceci expliquerait le désir constant des mâles, alors que chez les femelles, l'œstradiol est libéré de façon ponctuelle, durant le pic préovulatoire. À ce moment précis, il renforce l'activité de l'aire préoptique médiane, habituellement dominée par celle du noyau ventromédian. Si l'on se réfère à ces recherches, le désir constant de l'homme résulterait de l'activité de son aire préoptique médiane, et le désir plus épisodique de la femme serait une conséquence du rôle prédominant de son noyau ventromédian.

Ces mêmes chercheurs poursuivent en expliquant que les femmes sont réceptives tous les jours de l'année aux relations sexuelles, mais plus particulièrement lors des pics ovulatoires mensuels. Au contraire, les femelles de certaines espèces animales, telles la rate ou la chienne, ne sont réceptives que durant certaines périodes assurant la naissance des petits au moment où la nourriture abonde, c'est-à-dire au printemps.

Les femmes se sont émancipées des contraintes de temps et sont devenues des femelles constamment réceptives. Ainsi, elles ne sont pas complètement dépendantes de leur climat hormonal. Dans l'espèce humaine, le cortex exerce une influence notable sur les voies du désir, par exemple par les images suggestives que l'on peut imaginer et qui peuvent stimuler la libido. Le cortex étant la zone cérébrale des interactions sociales, de la connaissance et des échanges verbaux, on comprend que la parole soit très importante lors des prémices des rapports sexuels humains.

N'allez pas imaginer que la femme soit l'esclave de son noyau ventromédian. En outre, l'évolution de l'être humain a changé la donne des rapports sexuels en le dotant d'attributs sexuels, tels des seins apparents, une courbure caractéristique du corps et une peau lisse absente chez les grands singes, nos plus proches parents. *En d'autres termes, l'évolution a érotisé la femme*. Conséquence de cette réceptivité permanente et de son érotisme, la femme domine la prise de décision concernant la relation sexuelle, sauf en cas de viol, évidemment.

Pour revenir au discours du chercheur précité : « Si la femelle du rat n'accepte le mâle qu'au moment de l'ovulation, la femme n'accepte le mâle que... lorsqu'elle le décide. Dans une étude récente, l'ethnologue Karl Grammer, de l'université de Vienne, a invité des participants à une étude, hommes et femmes, à répondre à des questions sur des critiques de films. Il les a placés dans une salle d'attente et, prétextant un appel téléphonique, s'est éclipsé derrière un miroir sans tain, d'où il pouvait observer en toute discrétion. Il a constaté que les femmes engagent systématiquement la conversation, sociales et souriantes, quelle que soit l'apparence des interlocuteurs. Après cinq minutes de conversation, la femme adresse à son vis-à-vis de discrets signaux, tels qu'un hochement de tête ou un sourire, qui l'incite à en dire plus... ou à s'arrêter. Cette vision de la relation sexuelle dans l'espèce humaine a donné lieu à la théorie des « voleuses de sperme », qui voudrait qu'en se montrant constamment attirantes, les femmes promettent aux hommes du plaisir en échange des cellules germinales ! »

LE SEXE DU CHARISME

Si l'intelligence peut se définir comme la faculté de comprendre les liens de causalité qui unissent les questions que nous nous posons aux réponses qui nous rassurent, alors l'intelligence peut être émotionnelle. Si l'intelligence peut être considérée comme la faculté de faire un choix, avec ou sans connaissance des causes, alors l'émotion peut être tenue comme une faculté logique. Hélas, pour les défenseurs de l'intelligence émotionnelle, l'émotion ne respecte aucune règle logique. Pour les individus doués d'empathie, 1 + 1 ne font jamais 2, mais débouchent sur une réponse élastique, essentiellement liée à la masse énergétique investie dans le sentiment exprimé. Le seul fait d'observer l'univers des sentiments exerce un effet bien connu en physique quantique : il modifie ce qui est observé.

Contrairement à l'opinion répandue selon laquelle les comédiens ne ressentent pas les émotions qu'ils expriment, feindre une émotion, c'est la vivre. Les chercheurs expliquent que les mouvements organiques corollaires de l'expression physique commandée par le cerveau du comédien sont immédiatement ressentis par ce dernier, selon un mécanisme de rétroaction du corps sur le cerveau. Une étude menée sur des acteurs, bons artisans de la fabrication des passions, démontre que, si le corps exprime la passion, en retour, nous pouvons produire un corps passionné.

On peut trouver par auto-observation que le fait d'imiter l'expression physique d'un état mental nous le fait comprendre bien mieux que si nous nous bornions à le contempler. Quand je marche derrière une personne que je ne connais pas et que j'imite aussi exactement que possible son port et sa démarche, j'obtiens la curieuse impression de ressentir ce que vit la personne en question. Affecter la démarche d'une jeune femme vous met, pour ainsi dire, dans un état féminin. La source du charisme se situe donc dans l'expression émotionnelle feinte ou réelle.

À ce jeu-là, les comédiens sont champions parce que leur part de féminité est en équilibre avec leur sexe. Ils sont à la fois masculins et féminins dans l'approche transformiste que leur imposent leurs rôles, une faculté essentiellement féminine.

Or, le charisme d'un individu ne peut s'exprimer qu'à travers cet équilibre bisexuel et cette faculté de transformisme de genre. Le charisme est une qualité qui fait l'amalgame entre les messages non dits des deux parents et que l'enfant a réussi à intégrer à parts égales dans ses comportements.

Il est vrai que sur ce point, les hommes ont une longueur d'avance sur les femmes.

Il y a trois fois plus de comédiens que de comédiennes dans le milieu cinématographique.

Interdiction de fumer dans les lieux publics depuis le 1er février 2007 mais la consommation de tabac est en augmentation constante.

Le onzième doigt du fumeur !

La cigarette tient une place prépondérante dans le langage gestuel des *ils* et des *elles*. Certains individus ne se sentent pas vraiment à l'aise si leurs doigts ne sont pas occupés par une cigarette en train de se consumer. Il existe des centaines de gestes significatifs dont la cigarette est l'actrice principale. Il ne faut pas oublier que la relation fumeur-cigarette est une histoire de haine-amour avant de représenter un antidote contre le stress. La cigarette est le prolongement des dix doigts du fumeur. Un onzième doigt qui s'en va en fumée, meurt et renaît à chaque instant. Relation tactile, olfactive et gustative qui s'intègre totalement au vocabulaire comportemental du fumeur ou de la fumeuse.

Fumer de la main motrice est le symptôme d'un état de stress ou de surmenage. Pourquoi ? Tout simplement parce que le fait de fumer n'exige aucun investissement psychomoteur élaboré, comme cela serait le cas de l'écriture, par exemple. La main gauche du droitier est parfaitement apte à viser la bouche sans se tromper de cible. L'utilisation de la main motrice dans l'acte de fumer mobilise un outil entraîné à réaliser des actions complexes pour un usage élémentaire. On peut en déduire que le sujet observé est perturbé ponctuellement, si le geste est occasionnel, et durablement stressé, si le geste en question se répète.

La cigarette des séducteurs (trices)

La cigarette est un outil précieux pour le séducteur qui a le trac. Elle lui permet de ne pas perdre contenance dans un contexte qui le paralyse plus qu'il ne voudrait se l'avouer. Les non fumeurs jouent avec leur verre ou avec un objet quelconque.

Figure 17

Quand la cigarette est coincée entre l'index et le majeur (fig 17)

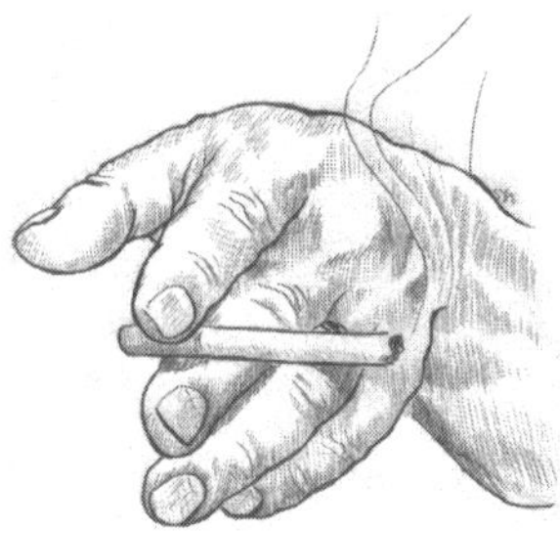

Main gauche ou main droite

Donc, le fumeur de la main gauche est plutôt zen tandis que le fumeur de la main droite est stressé. Mais, par-delà les mains, le sens du geste dépend aussi des doigts incriminés.

De la main gauche… Le majeur et l'index gauches sont respectivement les doigts de l'image de soi et de l'avoir au plan symbolique. L'image publique ou sociale qu'il ou elle renvoie est primordiale dans ce cas de figure. Le sujet observé est investi ponctuellement ou non dans son apparence.

De la main droite… L'index droit est le doigt de l'affirmation de soi ; le majeur droit est symbolique de la confiance en soi. « J'ai besoin d'exister » est le sens littéral de cette prise. Pour la plupart d'entre nous, le besoin de s'affirmer s'exprime gestuellement de diverses manières. On pêche une cigarette dans son paquet quand on a peur de paraître transparent aux yeux des autres ou à ses propres yeux. Mais la cigarette est aussi un antidote majeur contre le sentiment de frustration qui colle aux semelles d'une majorité de fumeurs. La moindre contrariété devient prétexte à pêcher une clope dans le fond de son paquet. En tirant la première bouffée, la contrariété s'efface tandis que les poumons se remplissent de cette fumée prétendument bienfaisante pour le mental.

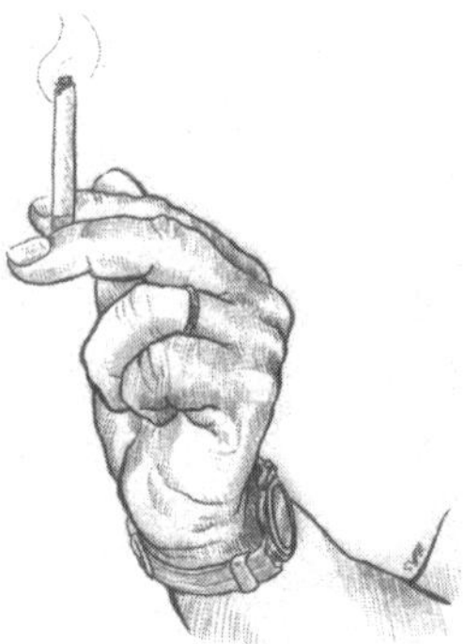

Figure 18

Le bout incandescent de la cigarette est orienté vers le haut (fig 18)

Plus de 90 % des sujets féminins observés ont tendance à pointer le bout incandescent de leur cigarette vers le haut, poignet cassé ou mou. La femme qui reproduit ce mode est très attentive à l'image qu'elle renvoie à son entourage. Elle a besoin de plaire.

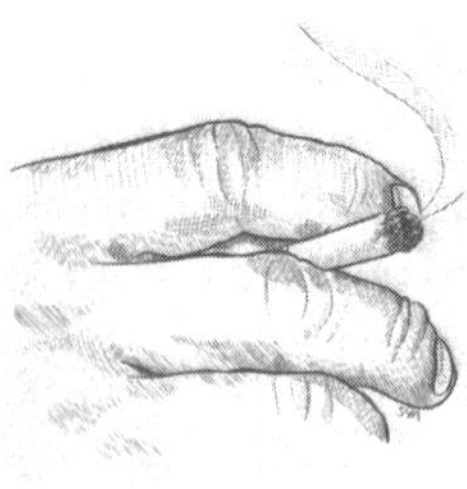

Figure 19

Le bout incandescent de la cigarette est pointé en proue (fig 19)

La majorité des hommes fument de cette manière. Le bout incandescent est pointé horizontalement vers l'interlocuteur.

Symboliquement, la cigarette est une extension de son Moi.

Il faut être attentif aux détails suivants :

Si la cigarette est retenue entre les phalangettes... (fig 20)

Un mode de préhension très féminin qui indique une certaine finesse dans les conduites.

Figure 20

Si elle est maintenue entre les phalangines... (fig 21)
Un mode unisexe qui dévoile un fumeur ou une fumeuse plutôt sociables.

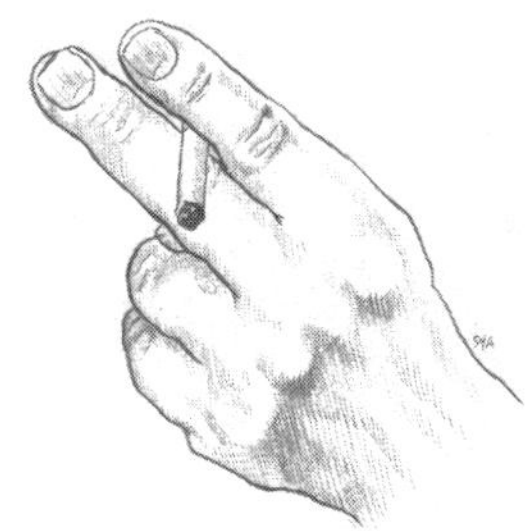

Figure 21

Si elle est vissée entre les phalanges... (fig 22)

Un mode plus masculin que féminin. La colère implicite est le fond de la conduite. Certains individus colériques

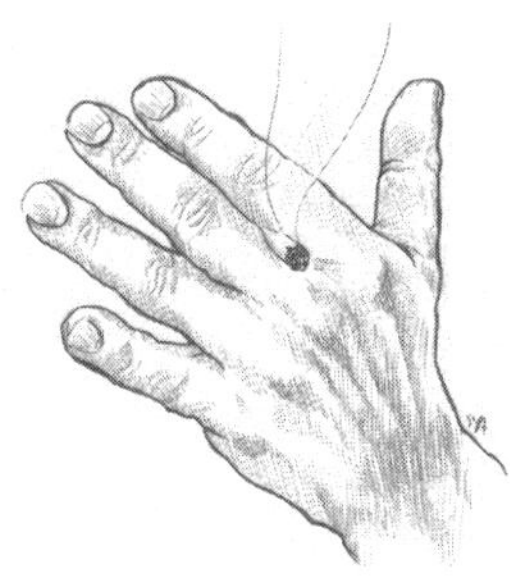

Figure 22

reproduisent systématiquement cette prise. Elle marque aussi une hostilité ponctuelle.

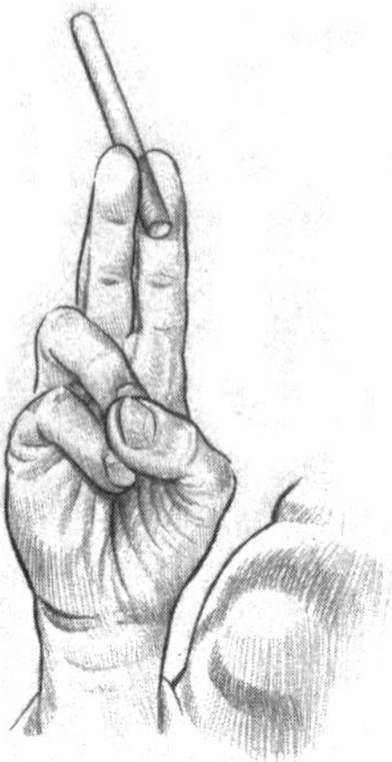

Figure 23

Des variantes très féminines...

Le sujet féminin tient sa cigarette entre l'index et le majeur. Les deux autres doigts sont repliés contre la paume et bloqués par le pouce (fig 23).

Cette manière de tenir sa cigarette indique qu'elle est confinée dans un territoire exigu, sur le plan sentimental. Elle cherche à plaire.

Entre le pouce et l'index

Elle tient sa cigarette entre le pouce et l'index, l'extrémité incandescente pointée vers le ciel ou le plafond. Une attitude très répandue dans les bistros chics et très chers où on ne croise que du beau monde. Elle confond sa vanité avec de l'orgueil.

Une variante très masculine

Votre interlocuteur tient sa cigarette entre le pouce et l'index et en tapote nerveusement le cône avec le majeur. Ce geste traduit un sentiment de malaise.

La cigarette est coincée entre le pouce et le majeur (fig 24)

Une minorité de femmes tiennent leur cigarette de cette manière, comme vous pourrez le constater, si vous y êtes attentif. C'est un mode très masculin.

Figure 24

Pouce et majeur droits : le doigt du désir associé à celui de la confiance en soi indique un déficit de cette dernière qualité.

Pouce et majeur gauches : le doigt du plaisir combiné avec celui de l'estime de soi ou de l'image publique trahit un investissement surcompensé dans son look.

Main gauche : Le bout incandescent est orienté vers le sol... Cette prise dévoile le simulateur. Le pouce gauche symbolise le plaisir ou l'imaginaire et le majeur de la même main représente l'image sociale ou l'estime de soi. L'un comme l'autre ne se portent pas bien mais il fait semblant de croire qu'il maîtrise son image.

Mais si le bout incandescent est pointé vers le fumeur lui même (fig 25).

Figure 25

Vous faites face à un menteur patenté qui ne vous dira la vérité qu'à l'insu de son plein gré. Certains individus dont la personnalité est figée dans l'ambre d'un complexe d'infériorité indélébile reproduisent cette prise. Très masculin, *of course* !

Figure 26

Main droite : Le bout incandescent est pointé vers le sol (fig 26).

Pour mémoire, le pouce droit symbolise la motivation ou le sexe. Sa démotivation devrait vous apparaître très rapidement. Un individu qui tient sa cigarette coincée entre le pouce et l'index droit signale, à son insu, qu'il serait parfois victime de pannes sexuelles.

Et si le bout incandescent est pointé vers le fumeur lui-même ? La gêne ou la honte doivent lui couper l'herbe sous les pieds. Tempérament de perdant doublé d'un degré d'égotisme olympique. C'est ce qu'on nomme un saboteur ! Très répandu dans les troquets un peu crade. Il a besoin de se dissimuler. Il expose ainsi une personnalité figée dans la mesure où il tient toujours sa cigarette de la même manière.

Le pouce est collé au bout filtre :
La pulpe du pouce gauche ou droit : cette manie appartient de plein droit à la femme frustrée.

La pulpe du pouce gauche ou droit : le doigt sert de bouchon.

Le pouce est dégagé...

Tout baigne ! La bonde est ouverte et le plaisir de fumer peut s'écouler dans les poumons.

La cigarette coincée entre le pouce et l'annulaire (fig 27). Ce mode de préhension est une perle rare.

Figure 27

Main gauche : le pouce gauche (imaginaire) et l'annulaire droit (investissement affectif) trahit un individu, généralement masculin, en décalage total avec la réalité.

Main droite : le pouce droit (désir) et l'annulaire droit (volonté) trahit soit une motivation frauduleuse, soit un obsédé sexuel pur porc.

Figure 28

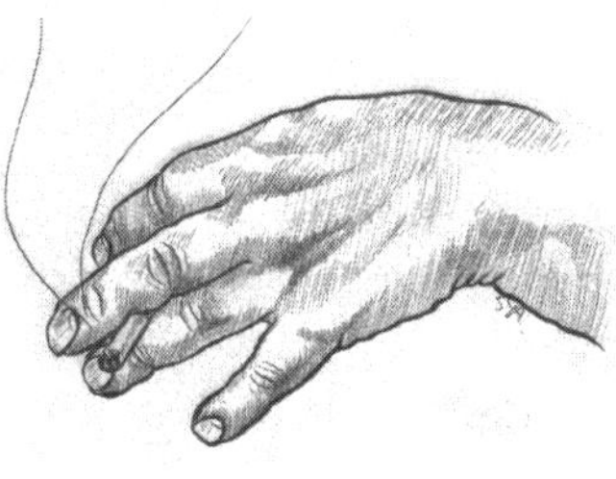

La cigarette est coincée entre le majeur et l'annulaire (fig 28).

La prise est curieuse. Je l'ai observée chez certaines pointures de la littérature dont je tairai les noms pour ne pas me faire plus d'ennemis qu'il n'en faut. Elle traduit un ego stratosphérique doublé d'un tempérament maniaque. Un figurant qui n'excelle vraiment que dans le fondamentalisme intello. Ce mode est strictement masculin et ne diffère pas vraiment quelle que soit la main qui tient la cigarette.

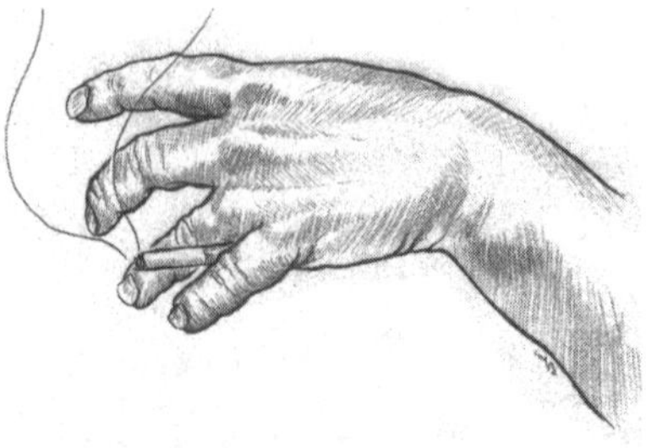

Figure 29

La cigarette est coincée entre l'annulaire et l'auriculaire (fig 29).

Cette manière de tenir sa cigarette est rarissime et trahit un besoin d'originalité de la part d'un personnage qui est satellisé en orbite autour de son nombril. Il étalera tous les évènements qui le concernent avec délectation sans se soucier de savoir si vous êtes à l'écoute. Votre présence physique suffit à son bonheur. La latéralité n'intervient pas, le geste est rarissime et très unisexe.

LES AUTRES VARIANTES

Le dragon

Je lui tends mon briquet pour allumer sa cigarette, il recrache la première bouffée par les narines. Il est resté très adolescent dans ses conduites. L'exaspération est à la fois son credo et le carburant de ses actions. Son delco se grippe rapidement. Cette manière de recracher la fumée est plutôt masculine.

Le nuage

Elle souffle la fumée de sa cigarette dans ma direction. L'attitude est insolente ou coquine, a priori, mais tout dépend de la manière. Souffler la fumée en direction d'un interlocuteur est un signal olfactif puissant qui, opéré subtilement, rejoint la symbolique du dragon subjuguant sa victime. Si ce souffle se produit en situation de séduction, vous imaginerez sans mal sa signification : provocation ! Une provocation ironiquement féminine. Si vous toussez, vous avez perdu la partie... de jambes en l'air à laquelle elle vous convie.

Offrir une cigarette

Il vous tend son paquet de cigarettes de manière à ce vous soyez obligé de vous pencher pour puiser dans le paquet. Il est important d'être attentif à la manière dont votre interlocuteur vous tend son paquet de cigarettes. S'il s'avance jusqu'à votre portée, c'est un signe de respect. S'il vous oblige à vous déplacer pour venir puiser une cigarette dans son paquet, c'est un signe d'arrogance ou de mépris. Dans le contexte d'une entreprise de séduction, les significations sont différentes : s'il avance son paquet à votre portée, il refuse le rapprochement, s'il vous oblige à vous pencher, il est prêt à établir une promiscuité plus affectueuse. Ça marche aussi pour elles.

Quelques infos surnuméraires

Les femmes sont deux fois plus nombreuses à fumer que les hommes. Les deux sexes inhalent autant de bouffées par cigarette, mais les hommes gardent la fumée plus longtemps dans les poumons, ce qui augmente le risque de cancer pulmonaire. Les hommes ont tendance à pincer leur cigarette en la dissimulant à l'intérieur de la paume, en particulier lorsqu'ils cherchent à s'entourer d'une aura de mystère. Ce geste s'observe couramment dans les films, chez des acteurs qui jouent des personnages de durs ; il accompagne souvent une expression de défiance et de duplicité. C'est aussi un mode qui trahit l'hypocrite et surtout le fier-à-bras.

Si le fait de souffler sa fumée à la figure de quelqu'un est universellement choquant, en Syrie, lorsqu'un homme envoie la fumée en direction du visage d'une femme, elle le comprendra comme une invitation sexuelle !

Comment identifier une attitude positive ou négative ?

La direction dans laquelle un fumeur rejette sa fumée, vers le haut ou vers le bas, révèle son état d'esprit, positif ou négatif.... Souffler vers le bas et par le coin de la bouche dénote une attitude encore plus négative et repliée, selon Alan Pease[1]. Il rajoute que l'observation des gestes des fumeurs dans des situations de vente a permis d'aboutir à la conclusion suivante : appelés à se décider sur un achat, ceux qui ont déjà pris une décision positive soufflent vers le haut, tandis que ceux qui ne veulent pas acheter exhalent vers le bas.

LE SEXE DES CILS

La femme accorde plus d'attention à la beauté de ces cils pour rendre son regard encore plus magnétique. Les deux cents cils qui entourent chaque œil ont une durée de vie de trois à cinq mois avant d'être remplacés. Ils durent aussi longtemps que les poils des sourcils. Les

---

1. Expert australien du langage du corps.

femmes qui ont des cils interminables attirent l'attention sur ceux-ci en les maquillant avec du Rimmel pour les allonger le plus possible. On dit d'elles qu'elles ont des yeux de biches ou de poupées de porcelaine. Elles ont tendance à papilloter des yeux pour jouer les ingénues mais elles sont généralement plus rusées que naïves. Méfiez-vous des cils interminables, ils ont plus d'un tour dans leur sac et les regards qu'ils dissimulent sont parfois très calculateurs sous une apparence de candeur plus vraie que nature !

Les femmes qui bénéficient de très beaux yeux ont tout intérêt à les décorer de faux cils pour attirer l'attention sur cet atout quand il leur en manque ailleurs. Observez les stars et autres top models qui ne sont pas pourvues de formes généreuses, elles ont toujours un regard magnétique, hypnotique, et des yeux maquillés avec raffinement. La longueur de leurs (faux) cils leur offre un soupçon de mystère qui fait craquer bien des hommes d'âge mûr. On peut se noyer dans le regard d'une telle femme. Surtout si on ne sait pas nager en eaux troubles.

LE SEXE DE LA COLÈRE

Manifestation émotionnelle étroitement liée à la production hormonale de testostérone, elle s'exprime directement sur l'objet de la colère chez l'homme, alors qu'elle est déviée chez la femme. Non pas que les femmes ne connaissent pas la colère, mais elles se la mettent souvent sous le coude en attendant le moment ad hoc pour la déverser sur la tête de leur conjoint. Il arrive aussi que la colère se transforme en une litanie de reproches qui permet de se victimiser et de culpabiliser l'homme. Les femmes gèrent beaucoup mieux leurs émotions négatives parce qu'elles dévient une partie de ces émotions dans la production de larmes.

Sentiment masculin à l'origine, la colère fait affluer le sang vers les mains, ce qui permet à un individu de s'emparer plus prestement d'une arme ou de frapper un ennemi. Une sécrétion massive d'adrénaline libère l'énergie nécessaire à l'action. On sait aujourd'hui que la testostérone, l'hormone mâle, émousse l'expression émotionnelle, inhibe les pleurs et favorise l'agressivité, alors que les œstrogènes et la progestérone favorisent l'anxiété, l'humeur dépressive et les larmes. On peut donc considérer que les sanglots féminins sont l'équivalent de la colère masculine.

Parmi les gestes indiquant la colère, il y a celui pratiqué dans les pays méditerranéens qui consiste à placer l'ongle du pouce derrière les incisives supérieures puis, d'une chiquenaude, le diriger vers son ennemi... Les femmes manifestent souvent une colère rentrée ou dirigée contre elles-mêmes en se mordant la lèvre inférieure.

Elle rentre le menton en vous parlant, effaçant parfois la dénivellation entre la saillie du menton et le cou

Elle est contrariée. Cette attitude typique est souvent remarquable chez la femme à partir de la trentaine. Elle est un véritable baromètre des fluctuations de son climat mental. En alternance avec un port de tête normal, dans lequel le menton se démarque du cou, l'effacement trop fréquent du menton signale qu'elle vous aura au tournant le moment venu. Et si soudain, au détour de quelques mots malheureux de votre part, elle rentre le menton, c'est un signe évident de colère qui se manifeste sous vos yeux.

LE SEXE DES COMÉDIENS

Population observée : Hommes = 205 ; Femmes = 107

Offensifs ou défensifs

	Acteurs	Population masculine de référence	Actrices	Population féminine de référence
Offensifs	54 %	35 %	32 %	37 %
Défensifs	46 %	65 %	68 %	63 %

La différence de 19 % entre les acteurs et la population masculine de référence est considérable. Il semble que le besoin d'affirmation de soi et de confiance en soi soient les deux corrolaires de la carrière artistique.

En revanche, les actrices ne feraient pas appel à ce type de conduite.

Ces premiers chiffres indiquent bien l'individualisme ou l'autonomie des acteurs par rapport à une population plus solidaire et dépendante du groupe. Un jeune acteur offensif aura dès lors plus de chance de faire carrière qu'un acteur défensif. Les offensifs sont généralement plus audacieux que les défensifs et disposent d'une indépendance d'esprit qui fait souvent défaut aux défensifs.

Affectifs ou cognitifs

	Acteurs	Population masculine de référence	Actrices	Population féminine de référence
Affectifs	50 %	56 %	64 %	53 %
Cognitifs	50 %	44 %	33 %	47 %

Les actrices seraient psychologiquement plus fragiles que les femmes qui constituent la population de référence. En revanche, les acteurs sont nettement plus ambitieux que les autres hommes.

Peut-on inférer un manque d'ambition chez les actrices comparativement à leurs collègues masculins ? Et s'il s'agissait d'une différence en nombre d'acteurs masculins en regard du nombre d'actrices ? Vous remarquerez que dans la plupart des séries américaines ou françaises, le nombre d'acteurs est plus élevé que celui des actrices. La concurrence entre acteurs est donc plus forte que chez les actrices, dont la carrière est plus souvent soumise à des critères plastiques que chez les hommes.

Introvertis ou extravertis

	Acteurs	Population masculine de référence	Actrices	Population féminine de référence
Introvertis	52 %	45 %	43 %	35 %
Extravertis	48 %	55 %	57 %	65 %

Les acteurs sont évidemment plus centrés sur leur nombril que l'homme de la rue. Idem en ce qui concerne les actrices, bien qu'elles conservent une majorité extravertie inférieure de 8 % à la majorité extravertie féminine de la population de référence. Que peut on en déduire grossièrement ?

Que les profils narcissiques et créatifs masculins ont plus de chances de réussir dans ces métiers médiatisés que les autres profils. On ne retrouve pas ces deux profils chez les actrices qui sont majoritairement idéalistes, comme la majorité des femmes de la population de référence. Comme nous le voyons, en matière de célébrité, les hommes ne fonctionnent pas du tout comme les femmes.

LE SEXE DE LA COMMUNICATION

Introverti ou extraverti ?

Ce paramètre se mesure en fonction de l'oreille téléphonique. L'étude réalisée porte sur une observation de 948 hommes et 775 femmes.

Hommes

Statut	Code	Nombre d'individus	%
Introverti	IN	402	42 %
Extraverti	EX	546	58 %

Femmes

Statut	Code	Nombre d'individus	%
Introverti	IN	272	35 %
Extraverti	EX	503	65 %

Les femmes sont nettement plus extraverties (65 %) que les hommes (58 %). Elles communiquent *avec* les autres au lieu de se communiquer aux autres, comme les introvertis.

L'équilibre sociétal se situe dans une fourchette de 33 à 67 %, ce qui correspond effectivement aux pourcentages obtenus pour la population féminine. Ce qui signifie que les femmes ont un meilleur sens de la communication que les hommes, en règle générale. Elles sont plus à l'écoute et moins imbues de leurs petits pouvoirs.

LE SEXE DES COMPATIBILITÉS AMOUREUSES

Elle avait les mains chaudes et moites. Je lui ai demandé de me tendre sa main en lui expliquant la différence entre les mains chaudes ou froides, moites ou sèches.

Les mains chaudes et moites sont les mains de la sensualité ; chaudes et sèches, ce sont les mains de l'amitié, de la séduction ou de la sympathie ; froides et sèches, ce sont les mains de la réduction, de l'égoïsme et de la cruauté ; froides et humides, ce sont des mains anxieuses, des mains qui ont peur de déplaire.

Je n'ai pas relâché sa main immédiatement. Elle n'a pas cherché à la récupérer. Un premier contact tactile de ce type, dans une entreprise de séduction, est terriblement émouvant. J'ai conservé cette jolie main dans la mienne tout en parcourant une dizaine de mètres. Elle a repris brusquement sa main quand sa fille est revenue vers nous. Nous avons continué à nous toucher, à nous lâcher, à reprendre contact comme deux pantins de bois maladroits. Et puis, j'ai approché mon visage du sien. Elle m'a tendu sa joue droite pour que j'y dépose un bisou (voir le sexe des baisers). Je devinais qu'une tempête devait s'agiter sous son crâne car son regard tendait à esquiver le mien. Nous nous sommes assis sur un banc public. Elle a croisé la jambe droite sur la gauche (une posture répulsive) et le bras droit sur le gauche. Un double croisement, la posture de la forteresse. Je n'étais plus en cour malgré ses sourires et son invitation manifeste à poursuivre un flirt à peine ébauché. Nous échangeâmes nos numéros de portable mais pas de premier rendez-vous à l'horizon. Elle tressa ses doigts en un geste de supplication, l'espace d'un instant, le pouce dominant était le droit. Offensive-cognitive (elle) contre offensif affectif (moi) ! Quelques minutes plus tard, son portable résonna, elle le porta à l'oreille gauche pour écouter son correspondant. Son mode d'écoute trahissait un personnage introverti, tout comme moi. Et deux introvertis qui communiquent l'un avec l'autre ne peuvent que s'entendre parler sans jamais s'écouter. Ils sont tous deux en orbite autour de leur nombril. Premier obstacle à surmonter.

La charpente du décryptage gestuel se résume à trois refrains gestuels archicourants : le croisement des bras, le croisement des doigts et l'oreille téléphonique privilégiée. Leur analyse à chaud débouche immédiatement sur huit profils inspirés de la typologie jungienne[1].

Offensive/cognitive/introvertie (elle) contre offensif/affectif/introverti (moi) ! Une compatibilité faible fondée sur un coup de foudre narcissique ! Banal ! Seule la différence de dynamique mentale (affectif contre cognitive) offrait un zeste de compatibilité. Les deux autres réflexes gestuels étaient identiques et trahissaient dès lors une attirance fondée sur un critère narcissique, donc non complémentaire. Ce type de rencontre peut déboucher sur une relation courte et passionnelle mais en aucun cas, elle ne pourra s'inscrire dans la durée.

1. *La Grammaire des gestes*, Flammarion.

La plupart du temps, ce genre de rencontre se termine pas un « on se rappelle » sans suite. Si nous avions eu au moins deux réflexes gestuels antagonistes et complémentaires, la relation aurait pu s'installer. Le problème n'est pas gestuel mais fondé sur ce que signifient les refrains gestuels sur le plan psychologique. Les offensifs introvertis ont besoin d'un public pour s'affirmer et se rassurer. Deux offensifs introvertis ne sont pas bon public puisque trop concernés par leur propres ego pour être attentifs à celui de l'autre.

Épilogue :

Nous nous sommes revus et nous avons fini par franchir le pas. Une histoire plus charnelle que sentimentale qui a duré trois jours d'un week-end mouvementé et dont j'ai gardé un souvenir amusé mais pas franchement impérissable. Je suppose qu'il en a été de même pour elle. Mon expertise de profileur gestuel m'a peut être handicapé a priori, mais si j'avais foncé dans l'ignorance de ces petits détails non verbaux, le résultat final aurait été le même, avec en prime, une désillusion amoureuse au tableau d'honneur. Je savais à quoi m'en tenir d'entrée de jeu et je n'ai pas été déçu du voyage, dans la mesure où je savais qu'il était éphémère.

LE SEXE DES CONDUITES INTIMES

Les attentes sexuelles des hommes diffèrent de celles de leurs compagnes. La notion de plaisir aussi. Nombre de couples se séparent parce qu'ils n'ont pas trouvé le point de convergence qui pourrait les satisfaire de part et d'autre. Et parfois, ce qu'ils n'ont pas osé faire avec le partenaire précédent, ils le tentent naturellement avec le suivant. Ce retour à l'intimité, si beau pour qui en fait l'expérience, ceux qui en sont exclus l'ont souvent tourné en dérision. Les épigrammes ne manquent pas pour nous conter l'histoire : « quand l'amour soupire, la sagesse expire », « l'amour est une maladie qui nous vaut bien des malheurs ».

Pudeur et refoulement handicapent une sexualité libérée de ses tabous et de ses interdits. Qui, des hommes ou des femmes, sont le plus victimes de leurs blocages ? Nous dirons qu'une légère majorité de femmes serait la norme. Elles sont plus respectueuses des règles que les hommes et plus sensibles aux interdits.

LE SEXE DU COU

Comme je l'ai déjà évoqué dans d'autres ouvrages, si l'on se réfère au langage symbolique du corps, le cou, ainsi que la nuque d'ailleurs, abrite le siège symbolique de la confiance en soi. En réalité, la partie du cou identifiée à ce climat mental idéal que nous recherchons tous se situe exactement au niveau des sept dernières cervicales de la colonne vertébrale.

La nuque d'une femme peut offrir un puissant attrait érotique, si elle est bien dégagée et en cou de cygne.

Dans le culte vaudou en Haïti, les adeptes croient que l'âme réside dans la nuque. Et c'est cette croyance qui aurait conduit à l'usage de colliers protecteurs contre les influences maléfiques.

En chorégraphie comme dans la pratique thérapeutique d'Alexander, le cou est considéré comme la clef permettant de débloquer le reste du corps. Frederick Matthias Alexander a inventé un traitement basé sur l'idée qu'en modifiant la position du cou sur les épaules, on guérit non seulement certains symptômes physiologiques mais aussi un grand nombre de conflits ou de troubles psychiques. En référence à ce que je viens de vous rapporter, il est facile de comprendre le lien symbolique que je propose entre la confiance en soi et la nuque.

Enfin, nul n'ignore que le cou est une zone érogène puissante chez la plupart des femmes au profil séducteur tactile. Les ados pratiquent souvent une sorte de morsure érotique qui laisse des marques rouges et qu'on nomme aussi suçon. Ces marques sont produites par une succion prolongée. Un baiser dans le cou est un bristol sexuel de la part de celui qui l'offre à l'autre. S'il est accepté de bonne grâce par votre nouvelle conquête, vous pouvez lui suggérer la « totale » en fin de soirée.

La sensibilité de la peau du cou ou de la nuque peut ouvrir la porte d'une relation plus charnelle et parfois surprenante chez les femmes sensibles à cet endroit du corps.

LE SEXE EN COULEURS

Pourquoi les nourrissons de sexe masculin sont-ils revêtus de layette bleue et les nourrissons de sexe féminin de layette rose ?

Le ciel est bleu, mais la terre n'est pas rose. Dans la tradition populaire, le bleu a la réputation de chasser le diable, les démons, les esprits malveillants, les maladies. Symbole de l'azur, de la voûte céleste et du paradis, le bleu dédié à l'éternité véhicule le pouvoir de repousser les forces du mal. La présence de décorations à base de bleu est d'ailleurs déjà très fréquente dans les nécropoles de l'Antiquité égyptienne (murs et coiffures des défunts). Emblème de loyauté, de fidélité, de pureté, mais aussi de sagesse et de fermeté, le bleu place donc sous une bonne étoile ceux qui portent des vêtements de cette couleur chargée de vertus bienfaitrices.

Dans la chromatologie de Max Lüscher, le bleu représente le pouvoir, la maîtrise de soi et le défi. Il le considère comme une nuance masculine. En revanche, le rose est synonyme de l'amour, du féminin. Symbole classique de la sagesse divine, mais aussi emblème de la tendresse, de la jeunesse et du bonheur, le rose ne manque pas de qualités.

J'ai fait une expérience intéressante autrefois. J'ai soumis huit couleurs, à savoir : le bleu, le vert, l'orangé, le jaune, le magenta, le brun, le noir et le gris à une cinquantaine d'enfants d'une école primaire en leur demandant d'identifier leur maman et leur papa à l'une de ces huit couleurs. 63 % des enfants ont choisi le rose pour désigner leur mère et 48 % ont choisi le brun pour désigner leur père. Le bleu vient loin derrière dans la gamme proposée. En revanche, certains enfants de cette école avaient choisi le noir ou le gris pour désigner leur père et parfois leur mère. Renseignements pris, les enfants qui avaient fixé leur choix sur le noir pour identifier l'un de leurs parents subissaient leur milieu familial quand ils n'en souffraient pas.

En matière d'habillement, il est rare de voir un homme porter des vêtements de couleur rose. En revanche, le bleu est fortement plébiscité par les hommes, qu'il s'agisse de costumes, de jeans ou autres. Quant aux petites filles, elles adorent le rose et toutes les nuances du magenta. Peut-on en déduire dès lors que le sexe féminin est rose et que le sexe masculin plébiscite la couleur du pouvoir ? Je ne cherche en aucune manière à justifier le choix de ces couleurs pour désigner le sexe d'un bébé. Il est fort probable qu'il y a plusieurs raisons historiques qui ont prévalu à ce choix. Je préfère m'en tenir aux spéculations.

Pour en revenir à la théorie de Max Lüscher, il est intéressant de constater que l'association du magenta avec les sept autres couleurs traduit surtout des constantes féminines. La couleur dominante détermine le sens du couple chromatique :

- Rose et bleu = les affects
- Bleu et rose = la féminité, la culture
- Rose et vert = la fugue et la versatilité
- Vert et rose = la tendresse, le sens social
- Rose et rouge orangé = l'altruisme et la compassion
- Rouge orangé et rose = le succès
- Rose et jaune = l'intelligence pratique
- Jaune et rose = le rêve
- Rose et brun = la famille
- Brun et rose = la culpabilité
- Rose et noir = la jalousie
- Noir et rose = la cruauté
- Rose et gris = l'hystérie, les constantes psychosomatiques
- Gris et rose = la timidité

La langue des couleurs est un langage empirique qui permet de situer le mode d'identification d'un individu vis-à-vis d'une proposition ou d'une image symbolique.

LE SEXE DU COUPLE

Le cliché du couple est en nous dès la naissance mais chez certains le négatif est voilé.

Dans le couple, tout se rapporte à un problème de latéralité ! Comme vous le savez sans doute[1], la partie corporelle droite de l'homme droitier est identifiée à l'image paternelle. La partie gauche, à l'image maternelle. C'est la règle élémentaire d'observation dont il faut tenir compte pour décoder le niveau d'affection qui lie ou délie les amants par intérim ou pour toujours.

Il est relativement aisé de mesurer le niveau des sentiments qui lient un couple que l'on croise dans la rue. Les refrains gestuels, les attitudes corporelles récurrentes qui représentent le substrat de leur communication infraverbale sont facilement identifiables.

Je vous propose quelques clichés en guise d'entrée en matière :

Figure 30

Quand l'avant-bras du compagnon est posé en équilibre instable sur l'épaule de sa compagne, la main dans le vide (fig 30), l'engagement amoureux manque de conviction. Il prend appui sans engagement.

1. C'est une des règles élémentaires du décryptage gestuel que j'ai évoqué dans tous les ouvrages que j'ai écrit sur le sujet.

Figure 31

L'homme qui tient le bras de sa partenaire et non le contraire (fig 31) affiche son sentiment d'insécurité affective. En revanche, si votre compagne s'accroche à votre bras, elle affiche son sentiment d'appartenance, doublé d'un besoin de vous posséder pour elle toute seule.

La main droite de votre ami est accrochée à votre cou (fig 32). Il trahit sans vergogne son tempérament possessif et autoritaire. Et si *c'est la main gauche ?* Il exprime en silence son besoin de fusion amoureuse. C'est un homme tribord.

Figure 32

Figure 33

La main droite de l'homme enveloppe l'épaule droite de sa compagne (fig 33), l'attitude est protectrice et plutôt « paternante ». De même, *quand la main gauche de l'homme enveloppe l'épaule gauche de sa partenaire,* l'attitude protectrice est maternante.

Quand la main droite de l'homme s'empare de la main gauche de sa compagne, il recherche une complicité amoureuse tout en affirmant son rôle de mâle dominant. C'est un homme bâbord. Mais si c'est sa main gauche qui prend la main droite de sa compagne (homme tribord), il attend de sa compagne qu'elle le sécurise en le maternant.

Figure 34

Si la main de l'homme se réfugie dans la paume gauche ou droite de sa compagne (fig 34), il confond clairement sa mère et sa partenaire qui tient alors le rôle dominant.

Ils se tiennent par le petit doigt.
L'amour romantique commence toujours avec une réunion des auriculaires.

Le tricot des doigts
Lorsque les doigts du couple sont entrelacés, ils indiquent un besoin de se rassurer mutuellement sur les sentiments qu'ils éprouvent l'un envers l'autre.
Les doigts sont entrelacés et les bras inversés. Ils craignent de se lasser d'une liaison qui manque sans doute de créativité ou de sensualité.

Le choix du pouce dominant

Mais le tricot des doigts conduit aussi à d'autres constats qui rejoignent le refrain gestuel invariable des doigts croisés.

Pour mémoire, le croisement des doigts avec pouce dominant droit désigne le profil cognitif (Homme ou femme de désir) ; le croisement des doigts avec pouce dominant gauche désigne le profil affectif (Homme ou femme de plaisir)

Mais si cette règle s'applique aux couples qui entrelacent leurs doigts, comment peut-on interpréter ce refrain gestuel ?

HOMME TRIBORD

Le pouce dominant gauche

Le pouce dominant gauche de l'homme signifie que le pouce dominé est celui de la femme. Dominance affective du couple (plaisir) qui signale que le besoin de fusion amoureuse est dicté par l'homme. Romantique mais autoritaire.

Le pouce dominé gauche

Dominance affective du couple (plaisir) qui signale que la demande d'affection est dominée par la femme.

HOMME BÂBORD

Le pouce dominant droit

Dominance cognitive qui indique un couple plus ambitieux ou investi dans ses désirs. Homme dominant le couple et imposant ses lois.

Le pouce dominé droit

Dans ce cas, la femme domine le couple en matière de désirs ou d'ambition.

Peut-on passer d'une latéralité à l'autre, de bâbord à tribord ?
Généralement, les couples privilégient toujours le même côté, comme c'est le cas dans le lit conjugal. L'alternance gauche droite s'installe quand le couple est en crise.

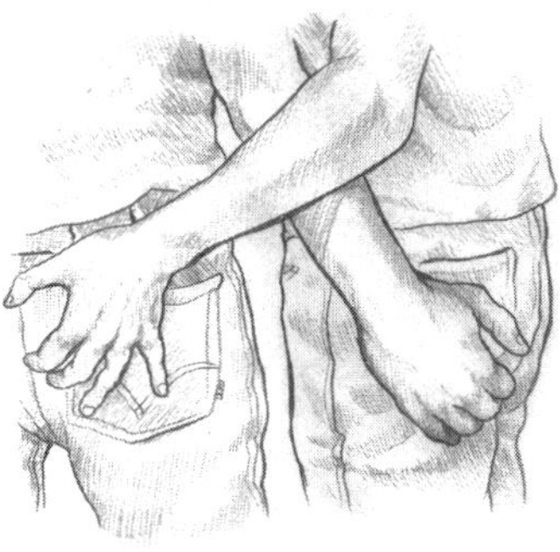

Figure 35

Si la main de l'homme est posée sur les fesses de sa compagne (fig 35), le geste suggère que ses sentiments passent par une entente physique préalable avant un partage équitable des sentiments proprement dits.

Et si la main de la femme est glissée dans la poche arrière du jean de son compagnon, le geste suggère que la compagne du monsieur est très branchée « forme physique ». Ce qui inclut, bien entendu, les performances sexuelles du propriétaire de la fesse incriminée.

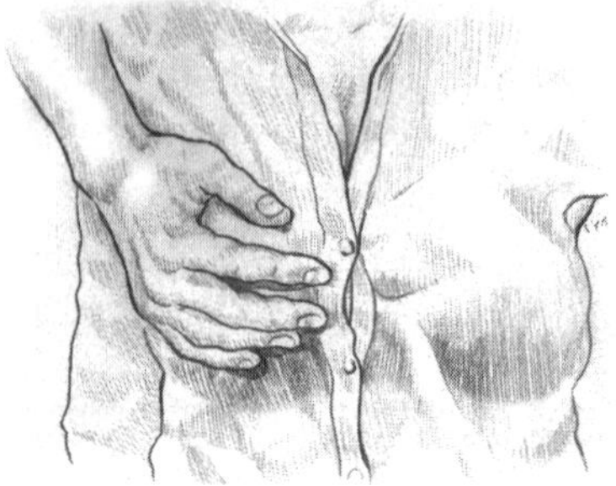
Figure 36

Un geste plus rare mais aussi plus limite : *la main du compagnon enlace manifestement le galbe de la poitrine de sa compagne en public (fig 36)*. Le geste est réducteur. Le partenaire réduit sa femme à un objet sexuel dont les seins représentent le bristol visible et dont il tire une fierté, en général non dissimulée par sa partenaire.

Certaines femmes qui se font refaire le galbe de la poitrine ont tendance à se décolleter plus que de raison, histoire d'amortir le coût de l'opération, sans doute. Les partenaires de ces femmes remodelées ont souvent tendance à poser le plat de la main sous cette nouvelle poitrine, histoire d'afficher leur fierté, sans aucun doute. Il arrive aussi que l'homme glisse le bout de ses doigts dans le décolleté de sa compagne en public.

Si le bras de l'homme enlace la taille ou le bassin de sa compagne ou si les deux se tiennent mutuellement de la même manière (fig 37), ils situent explicitement le niveau de leur relation amoureuse sous la

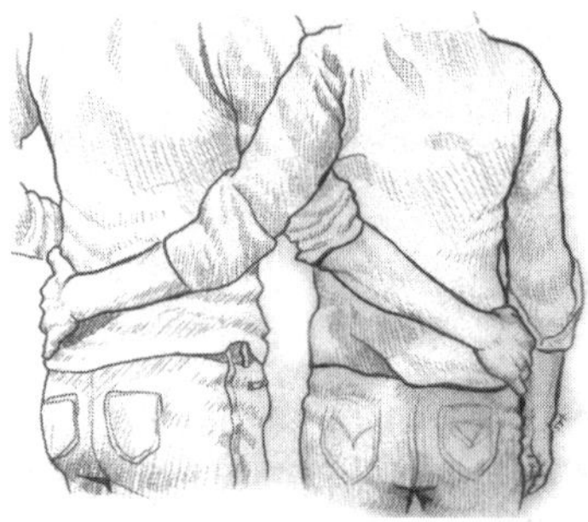
Figure 37

ceinture. Un autre message peut être décrypté s'il s'agit d'un jeune couple : le besoin de procréer.

LE SEXE DU CRÂNE D'ŒUF

La forme ovoïde du crâne de certains individus féminins ou masculins est tellement séduisante qu'ils ont intérêt à raser leurs cheveux pour ce qui est des hommes et à les couper ultra-court pour ce qui est des femmes. Hélas, beaucoup de femmes refusent de sacrifier leurs cheveux longs, sans aucun doute pour obéir aux injonctions narcissiques de leurs parents. La culture, si ce n'est la mode, ne les pousse pas à s'imaginer plus séduisantes avec les cheveux à la garçonne. Il en va de même avec les jeunes hommes qui se déplument prématurément et qui tentent de masquer cette trahison capillaire de leur corps par tous les moyens, de la classique moumoute jusqu'aux implants. Or, si votre crâne n'est pas difforme, il est dommage que vous ne tiriez pas avantage de ce moyen réel de séduction. Les hommes en ont pris conscience grâce aux célébrités qui leur ont montré le chemin : Fabien Barthez, Pascal Obispo et plus anciennement Yul Brynner. Si vous avez déjà vu Obispo avec des cheveux, vous admettrez facilement qu'il est nettement plus séduisant avec la boule à zéro.

Pour les femmes ce n'est pas encore gagné d'avance. Les cheveux longs, mi-longs ou en casque allemand ont la vie dure. Il est vrai que les coiffeurs ont besoin de manger et une coupe à la brosse généralisée réduirait leur chiffre d'affaires à portion congrue, sans compter la cascade de faillites qui en résulteraient.

Ma fille aînée est une mignonnette dont les longs cheveux descendent jusqu'au creux des reins. Quand elle prend son bain, cette masse de cheveux est plaquée sur son crâne par l'eau et le shampoing. La forme de son crâne est parfaite. Son visage serait dix fois plus beau avec les cheveux à ras. Sa mère refuse de sacrifier cette toison d'or fin. Et comme nous sommes séparés, je préfère ne pas envenimer les bons rapports que nous entretenons pour une stupide histoire de cheveux. Ma fille n'a que douze ans et elle a encore le temps de se couper les cheveux pour plaire aux garçons.

LE SEXE DE LA CRAVATE

Accessoire vestimentaire hautement symbolique du standing social, la cravate partage le tronc en deux parties égales. Elle est la glotte bis du statut masculin. Le fait d'en rectifier le nœud ponctuellement appartient au registre des gesticulations associées à un climat mental anxieux et au besoin de se toiletter le moral. Le terme cravate a vu le jour par déformation du mot croate, parce qu'un régiment croate portait ce type de parure.

Pour l'histoire détaillée de la cravate, je vous renvoie à Daniel Lacotte[1] dont je vous cite quelques lignes. Il explique notamment qu'à partir de la deuxième décennie du XIXe, la cravate s'impose comme l'un des accessoires les plus prisés du dandysme. Et ceux qui se plaisent à professer le culte du beau et de l'inutilité jusque dans ses moindres détails se mettent à vénérer le

1. *Le Pourquoi du comment,* Albin Michel.

port de la cravate. Ainsi, à l'époque du dandysme (qui compte dans ses rangs Charles Baudelaire, Oscar Wilde ou Jules Barbey d'Aurevilly) pullulent des manuels sur l'art et l'élégance vestimentaire. Et plus précisément sur la façon d'ajuster, entretenir et nouer au mieux sa cravate. Baptisé l'arbitre des élégances, George Brummell (1778-1840) institua un véritable rituel dans le choix et l'arrangement de la cravate.

Comment ne pas voir un signe de reconnaissance sociale dans l'immuable costume-cravate que porte le jeune cadre dynamique, l'entrepreneur ou le manager ? Il ne s'agit bel et bien que d'une survivance des codes vestimentaires propres à étiqueter les classes d'individus. Ainsi, porter un costume-cravate revient-il à enfiler une sorte d'uniforme qui matérialise l'appartenance à un groupe déterminé. Pour prouver que cet habit qui leur colle à la peau appartient au registre des signes distinctifs, il suffit d'observer les efforts démesurés que déploient patrons et ministres pour s'afficher avec le col de chemise ouvert. Car en renonçant à nouer leur cravate, ils espèrent souvent... renouer le dialogue. L'accessoire est encore une chasse gardée de ces messieurs. Le jour où les executive women se décideront à l'adopter, quelque chose de fondamental aura changé sous le soleil.

Quelques postures cravatées

Il attrape sa cravate et la lisse de la pince pouce index. Il envisage de changer de camp ou de credo tout en repassant son orgueil !

Il remet constamment le nœud de sa cravate en place.
La situation qu'il vit déstabilise sa confiance en soi. Ce tic assez courant est l'équivalent du bonhomme mal dans ses bottes qui déglutit sa salive avec une grimace de dépit.

Il ressent toujours le besoin de deserrer son nœud de cravate en réunion.
Il craint de perdre son territoire ou son autorité. Le nœud d'une cravate devient inconfortable quand l'individu craint d'être pendu haut et court par la direction.

Il triture sans cesse sa cravate.
Souvenez-vous d'Oliver Hardy, le gros ! Il s'agit d'un geste décalé destiné à faire rire. En fait, ce code trahit un besoin de plaire de la part d'un homme incapable de séduire, c'est-à-dire de passer à l'action.

LE SEXE CULTUREL

Depuis toujours et dans tous les pays, la naissance d'un garçon a été accueillie avec plus de joie que celle d'une fille. Cela s'explique par des facteurs culturels : transmission du nom et des biens, rôle de chef de famille et prise en charge financière des parents vieillissants. En Chine et, dans une moindre mesure, en Inde, cette préférence bouleverse l'équilibre démographique depuis les années 1980 : le ratio des naissances, cent cinquante garçons pour cent filles, jusqu'alors immuable, est en train d'augmenter en faveur des premiers. La politique de contrôle des naissances a poussé les parents à choisir un fils en priorité. Plus que l'infanticide, pratique difficilement quantifiable, c'est la diffusion massive de l'échographie qui a accéléré le changement. Plusieurs avortements peuvent ainsi précéder la naissance d'un garçon. En France, outre le désir dominant d'avoir une paire garçon-fille, une légère préférence existe aussi. À cette différence que les couples recourent à une naissance supplémentaire pour avoir un garçon, au lieu de pratiquer l'avortement sélectif.

D

LE SEXE DU DÉSIR

Le pouce droit est le représentant symbolique du désir au sens large du terme.

En érection, c'est-à-dire tendu vers le ciel, il indique que tout est pour le mieux dans le meilleur des mondes et que le reproducteur est largement satisfait de sa situation.

Bagué, le pouce droit révèle un homme ou une femme très branché sexuellement.

La dominance du pouce droit dans le croisement des doigts trahit le profil cognitif de l'individu. Les Cognitifs sont plus ambitieux que leurs alter ego, les Affectifs dont le pouce gauche est dominant (voir le Sexe de l'instinct de survie).

Figure 38

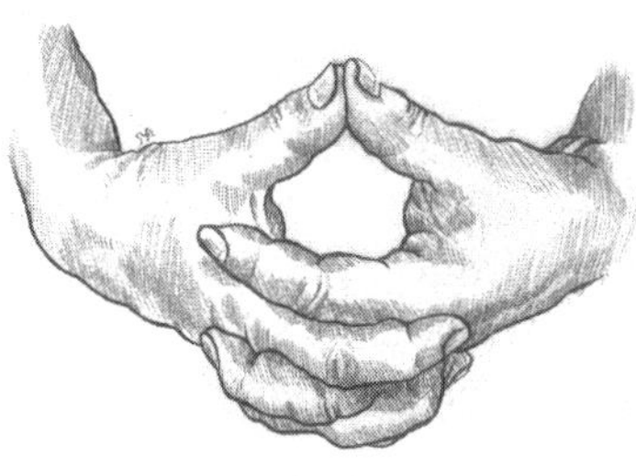

Les pulpes des pouces sont en appui, ils restent scotchés, les doigts sont croisés, avant-bras en appui sur un support (fig 38).

Les sièges symboliques du désir et du plaisir (les pouces) sont rigides. Les doigts, racines de la créativité, sont prisonniers du croisement et les mains (la communication) demeurent immobiles, posées sur un support quelconque. C'est une attitude de refus ou de rejet gestualisée. Une opposition totale et un rejet de l'autre ou du contexte. Il objecte mentalement mais n'exprime pas pour autant son refus. Les pouces scotchés n'expriment ni désir, ni plaisir. Ils sont neutres et trahissent une position psychorigide dans 99 % des cas. C'est le genre de personnage borné et procédurier qui préfèrera un mauvais procès à un arrangement à l'amiable. Il dira toujours le contraire de ce qu'il pense avec la plus parfaite mauvaise foi.

LE SEXE DES DIFFÉRENCES

Après des siècles d'obscurantisme, les neurosciences nous livrent enfin la vérité objective sur les différences entre hommes et femmes. Les femmes seraient supérieures dans les tâches linguistiques, l'analyse des scènes visuelles complexes ou la motricité de précision ; les hommes l'emporteraient dans des tâches d'orientation spatiale requérant des aptitudes motrices ciblées. Ainsi, le fonctionnement cérébral diffèrerait selon le sexe, les femmes faisant un usage plus symétrique des deux hémisphères.

Ces différences résulteraient en grande partie de disparités hormonales et les traits psychologiques particuliers à chaque sexe, tels l'agressivité et l'instinct de compétition typiquement masculin, ou la plus grande sollicitude et un moindre sens de la hiérarchie au féminin reflèteraient la stratégie de reproduction propre à chaque sexe.

Dès le Ier siècle, Saint Paul prescrit le port du voile aux femmes en prière, usant d'un argument théologique : ayant été créée pour l'homme, la femme doit porter sur sa tête la marque de la puissance que l'homme exerce sur elle.

Les islamistes ont dû récupérer le principe depuis. Puis, Rousseau, homme des Lumières, soutient que l'inégalité des sexes « n'est point l'ouvrage du préjugé, mais de la raison ». Pour lui, le confinement des femmes dans la sphère familiale est conforme aux fonctions que leur sexe leur assigne, et leur intervention dans l'espace public serait contre-nature. Décidément, pour nos grands anciens, les femmes n'étaient pas des hommes comme les autres.

De nos jours, les psychologues évolutionnistes affirment que la plus grande aptitude des femmes aux tâches motrices de précision et leur meilleure vision des détails environnants reflètent leur activité aux temps paléolithiques, quand elles étaient confinées à un petit périmètre autour de leur progéniture et s'occupaient de cueillette ou de travaux manuels. Les hommes, au contraire, devraient leur vision de l'espace à la nécessité de s'orienter efficacement dans un milieu naturel, notamment pour la chasse. Ainsi, la répartition des rôles aurait un fondement culturel ancestral et ce serait une erreur que de la contrecarrer, précisent les évolutionnistes.

Fondamentalement, l'homme et la femme ne sont pas faits sur le même modèle. Ils se développent différemment, tant au niveau corporel que psychique. D'un côté, les hommes ont besoin de se confier. Ils doivent apprendre à dire ce qu'ils ressentent. De l'autre, les femmes sont dans des attentes complexes et ambivalentes qu'elles ont de la peine à exprimer face à leur conjoint.

Au moment où les pulsions sexuelles s'éveillent, la femme découvre son corps et son sexe à travers son imaginaire, alors que l'homme est dans le visible, le concret. L'une est dans le fantasme, l'autre est dans le réel.

Cependant, la plus pragmatique des deux est bien la femme. Nous sommes bien sûr différents mais tellement complémentaires qu'on ne saurait se passer les uns des autres.

LE SEXE DU DISCOURS

En général, les hommes parlent et les femmes écoutent. Il arrive aussi que certaines femmes parlent à perte de mots et que certains hommes les écoutent en diagonale. Le débit de paroles d'un homme n'est pas celui d'une femme et le mode d'écoute est fonction du sexe.

S'il vous arrive d'observer des couples en conversation côte à côte et non face à face, vous remarquerez que la majorité des femmes écoutent avec les yeux. Je précise qu'elles adressent la parole à leur compagnon qui se situe dans leur champ de vision. Une audace qu'un homme évite systématiquement quand il parle à sa compagne. Son regard se fixe à l'extérieur du champ visuel du couple. Un homme regarde rarement dans la direction de celle à qui il s'adresse. *Il se communique à elle, mais ne communique pas avec elle*. Son ego le protège.

Ce qui m'amène à inférer qu'un homme qui parle à son interlocuteur masculin ou féminin en fixant son regard sur son visage est un homme plus sensible à la dimension psychologique et/ou émotionnelle. Les machos se regardent pérorer.

LE SEXE DES DOIGTS

Chaque doigt représente symboliquement un thème primordial pour l'économie de la personnalité individuelle. Pris deux par deux, les doigts miroirs symbolisent des émotions essentielles sur lesquelles repose la vie humaine.

Les auriculaires

Les auriculaires pris en couple identifient le temps mais aussi l'intuition.

Les annulaires

Pris en couple, ils symbolisent la capacité d'achèvement.

Les majeurs

Ils sont symboliques de l'organisation psychique, comportementale et intellectuelle.

Les index

Les index, pris en couple, symbolisent le *Surmoi*, c'est à dire la somme des interdits parentaux, des tabous culturels, religieux ou biologiques inscrits dans le cerveau.

Les pouces

Équivalents des plaisirs et des désirs au sens large du terme, ils sont le siège symbolique de *l'instinct de conservation ou de survie*.

Les doigts de la main gauche appartiennent à la configuration féminine du cerveau droit ; les doigts de la main droite appartiennent à la configuration masculine du cerveau gauche.

Le langage gestuel des doigts repose sur ces postulats et sur le sens particulier de chaque doigt de la main en contact avec une partie du corps. Imaginons que la dernière phalange de votre index gauche obture votre bouche ! Cette dernière est l'un des sièges de la jalousie tandis que l'index gauche symbolise la possession.

Si vous reproduisez souvent cette posture, on peut en déduire que votre sentiment de jalousie est sur le grill. Et s'il s'agit de votre index droit qui reproduit ce code gestuel ? L'index droit est symbolique de l'affirmation ou de la maîtrise de soi. Associé à la jalousie, je pourrai en déduire que votre statut social ou professionnel vous tient à cœur. Mais ce type d'interprétation variera en fonction du contexte, bien entendu.

L'auriculaire gauche représente le passé et l'enfance. Coincé entre les lèvres, il dévoile un individu nostalgique. L'homme politique qui use de ses index pour appuyer son discours est un individu cornaqué par son surmoi, donc par les interdits et les tabous qui incarcèrent ses pensées et ses comportements. Et ainsi de suite !

LE SEXE DOMINANT

Pour éviter les affrontements directs, l'homme a élaboré des stratégies d'intimidation très efficaces, et que pratiquent déjà les jeunes garçons. Dans une cours de récréation, dès l'école maternelle, on observe des comportements qui visent à impressionner les camarades et à les décourager pour éviter les confrontations. Beaucoup d'animaux ont adopté des stratégies identiques : dans un affrontement, un mâle essaye d'abord d'effrayer son rival en le menaçant et en adoptant des postures d'intimidation. Le jeune garçon défie son adversaire du regard en relevant le menton (le gorille se frappe le torse), mais sans se laisser entraîner, si possible, dans un vrai combat. C'est pourquoi, dans le règne animal, beaucoup de mâles sont pourvus d'attributs dont ils font étalage, tels que la crinière du lion, les plumes du paon, les bois du cerf ou les canines du gorille. L'homme, quant à lui, joue de ses biceps ou de la puissance de son thorax, ce qui le ramène souvent au stade du primate.

Plaire ou séduire ?

Dans cette période d'intimidation, le mâle doit être persuadé de sa propre valeur, se sentir meilleur que l'autre. Ceci explique sans doute que les hommes surévaluent souvent leurs performances, contrairement aux femmes, qui se sous-évaluent. Cette tendance a été confirmée par une étude américaine, où l'on demandait à des étudiants de prédire les notes qu'ils auraient aux prochains examens : contrairement aux filles, les garçons ont systématiquement surévalué leurs résultats. Ce phénomène vient de ce que les hommes privilégient leur confiance en soi tandis que les femmes préfèrent gagner l'estime des autres et de soi. Cette affirmation repose entièrement sur la dichotomie gestuelle entre les aires cérébrales. L'estime de soi, c'est aussi le besoin de plaire, une conduite qui appartient majoritairement à l'élément féminin et à un encouragement au comportement passif dans la parade amoureuse. La confiance en soi, en revanche, repose sur le besoin de séduire, une conduite plus masculine associée au passage à l'acte. Pour arriver à séduire, il faut se surévaluer, se vendre à l'autre en quelque sorte.

La résistance à la frustration

Mais tout cela résulte aussi et sans doute d'un héritage ancestral qui a sélectionné, parmi nos ancêtres préhistoriques, ceux qui appréciaient la compétition et qui manifestaient la plus forte résistance à l'échec, donc à la frustration. Les plus persévérants qui tentaient infatigablement de conquérir une femme transmettaient leur patrimoine génétique. Au contraire, ceux qui se laissaient facilement décourager par leurs échecs avaient peu de chance de s'accoupler et de transmettre leurs gènes.

Cette attitude spécifique s'observe, chez les petits garçons, quand, par exemple, ils se disputent un ballon sur un terrain de jeu. Ils se jettent dessus tous en même temps, infatigables, persuadés de leurs chances de succès alors que la majorité n'a aucune chance d'y parvenir. Dans le même type de jeu, les filles ont un comportement beaucoup plus réaliste et ne s'engagent que si l'occasion paraît promettre un succès possible. D'où le succès du football auprès des hommes et du peu de réussite enregistré publiquement par les rencontres féminines de foot. Un ballon et vingt-deux joueurs qui s'échinent à le récupérer fait partie du modèle compétitif inscrit dans les gênes masculins. Mais de ce point de vue, la donne est en train de se modifier. De plus en plus de jeunes femmes s'investissent dans le sport individuel ou d'équipe à haut niveau : cela signifie-t-il que la surévaluation n'est plus une chasse gardée des hommes ?

Ce qui différencie la femme de l'homme se situe dans l'attitude face à la rivalité. La femme est plus coopérative que rivale, en matière de sport comme dans de multiples domaines d'activité. Tout dépend cependant du niveau hiérarchique qui oppose les femmes en présence, comme nous le verrons dans « la loi du plus fort », ci dessous.

Au début des années 1980, Carol Weisfeld, psychologue à Chicago, constata le même effet dans l'évaluation des capacités intellectuelles : dans un concours d'orthographe, les filles se retiraient quand elles jugeaient que les autres concurrents étaient meilleurs, même si c'était faux, tandis que les garçons continuaient coûte que coûte à vouloir s'imposer, quitte à se planter. Le besoin de rivaliser est une constante historique chez les mâles humains.

La loi du plus fort

La rivalité permanente exige la mise en place d'une structure hiérarchique : si le groupe est menacé, chacun doit être prêt à se soumettre au plus fort. Cette stratégie de dominance se manifeste dès l'école maternelle : les garçons forment des groupes comportant un chef, un sous-chef, des suiveurs et, souvent, un individu soumis. Ce schéma se reproduit aussi en politique lors des campagnes électorales. Les politiciens se rallieront à celui qui a le plus de chances de remporter les élections présidentielles, même s'ils ne partagent pas toutes ses idées. Ils s'inscrivent dans une logique familiale, logique de clan ou de communauté d'intérêts.

Au contraire, les filles n'aiment pas se soumettre à d'autres femmes : certaines études révèlent même qu'elles préfèrent avoir un homme pour chef. Une « supérieure » est perçue comme étant partiale et injuste, alors que les femmes occupant des postes de direction se plaignent pour leur part du manque de motivation et des prétentions excessives de leurs collègues. Les femmes, au sein de groupes exclusivement féminins, ont des difficultés à s'intégrer dans une hiérarchie. Ce n'est pas une question d'autorité, puisque les hommes acceptent plus facilement une supérieure que les femmes. Cela témoigne sans doute de la disposition innée des hommes à se subordonner dès qu'une hiérarchie est établie, la hiérarchie de dominance fonctionnant aussi quand « le chef » du groupe est une femme et ce, malgré le sexisme ambiant qui perdure.

Hiérarchie de valeur contre hiérarchie de dominance

Dans ce cas précis, comment s'établit la hiérarchie dans un groupe de femmes ? Cette « hiérarchie des valeurs » est fondée sur la considération que le groupe porte à certains de ses membres. Cette stratégie engendre une structure instable (car une appréciation peut être remise en cause), mais elle laisse peu de place aux diktats : en cas de divergence de vues, une dirigeante essaie généralement de défendre ses idées auprès de ses subordonnées, elle aura recours à de longues discussions (demande non dite de coopération). Cette façon de procéder est moins rude que celle utilisée dans une hiérarchie de dominance masculine, mais peut devenir un handicap lorsqu'il faut prendre des décisions urgentes. Au sein d'une hiérarchie féminine, les discussions s'éternisent parfois sans qu'on parvienne à un consensus. Pour trancher, la dirigeante doit alors se comporter comme le ferait un collègue masculin et prendre la décision sans en référer à quiconque.

LE SEXE DU DOS

Le dos d'une femme est un lieu sacré. Le dos d'un homme est le lieu privilégié des caresses féminines et le siège peu connu du toucher aphrodisiaque. Le dos est le siège tactile de toute sensibilité amoureuse, mais aussi de la capacité à s'investir ou à se passionner. Un dos dont on souffre est un signal qu'il ne faut jamais négliger. Il signifie que « vous en avez plein le dos » de la situation actuelle ou de la compagnie de cet inconnu qui commence à vous sortir de quelque part.

Vous avez déjà remarqué qu'une jolie femme dénudera son dos en public quand elle n'est pas pourvue d'une poitrine opulente. Il y a des dos séducteurs et d'autres qu'il vaut mieux cacher sous un voile translucide. Les vertèbres proéminentes ne sont pas des atouts séducteurs. En revanche, les omoplates bien découpées peuvent avoir un effet très attractif sur l'homme qui vous suit. Si elles se complètent d'une ravine au creux du dos, vous avez tout intérêt à dévoiler ce dos, dès que l'occasion s'en présente ou que le climat s'y prête. Le dos des femmes bien en chair présente des fossettes dites sacrées juste au dessus des fesses. Elles étaient considérées jadis comme un critère de grande beauté féminine.

Les Japonais apprécient, plus que les Occidentaux, cette partie du corps. Les kimonos des geishas sont coupés de telle sorte qu'ils dégagent la nuque et quand la geisha s'agenouille devant son partenaire, celui ci peut plonger son regard sur toute la longueur du dos jusqu'à la rotondité des fesses. Le dos se termine par le losange de Michaelis qui se situe entre les fossettes du sacrum, un pèlerinage visuel ou tactile que beaucoup d'hommes effectuent encore. Sur le plan érotique, le losange de Michaelis est hypersensible à la caresse linguale de votre partenaire. Hélas, peu d'hommes acceptent d'y souscrire et c'est une erreur fondamentale qu'ils commettent là.

LE SEXE DU DOUBLE CROISEMENT

Il s'agit d'une attitude de surprotection déterminée par le croisement parallèle des bras et des jambes en position assise. Ce refrain indique un retrait stratégique doublé d'une méfiance totale de la part d'un personnage qui passe son temps à violer le territoire des autres. Paradoxal, mais parfaitement logique. Dans un autre registre, personne n'ignore que les individus les plus trouillards sont ceux qui aboient le plus fort. « Le peuple soutient le tyran » hurlent les faux culs qui se répandent dans les rues d'une capitale quelconque. Ce sont les premiers qui brûleront son effigie dès qu'il aura été forcé de quitter le pouvoir. L'exemple récent de l'Irak est encore dans toutes les mémoires. À force de harceler les autres, les persécuteurs finissent par se méfier de tout le monde.

Il vous arrivera d'adopter cette posture pour vous protéger d'une attaque un peu trop virulente ou pour vous soustraire à une atmosphère hostile ou ennuyeuse. Le double croisement simule une incarcération du mental dans ses préjugés et un refus total de flexibilité. Le sujet s'accroche à son argumentation comme un singe effrayé à la plus haute branche de l'arbre. Toute tentative de le convaincre se heurte souvent à un mur. Il est assis sur ses objections mentales et refusera de transiger, considérant qu'il a raison contre le monde entier. La reproduction du double croisement apparaît souvent dans des débats politiques télévisés. J'ai pu constater qu'il est reproduit en règle générale par les adversaires muets du locuteur interrogé par le journaliste. Ils sont assis en retrait, dans le public. Les mimiques de leurs visage s'expriment généralement pour eux.

Il existe quatre cas de double croisement possibles pour chaque sexe, donc huit en tout.

Le double croisement occasionnel

Au masculin

Figure 39

Si vous êtes est un homme droitier défensif (croisement du bras gauche dominant le droit) et que votre jambe gauche couvre la droite (fig. 39), vous êtes en situation de déni total.

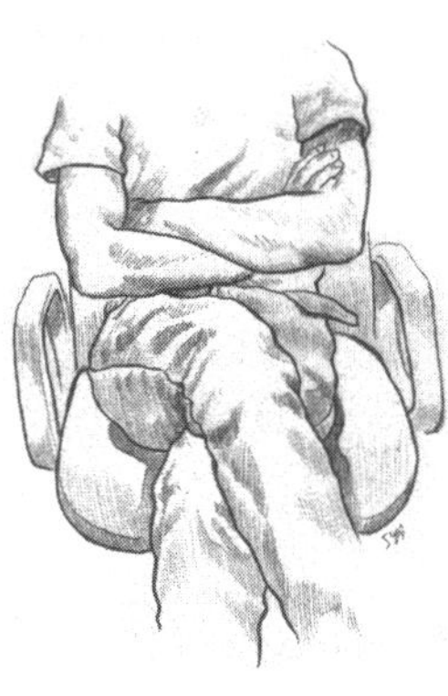

Figure 40

Si vous êtes un homme droitier défensif dont la jambe droite couvre la gauche (fig 40), cette alternative indique que vous craignez de perdre le contrôle de la situation.

Si vous êtes un homme droitier offensif (croisement du bras droit dominant le gauche) et que la jambe droite couvre la gauche (fig 41), l'attitude est clairement calculatrice, mais vous vous protégez des coups bas. Il est aussi possible que vous exprimiez ainsi votre ennui dans un débat qui s'enlise.

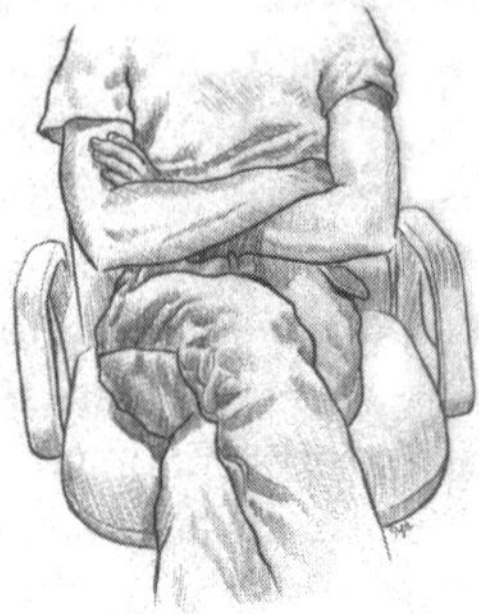

Figure 41

Si vous êtes un homme droitier offensif dont la jambe gauche couvre la droite (fig 42), Vous affichez votre insatisfaction, voire votre agacement.

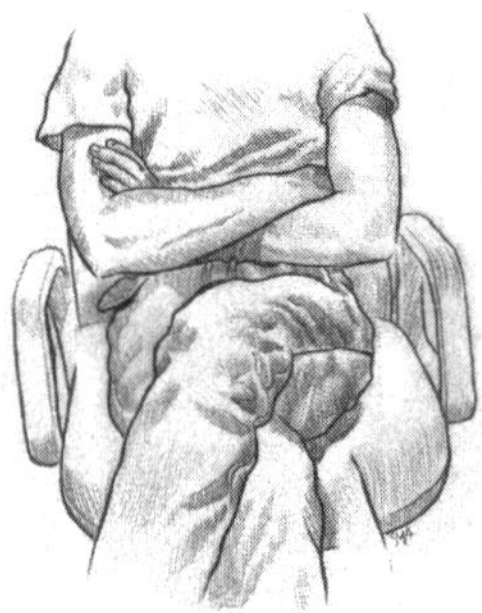

Figure 42

Au féminin

Si vous êtes une femme droitière défensive et que votre jambe gauche couvre la droite (fig 43), vous exprimez implicitement votre besoin de rompre le combat.

Figure 43

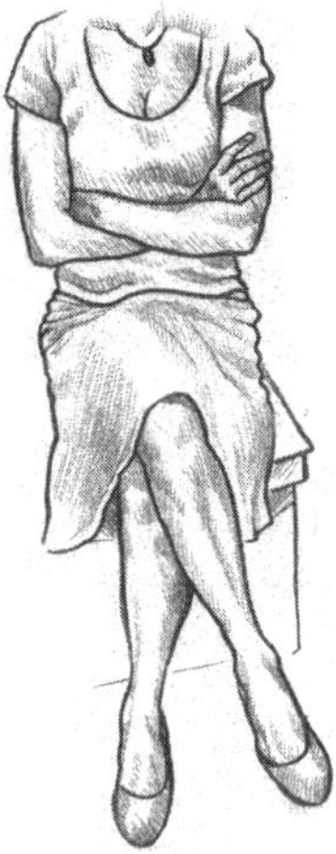

Figure 44

Si vous êtes une femme droitière défensive dont la jambe droite couvre la gauche (fig 44), vous avez clairement perdu le contrôle de la situation. Ne vous entêtez surtout pas à poursuivre l'entretien.

Si vous êtes une femme droitière offensive dont la jambe droite couvre la gauche (fig 45), vous faites face à la quérulence personnalisée. Rompez le combat et fuyez dans les meilleurs délais !

Figure 45

Figure 46

Si vous êtes une femme droitière offensive dont la jambe gauche couvre la droite (fig 46), vous vous enfermez dans une forteresse inexpugnable, mais à conquérir s'il s'agit d'une situation de séduction.

Si l'observation en temps réel de ces huit postures vous pose un problème, ce que je peux parfaitement comprendre, il suffit de vous souvenir que le double croisement est un panneau lumineux qui vous avertit d'un danger, si vous êtes le reproducteur de la posture et d'une fermeture mentale de l'autre, si vous êtes l'interlocuteur.

Les femmes en situation de crise ont plus tendance à reproduire un double croisement que les hommes.

LE SEXE DE LA DRAGUE

Une étude approfondie effectuée aux États-Unis démontre que 56 % des femmes abordées par un inconnu qui leur offre de boire un verre avec lui acceptent. Elles sont 6 % à se déclarer prêtes à le suivre chez lui. Et aucune à accepter une invitation à coucher dès le premier contact. L'étude n'a, il est vrai, pas essayé avec George Clooney. Réciproquement, si la femme invite l'homme pour un café, 50 % d'entre eux se laissent tenter. Le pourcentage de « réussite » atteint 75 % si l'inconnue suggère une partie de jambes en l'air.

Les règles de la drague ont sensiblement évolué depuis les années 1960, aujourd'hui les filles ont pris les devants et s'autorisent à faire les premiers pas. L'une des raisons principales de ce petit bouleversement du scénario amoureux classique, c'est l'impatience. Nos parents sont passés par des étapes strictement réglementées. Ils faisaient leur cour. « C'était un rite social extrêmement réglementé, assure Gilles Lipovetsky. L'homme avait à sa disposition toute une batterie de règles : on offrait des compliments, des cadeaux, on usait du langage romantique... » Et il fallait attendre et respecter un délai raisonnable avant d'oser ne fusse qu'un chaste baiser.

De nos jours, les hommes se féminisent et les femmes s'autorisent plus volontiers à agir à leur place. Beaucoup de garçons ont été élevés par une mère qui leur a répété « mon chéri, t'es le plus beau » et ils supportent difficilement d'être rejetés par les filles qui ne pensent pas comme leur mère.

Les femmes sont-elles devenues plus audacieuses que ces messieurs ? En fait, elles ne draguent pas comme eux. Les modes de séduction féminine sont tout en finesse et en subtilité. Bien qu'il existe des « machas » (le féminin de macho), le spécimen est plutôt rare sous nos latitudes. Même quand elles confient leur avenir amoureux à Meetic.com ou quand elles font une tour de piste dans un *speed dating*, les femmes demeurent des dragueuses *soft*, contrairement aux hommes. Elles choisissent celui qui leur plaît en lui faisant comprendre que la frontière est ouverte. Mais faire comprendre n'est pas dire. À la différence des hommes, les femmes investissent naturellement le langage non verbal (gestes, postures et habillement sexy) pour faire passer le message. Je vous renvoie à deux ouvrages : *Les Gestes de la séduction* et *Ces objets qui vous trahissent*, tous deux parus aux Éditions First, pour en savoir plus.

E

LE SEXE DE L'ÉCHEC

Figure 47

Les coudes sont enveloppés, les bras croisés (fig 47).

Cette variante est révélatrice d'un sentiment d'échec annoncé, donc prédictif mais non effectif. On rencontre pas mal de gens qui reproduisent automatiquement ce type de posture dans les aéroports ou les gares quand leur vol est retardé. Ils s'appuient sur le comptoir des *information desk* en protégeant leurs coudes. Geste frileux remarquable, l'ancrage des deux coudes à la fois s'observe aussi quand les ouvrières d'une entreprise en faillite font face à la caméra du 20 heures. Une reproduction fréquente de ce double ancrage peut laisser deviner une névrose d'échec installée. Cette attitude est plus féminine que masculine.

LE SEXE DES ÉCOLES MIXTES

On constate que l'école mixte n'a conduit à aucune harmonisation des intérêts des élèves, ni des chances professionnelles. Plusieurs études ont révélé que les élèves des classes mixtes manifestent des préférences plus marquées pour les activités de leur sexe : les garçons choisissent plus souvent les mathématiques ou les sciences, les filles plus volontiers les langues et les disciplines artistiques ou culturelles. Dans les écoles et les universités non mixtes, les filles développent une plus grande confiance en leurs capacités, précisément dans le domaine scientifique, et elles briguent plus volontiers, ultérieurement, des postes de direction. Faudra-t-il revenir aux écoles unisexes ?

La gestuelle des garçons qui fréquentent une école mixte est-elle identique à celle des garçons inscrits dans des écoles unisexes ? De même en ce qui concerne les filles ? Forcément, les garçons entre eux se conduiront comme des mâles en recherche d'amitiés viriles. L'absence de filles induit une liberté de parole qui influence une gestuelle plus brutale sans pour autant aller jusqu'à la violence. Ils n'ont pas besoin de séduire, mais de se plaire par voie d'identification à leur sexe. De même, les filles entre elles n'ont pas besoin de plaire à l'autre sexe mais de se plaire dans le regard de leurs amies. Ces microsociétés séparées sexuellement vivent leur sexualité de manière fantasmatique contrairement aux écoles mixtes.

Comment fonctionnent vos émotions ?

Nous avons tous besoin de nous identifier pour nous situer par rapport aux objets ou aux sujets qui nous entourent. Le phénomène de l'identification à notre environnement appartient totalement à l'activité psychique de l'hémisphère droit du cerveau, celui qui commande aux émotions et à l'imagination. Ainsi, un panorama splendide déclenchera en son sein une réaction bioélectrique associée au plaisir de voir ; une musique agréable exacerbera le plaisir d'entendre ou d'écouter les sons harmonieux qui pénètrent le cerveau droit par le canal auditif. Chaque événement est filtré par un ou plusieurs de nos sens à la fois avant d'être intégré ou rejeté par le système limbique. C'est ainsi que débute le phénomène de l'identification, sorte de jeu du miroir !

Ce qui vous plaît vous ressemble (qui se ressemble s'assemble, dit le bon sens populaire), ce qui vous déplaît est rejeté ! Les sens sont votre police des frontières. Ils censurent ou approuvent sans restriction, suivant le degré de ressemblance d'un stimulus avec l'image que vous percevez de vous-même. Les sons, les formes, les odeurs, les saveurs, les couleurs, etc., sont identifiés sans aucune intervention logique ou analytique de la partie gauche de votre cerveau. Vous réagissez instinctivement par l'attraction ou la répulsion immédiate à ce que vous considérez comme agréable ou désagréable. Dans cette optique, le croisement des jambes, qui est un refrain gestuel alternatif, est une réponse corporelle à ces facteurs. Une conversation agréable avec un homme qui vous plaît entraînera un croisement de la jambe gauche sur la droite. Un sentiment désagréable provoquera un croisement de la jambe droite sur la gauche, si vous êtes une femme droitière. Une rencontre agréable avec une femme génèrera un croisement de la jambe droite sur la gauche (croisement masculin droitier) tandis qu'une confrontation avec une femme ou un homme qui vous met en posture délicate provoquera une réaction inverse, jambe gauche sur jambe droite.

L'intelligence des émotions appartient de droit divin au profil du sensitif. Pour lui, aucun choix n'est dû au hasard, dans la mesure où le hasard est une notion logique qui dépend étroitement du mode d'appréhension privilégié par le cerveau gauche. Aucune association symbolique, aussi bizarre soit-elle, n'est insignifiante pour le cerveau droit.

En résumé, l'intelligence logique est la faculté d'abstraire le concret pour mieux en cerner les contours tandis que l'intelligence émotionnelle est la faculté de concrétiser l'abstraction des émotions qui président à nos sentiments. Cette dernière serait donc un mélange d'analogie, d'imaginaire, d'inspiration, d'intuition fulgurante et d'émotions. En réalité, l'intelligence émotionnelle (qui est aussi l'empathie) est une découverte récente dont l'objectif consiste à redonner des lettres de noblesse à un panaché de facultés que nos pédagogues déconsidéraient hier encore. L'émotion dévoyée, héritière d'une Cour des Miracles et des fantasmes de l'imaginaire, se retrouve ainsi sur le devant de la scène, en concurrence directe avec son ennemie indispensable : la sacro-sainte logique.

Il existe deux réalités émotionnelles dans le couple, celle de l'homme et celle de la femme. Des centaines d'études ont montré que les femmes manifestaient en général plus d'empathie que les hommes, du moins si on la mesure par la capacité de déchiffrer les sentiments non dits des autres à partir de l'expression de leur visage, du ton de leur voix et autres signaux non verbaux. De même, il est plus facile de lire les sentiments d'une femme sur son visage. Ceux d'un homme s'apparentent plus aux humeurs.

L'homme est thymique, la femme est anxieuse. La différence ? L'humeur est réactive, le sentiment est introspectif.

Si les émotions appartiennent à tous, la façon de les faire partager ou de les exprimer change selon le sexe. « Ce qui nous différencie depuis notre plus jeune âge, c'est la manière de les exprimer. Les hommes le font plus brusquement que les femmes qui, elles, les verbalisent mieux et les commentent longuement », souligne Alain Braconnier[1]. L'homme agit, la femme ressent. Cette différence se traduit dans le choix des mots et l'interprétation que chaque sexe en fait. Car les mots aussi véhiculent nos émotions.

Quand un homme et une femme racontent une même histoire, lui relate les faits, tandis qu'elle s'attarde sur la dimension émotionnelle du récit. Pour les mêmes raisons, les hommes disent rarement « je t'aime », histoire de ne pas paraître trop romantiques aux yeux de leur compagne. En revanche, tout comme une femme éprouve le besoin de nommer ses sentiments, elle ressent celui d'entendre les mots qui expriment ceux de son compagnon. « La femme ne voit jamais ce que l'on fait pour elle ; elle ne voit que ce que l'on ne fait pas », écrivait Courteline.

---

1. Alain Braconnier, *Le Sexe des émotions,* O. Jacob, 1996.

La femme est-elle plus émotive que l'homme ou tout simplement plus centrée sur son ressenti ? La mère apprend à son enfant à mieux se connaître, alors que le père, plus tourné vers l'extérieur, lui apprend à s'affirmer socialement. La spécificité des comportements affectifs propres à chaque sexe se retrouve aussi à travers la distribution des rôles parentaux.

« On sait que la testostérone, l'hormone mâle, émousse l'expression émotionnelle et inhibe les pleurs », explique Alain Braconnier. Les hommes ne pleureraient que dans des situations émotionnelles particulièrement intenses, un deuil, par exemple. À l'inverse, il arrive que certains jours, les femmes éclatent en sanglots sans motif apparent. Leur entourage doit-il en conclure qu'elles sont tristes, ou qu'elles souffrent, tout simplement, d'un déséquilibre œstrogènes-progestérone ? Bref, non seulement les hormones ont un sexe, mais leur effet est à la fois psychologique et physiologique. Des échographies du cerveau montrent que les hommes éprouvent des émotions aussi fortes que les femmes, même s'ils évitent de les montrer.

« Pour qu'un mâle ait un comportement adapté à son sexe, son cerveau doit, lui aussi, pouvoir faire le mâle »[1]. C'est le cerveau qui, en subissant une imprégnation hormonale différente, apparaît comme la clé de voûte de notre comportement. Notre rapport au monde est modifié selon que l'on naît fille ou garçon. « Bien que l'on tende dans nos société à minimiser la différence des sexes, il ne faut pas oublier que l'on a une pensée qui est d'abord fondée sur l'expérience du corps » remarque à son tour le psychiatre et psychanalyste Samuel Lepastier.

---

1. Jean-Denis Vincent, *La Biologie des passions,* Odile Jacob, 2002.

En résumé, on peut en conclure que l'expression émotionnelle masculine est thymique et réactive à son vécu tandis que l'émotion féminine est introspective et modulée par ses sentiments.

LE SEXE DE L'EMPATHIE

Il ne faut pas confondre l'empathie et l'intuition. L'empathie, ou capacité de ressentir ce que ressent l'autre, est une qualité typiquement féminine, même si une minorité d'hommes en sont également dotés. Les bébés montrent dès leur naissance des comportements émotionnels spécifiques, différents et bien marqués suivant leur sexe. À peine âgée de quelques heures, une petite fille manifestera déjà une grande réceptivité aux émotions de son entourage immédiat. Elle répondra par exemple aux pleurs d'un autre bébé alors qu'un garçon n'y prêtera aucune attention. En définitive, les femmes expriment plus facilement ce qu'elles éprouvent et perçoivent davantage ce que l'autre ressent. Elles ne sont pas plus émotives mais communiquent mieux leurs émotions.

Sympathie et antipathie

Sur le plan biologique, les sentiments de sympathie ou d'antipathie dépendent essentiellement de l'amygdale du cerveau. Le néocortex, qui n'est qu'un outil cérébral non affectif de reconnaissance, est court-circuité lorsque naît le sentiment d'antipathie ou de sympathie. Nous sommes en présence de pulsions attractives ou répulsives typiquement animales. Le fait de croiser les jambes est une réaction typique de ce sentiment particulier.

Quand un homme droitier croise la jambe droite sur la gauche, il est en sympathie avec son vis-à-vis. Quand il intervertit et croise la gauche sur la droite, le sentiment de sympathie disparaît sans qu'il soit pour autant question d'antipathie. Pour une femme droitière, le croisement de la jambe gauche sur la droite indique une ouverture de l'empathie, le croisement inverse ferme la porte à la convivialité[1].

Avant de faire quelque chose, une petite fille regarde le visage de sa mère et elle voit dans l'expression de celle-ci si la chose est permise ou défendue. Par la suite, on dira que les femmes sont intuitives et lisent merveilleusement sur le visage des autres... pas étonnant, elles n'ont fait que cela dans les premières années de formation inconsciente.

L'empathie est un miroir émotionnel. Les femmes expriment plus facilement ce qu'elles éprouvent et perçoivent davantage ce que l'autre ressent. Elles ne sont pas plus émotives, mais communiquent mieux leurs émotions. Ce qui nous amène à découvrir l'incontestable différence : les filles sont de plus grands lectrices que les garçons. Sept lecteurs de romans sur dix sont des lectrices. En classe de troisième, 82 % des filles interrogées projettent de passer un baccalauréat littéraire. Cette aptitude est étroitement liée à la supériorité langagière des filles sur les garçons, dès le plus jeune âge. Le sens de la communication largo sensu est donc une aptitude plus féminine que masculine.

L'intelligence sociale ou interpersonnelle de la population féminine observée au niveau des deux codes

1. Voir Le Sexe des jambes.

gestuels qui en attestent se monte à 34 % de la population féminine globale contre 27 % pour la population masculine. Ce type d'intelligence est l'un des fondements de l'empathie. Les personnes douées de ce type d'intelligence sont aussi très attirées par la culture et/ou les domaines socio-culturels.

F

LE SEXE DE LA FRIGIDITÉ

La frigidité peut être le fait de multiples facteurs, mais il ne faut pas confondre ceux qui relèvent de l'extérieur, de l'environnement, des partenaires, des répulsions aux odeurs, aux contacts etc., et ceux qui viennent des obstacles psycho-émotionnels et/ou qui peuvent sembler constitutifs, donc irrémédiables : manque d'appétit sexuel, contraintes éducatives morales ou religieuses intériorisées qui provoquent un refus du plaisir charnel. Certains obstacles extérieurs peuvent être contournés, d'autres comme les répulsions demandent une remise en chantier des conduites sexuelles.

Faut-il rappeler une évidence évacuée d'autorité par les magazines féminins : beaucoup de femmes ne connaissent jamais l'orgasme avec leur partenaire ? Un état d'atonie qui provoque un sentiment de culpabilité et surtout un état permanent d'obsession dont la connaissance de l'origine est sans intérêt, car il s'autoentretient dans ce que les informaticiens appellent une boucle, c'est à dire que l'effet, l'angoisse inexplicable, situe la cause de cette angoisse. Autrement dit, l'angoisse de ne pas parvenir à l'orgasme devient de fait le véritable obstacle à son apparition. C'est la peur d'avoir peur, la crainte de l'échec qui fait le lit de l'échec. L'orgasme se mue alors en déprime réactionnelle qui conduit les femmes atteintes de frigidité à avoir recours à la masturbation pour éprouver un orgasme. Les disciples d'Onan sont-ils plus nombreux chez les hommes que chez les femmes ? Étant donné que les veuves sont majoritaires et que la sexualité de la femme ne s'éteint pas avec l'âge, j'en déduis que nos compagnes nous battent à plate couture sur ce terrain.

Et la masturbation ?

Comment l'avouer au partenaire ? Si la femme éprouve du plaisir en se masturbant, sa frigidité repose sur un interdit du rapport sexuel inscrit dans son histoire personnelle. Il n'y a pas de frigidité véritable. Le problème est donc l'adaptation de la masturbation au phallus, qui demande « un certain temps », comme aurait dit autrefois Fernand Raynaud. L'expression « devoir conjugal » a fait beaucoup de dégâts dans l'esprit de nos grand-mères. Une pollution verbale qu'elles ont transmis à leurs enfants et ainsi de suite. Quand on décrit le plaisir charnel comme un devoir, il ne faut pas s'étonner que ce terme puisse être – encore de nos jours – à l'origine de conduites frigides de la part des femmes.

Et ces messieurs ?

La frigidité a-t-elle son pendant masculin ? Une éjaculation sans plaisir à la clef ! Elle existe effectivement chez des hommes qui entretiennent des rapports sexuels avec leur compagne dans un but uniquement reproductif. Ces hommes ne sont pas hétérosexuels, mais des homosexuels latents ou déclarés, mariés pour sauver les apparences et souscrire aux exigences familiales d'une descendance. J'en ai reçu plusieurs dans mon cabinet du temps où j'exerçais une pratique privée en psychothérapie. Excellents pères, mais très mauvais amants pour une épouse hétérosexuelle. L'un d'eux m'a avoué qu'il ne parvenait pas à obtenir une érection normale parce qu'il imaginait que le vagin de son épouse pouvait « avaler » son pénis. Un superbe exemple de castration imaginaire.

Et les aspects gestuels de la frigidité ?

Une femme qui porte des bagues à l'index gauche et au majeur droit pourrait être castratrice, méprisante et aussi susceptible de vous opposer un taux de frigidité pur et dur, si vous lui avouez vos petites perversions sexuelles. « Je protège mes préjugés », tel est le sens du couple de bagues.

Et celle qui porte une jupe longue qui lui descend jusqu'aux chevilles ? Ce ne sont pas ses gros mollets qu'elle tente de cacher ainsi mais sa peur des galipettes, quoi que vous en pensiez.

Si votre petite amie écrase sa poitrine sous plusieurs couches de vêtements serrés, elle vous signale que son identité sexuelle la gêne.

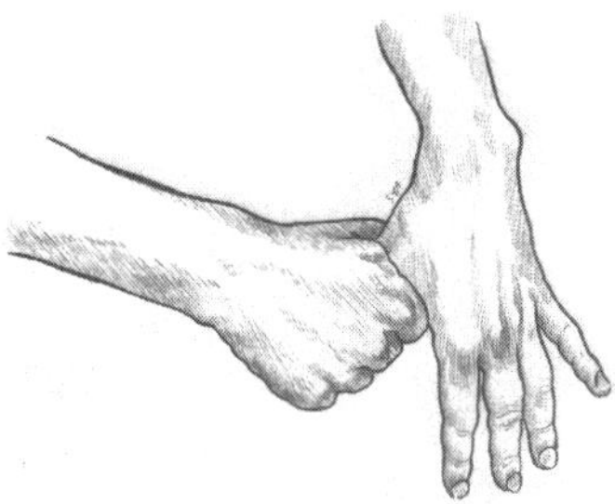

Figure 48

Si elle emprisonne souvent son pouce gauche dans sa main droite (fig 48), elle empêche ses émotions de prendre le dessus.

Il s'agit d'un signal de refus du plaisir sous toutes ses formes. Quant à sa sexualité, elle n'est plus qu'une image virtuelle perdue dans un passé nébuleux.

G

LE SEXE DES GENRES HUMAINS

Outre les genres masculin et féminin, la biologiste américaine Anne Fausto-Sterling en décrit trois autres : les personnes ayant des testicules et des organes génitaux féminins mais pas d'ovaires sont des pseudo-hermaphrodites masculins ou « merms » ; leurs équivalents féminins avec des ovaires et des organes mâles mais pas de testicules, des « ferms » ; enfin, les hermaphrodites qui ont à la fois des ovaires et des testicules sont des « herms ». Ces trois « genres » représenteraient 1,7 à 4 % des êtres humains. D'un point de vue anthropomorphique, la différence entre hommes et femmes n'est d'ailleurs pas aussi tranchée que dans les manuels de biologie. Entre les extrêmes hyper virils et hyper féminins, il existe d'infinies variations.

H

LE SEXE DE L'HOMOSEXUALITÉ

L'influence du stress sur la sexualité

Une étude citée par *Cerveau et Psycho*[1] révèle que « le cerveau des hommes homosexuels fonctionne différemment de celui des hétérosexuels. L'hypothalamus des homosexuels, plaque tournante du désir sexuel, s'active lorsqu'ils respirent un composé contenu dans la sueur d'autres hommes, alors que celui des hétérosexuels s'active quand ils respirent un composé d'urine de femmes. Plus précisément, la sueur des hommes contient une molécule nommée 4,16-androstadiène-3-one, et l'urine des femmes contient une molécule nommée estra-1,3,5(10), 16-tétraène-3-ol. Ces deux molécules n'ont pas d'odeur lorsqu'elles se propagent dans l'air : nommées phéromones, elles se logeraient dans de minuscules récepteurs qui tapisseraient le haut de la paroi nasale, activant des cellules nerveuses et, *in fine*, de l'hypothalamus, qui fait naître la sensation de désir. C'est en tout cas le constat qui a été établi par les biologistes chez le rat ou le chien. »

Pourquoi ressent-on une attirance pour telle personne et non pour telle autre ? Avons-nous tous notre

1. Patrick Ciofi, « Cerveau homosexuel : mythe ou réalité ? » in *Cerveau et Psycho*, n° 11, sept. 2005.

« empreinte digitale » phéromonale, combinaison de phéromones à laquelle chacun serait particulièrement sensible ? En définitive, pourquoi aurions-nous un fonctionnement biologique différent des mammifères dont nous faisons partie ?

Chez une rate en gestation, le stress fait augmenter la concentration en testostérone. La production étant très précoce, les neurones du fœtus ne sont plus protégés au bon moment de leur développement. L'hypothalamus des mâles est trop petit, et de tels animaux adoptent souvent un comportement homosexuel, parfois maternel ; toutefois, les petits mâles élevés avec des femelles sexuellement actives, donnent des mâles hétérosexuels, ce qui montre que le comportement sexuel n'est pas uniquement une question d'hormones, mais dépend de l'influence conjuguée de dispositions génétiques et hormonales ainsi que de l'expérience individuelle ou de l'environnement.

Pourquoi le stress féminise-t-il le cerveau ? On pense que dans des conditions de vie sociale difficiles, la féminisation des cerveaux mâles réduirait le taux de natalité au sein d'une communauté. Une telle explication est pertinente chez l'homme, dont le comportement sexuel est particulièrement dissocié de son objectif de reproduction et qui mène une vie personnelle orienté vers la recherche du plaisir. Chez l'homme, l'hypothalamus antérieur semble jouer un rôle majeur dans la préférence sexuelle : chez les homosexuels masculins l'hypothalamus antérieur contient moins de neurones que chez les hétérosexuels. Leur cerveau présente donc, de ce point de vue, une structure plus féminine. En outre, le stress prénatal conduirait plus fréquemment à une orientation homosexuelle chez les enfants mâles.

Cependant, les connaissances concernant l'homme sont encore éparses et n'ont souvent été obtenues que par extrapolation ou indirectement. Il n'est donc pas étonnant qu'elles suscitent des controverses. Les résultats d'expériences réalisées sur des animaux sont-ils transposables à l'homme ? Toutefois, on admet de plus en plus qu'il existe des bases biologiques à la préférence pour un partenaire sexuel du même sexe ou du sexe opposé. Les conditions du développement précoce du cerveau joueraient vraisemblablement un rôle important dans ces choix.

LE SEXE DES HORMONES

« Je crois qu'une telle idée ne peut germer que dans un cerveau féminin et notamment le vôtre », disait l'inspecteur Cradock à Miss Marple. Celle-ci répondait : « Il est possible que cela vous irrite, monsieur l'inspecteur, que les cerveaux féminins soient parfois supérieurs à ceux des hommes, mais il faudra malheureusement vous y faire. »

Cette réplique tirée de l'adaptation cinématographique du *Train de 16 h 50* d'Agatha Christie marqua, en 1962, une des premières attaques contre une conviction fermement ancrée dans les esprits depuis des siècles : la pseudo-supériorité intellectuelle des hommes. Hommes et femmes, en tout état de cause, n'ont pas exactement les mêmes façons de penser.

En 2002, la neurobiologiste canadienne Doreen Kimura, de l'université Simon Fraser observa que, de façon générale, les femmes sont supérieures aux hommes dans les tests linguistiques, et les hommes supérieurs aux femmes dans les tests de représentation spatiale. Leur facultés imaginaires leur permettent de mieux se représenter les objets en trois dimensions, ils se montrent aussi très adroits dans les exercices moteurs (lancer de fléchettes sur une cible, par exemple) ou les jeux consistant à attraper ou renvoyer un objet avec la main (jeux de frisbee, ballon, etc.). Le cerveau doit coordonner des informations sur la localisation de la cible, la direction et la vitesse des mouvements des mains, des bras et de l'ensemble du corps. Plus l'objet à viser se déplace vite, plus l'analyse spatiale doit être rapide, ce que les hommes réalisent avec plus de facilité. Ce qui explique la passion des hommes pour les billards électriques et les jeux vidéo !

Les femmes brillent en revanche dans les tâches motrices de précision. Leur maîtrise minutieuse des muscles de leurs doigts fait merveille dès lors qu'il s'agit d'effectuer des mouvements complexes. Le tricot, la couture, la dactylo, mais aussi le violon et autres instruments à cordes viennent en appui de cette affirmation. Des expériences ont montré que cette facilité ne dépend pas de la taille des mains ; ainsi, l'avantage des femmes dans ce domaine repose probablement sur des caractéristiques cérébrales.

Et la taille du cerveau ?

Devant l'avantage des hommes pour le traitement dynamique des données relatives à la position spatiale des objets en mouvement, les neurologues danois Bente Pakkenberg et Hans Gundersen se sont mis en quête de différences dans la structure cérébrale des hommes et des femmes. Ainsi, découvrirent-ils en 1997 que le cerveau de la femme est en moyenne de 10 à 15 % plus petit que celui de l'homme, et aussi plus léger. Une telle différence n'est pas seulement imputable à la différence de stature entre l'homme et la femme. Ils ont estimé d'après des mesures post mortem, que le cortex cérébral féminin contient 3,5 milliards de cellules nerveuses de moins que celui de l'homme, ce qui représente tout de même une différence de 16 % !

Mais ne concluez pas trop vite ! Le quotient intellectuel n'est pas lié à la taille du cerveau, ce qui signifie que la femme n'est pas moins intelligente que l'homme. C'est le nombre de connections entre les neurones qui détermine l'intelligence d'un individu et non la masse néocorticale. Par exemple, certaines personnes, dont le cerveau n'atteint que la moitié de la masse cérébrale moyenne (1 350 grammes) ont une intelligence normale compensée par le nombre de leurs connections interneuronales.

Les neurologues ont découvert que quelques amas de neurones de l'hypothalamus, nommés noyaux, sont de tailles très différentes chez l'homme et la femme. Cette zone cérébrale participe au contrôle du système hormonal et influe sur le comportement sexuel et sur la reproduction.

Les faisceaux de fibres nerveuses reliant les deux hémisphères cérébraux sont organisés différemment chez l'homme et chez la femme. Ces liaisons, nommées commissures, assurent la communication des deux hémisphères. La plus importante, le corps calleux, est constituée de quelques 200 millions de fibres nerveuses ; la zone postérieure du corps calleux véhicule des courants électriques plus intenses chez la femme que chez l'homme. Cela suggère que les hémisphères cérébraux (cerveau affectif et cerveau cognitif) interagissent plus fortement chez les femmes que chez les hommes.

De surcroît, chez les femmes, les deux aires cérébrales se ressemblent plus, anatomiquement, que chez les hommes, chez qui certaines structures des hémisphères se distinguent très nettement par leur taille ; quelques sillons cérébraux diffèrent également par leur forme et leur tracé ; l'asymétrie cérébrale est plus marquée chez l'homme. Or, de nombreuses fonctions cognitives, telle la capacité de représentation spatiale, l'aptitude au langage ou certaines activités motrices complexes, sont produites par un seul des deux hémisphères. Ainsi, les informations spatiales sont essentiellement traitées par l'hémisphère droit (le cerveau féminin), le langage par l'hémisphère gauche (le cerveau masculin). Notamment, le planum temporal masculin, une structure du lobe temporal (en avant de l'oreille gauche) intervenant dans la production du langage, est beaucoup plus développé dans l'hémisphère gauche que dans le droit.

Utilisant l'imagerie cérébrale et des tests interdisciplinaires, les chercheurs ont mesuré le rapport de force entre hémisphères, chez l'homme et chez la femme, dans diverses tâches cognitives. Les tests sur des mots permettent d'évaluer les capacités linguistiques et les figures géométriques, les aptitudes à traiter les informations spatiales. On a ainsi montré que chez l'homme, l'hémisphère gauche traite le langage et le droit les informations spatiales. C'est le cas dans une moindre mesure chez la femme, les hémisphères se partageant mieux les tâches.

Pour comprendre le cerveau féminin, il faut le considérer comme un organe sujet à des fluctuations. Le cycle menstruel introduit des variations de concentrations hormonales qui modulent le fonctionnement cérébral. Chez l'homme, les testicules libèrent de grandes quantités de testostérone, chez la femme, les ovaires sécrètent principalement de l'œstradiol et de la progestérone. Les glandes surrénales produisent également de petites quantités de ces hormones. Quand elles atteignent le cerveau, ces dernières se fixent sur leurs récepteurs.

Les hormones agiraient, dès avant la naissance, sur la capacité de représentation spatiale et d'orientation. Plusieurs indices plaident en ce sens. Le plus spectaculaire est l'hyperplasie congénitale des surrénales, qui résulte d'une exposition *in utero* à des concentrations excessives d'hormone mâle. Ainsi les filles ont des organes sexuels masculinisés au point que l'on peut hésiter sur le choix du sexe. Si une opération chirurgicale peut gommer le défaut anatomique, et si après la naissance, un traitement hormonal normalise les concentrations, le cerveau a déjà subi l'influence de l'hormone mâle durant son développement précoce. Si ces filles présentent des différences de traitement cognitif avec les autres, on peut en déduire que ces écarts sont dus à l'exposition à la testostérone durant le développement embryonnaire. Elles seront plus viriles que la moyenne.

Lorsqu'on les soumet à des tests cognitifs, on s'aperçoit qu'elles ont des capacités de traitement des figures géométriques tridimensionnelles supérieures à la moyenne des filles, et proches de celles des garçons (certaines championnes de tennis, par exemple). On a découvert que ces petites filles optent pour les jouets des garçons, tels que les autos, les avions et les jeux de construction, et qu'elles s'intéressent moins... aux poupées ou aux dînettes. L'excès d'hormone mâle semble laisser des traces dans la trame de leur comportement.

Inversement, les hommes nés avec des concentrations en testostérone anormalement basses ont plus de difficultés que les autres avec le maniement des figures géométriques. La testostérone est-elle l'hormone du sens spatial ?

Mais par-delà, une concentration faible en testostérone peut-elle expliquer l'attirance sexuelle de certains hommes pour leur propre sexe (voir le sexstress) ?

I

LE SEXE DE L'IMMATURITÉ

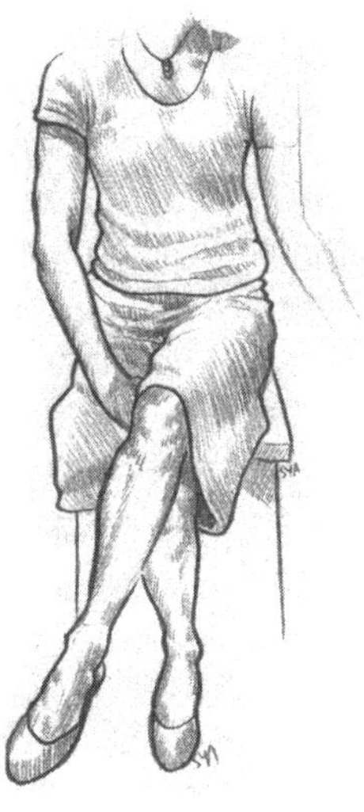

Figure 49

Elle croise les jambes en glissant l'une de ses mains entre ses cuisses avant de me répondre (fig 49).

En fait, elle vient de retourner sa veste sans avertissement. L'insertion de la main entre les cuisses est un signe de versatilité. Venant d'un femme ou d'un homme adulte, cette posture trahit un tempérament immature ou une incapacité à maîtriser une situation du type situation d'examen.

En principe, la recherche du plaisir est privilégiée par l'individu qui entretient une relation gestuelle privilégiée avec cette partie de son corps. Les enfants non pubères affectionnent cette zone corporelle. Ils s'endorment volontiers en insérant leurs mains pressées l'une contre l'autre entre les cuisses serrées. Geste de réassurance chez un enfant craintif ou mal aimé, l'insertion de la main entre les cuisses est une pénétration factice plutôt reproduite par des jeunes filles ou des jeunes femmes frustrées par manque de maturité ou par une insatisfaction sexuelle. Ce qui ne veut pas dire que les hommes immatures n'existent pas. Ils sont plus nombreux qu'on ne le pense. Plus on monte dans la hiérarchie d'une société, plus l'immaturité des cadres masculins responsables explose. Plus on descend dans la hiérarchie d'un groupe professionnel, plus l'immaturité féminine s'impose.

LE SEXE DE L'INFIDÉLITÉ

« Les hommes que je vois en consultation, me confie un confrère, – donc le petit nombre d'entre eux qui voit un psy – sont extrêmement respectueux des femmes, explique-t-il. Même trop : ils rasent les murs. La plupart craignent de passer pour le mauvais objet ; le mauvais père, le mauvais mari, celui qui ne sait ni écouter ni comprendre. Cette terreur de ne pas être à la hauteur, c'est la crainte de ceux qui ne savent pas ce qu'ils veulent. Je suis frappé par ce non désir des hommes. Ils n'ont même pas celui, élémentaire, de savoir ce qu'ils veulent. Parfois, ils trompent leur femme et ne comprennent pas pourquoi ! D'ailleurs, la décision de rompre est encore souvent prise par les femmes. En matière d'infidélité, le sexe dit faible n'est pas toujours celui qu'on imagine. »

Femmes volages ou femmes frigides.

La femme a, par conséquent, le choix : accéder rapidement aux demandes de l'homme ou faire durer le suspense pour mettre son compagnon à l'épreuve du temps. Cette conduite n'est pas gratuite bien que la plupart des femmes n'en ont pas conscience. Elle se fonde sur un principe essentiel pour la femme en recherche d'un compagnon qui sera le père de ses enfants : *le degré de résistance de ce dernier à la frustration*. Les hommes qui en bénéficient ont plus de succès auprès des femmes, car ils sont sécurisants en matière de pérennité du couple, comme nous le verrons dans la réflexion qui suit.

Selon Richard Dawkins, il existe des femmes timides ou frigides et des femmes volages dans toutes les sociétés. Pour le prouver, il imagine une société hypothétique où toutes les femmes seraient frigides (elles refuseraient fréquemment les avances des hommes et attendraient longtemps avant de se décider, n'étant pas animées de forts désirs sexuels). Or, dans un tel contexte, l'arrivée fortuite d'une femme volage (au hasard d'une mutation touchant son hypothalamus, par exemple) bouleverserait la donne. Rapidement, elle prendrait ses rivales de vitesse, perdant moins de temps qu'elles avant de procréer. Ses gènes se répandraient en quelques générations dans la population. Nous habiterions dans un monde peuplé de femmes volages, où les hommes seraient dispensés de faire leur cour, de se sentir frustrés et de prendre des engagements pour participer à l'éducation des enfants. C'est là que le bât blesse : un tel monde serait peuplé d'hommes infidèles ne procurant aucune aide à leurs partenaires. Les femmes volages seraient alors obligées d'assumer seules les charges familiales et seraient désavantagées devant de nouvelles femmes timides qui exigeraient la fidélité de l'homme. Il se produirait alors un mouvement de balancier, aboutissant à une proportion de femmes volages et une proportion de femmes frigides ou timides. Divers modèles informatiques privilégient un équilibre stable comportant environ 80 % de femmes timides (frigides) et 20 % de femmes volages, contre 60 % d'hommes fidèles et 40 % d'hommes infidèles.

Il faut mettre en phase ce qui vient d'être énoncé avec la libéralisation des mœurs sexuelles qui est intervenue dans les années 1960. Plus de liberté a conduit à plus d'irresponsabilité et fatalement plus de séparations ou de divorces. Les filles mères d'une autre époque sont devenues des familles monoparentales dans lesquelles l'image du père fait partie des chromos d'Épinal. Pour ce qui est des pourcentages statistiques évoqués, j'aurais plutôt tendance à croire qu'ils concernent un éventail de population restreint. Malgré le danger du sida, les jeunes filles du XXIe siècle n'hésitent pas à étrenner leur sexualité avec des précautions pour certaines d'entre elles, mais pas pour la majorité, hélas. À mon avis, les femmes timides de cette étude ne correspondent pas aux femmes urbaines et actives, constamment sollicitées par les marchés du sentiment ou du sexe confondus. Meetic, un portail de rencontres sur internet a proposé un système de rencontre vidéo sécurisé. 200 000 femmes françaises se sont directement abonnées à ce nouveau mode de rencontre amoureuse.

L'infidélité diffère par deux hormones hypothalamiques : la vasopressine et l'ocytocine. Le campagnol des champs monogame précédemment évoqué a nettement plus de récepteurs de la vasopressine et de l'ocytocine que son cousin volage, le campagnol des montagnes. Mais les hommes ne fonctionnent pas forcément comme des rongeurs. Ils n'osent plus se montrer intrusifs, pénétrants, ils n'osent plus se positionner dans leur virilité. Il ne faut pas s'étonner que certains souffrent d'éjaculation précoce ou soient confrontés à une baisse du désir. D'où des conduites de séduction hors champ conjugal qui doivent permettre à ces hommes diminués de faire la preuve de leur virilité. Pour passer de la théorie à la pratique, je vous propose de vous enseigner l'art des regards croisés dans la rue.

Petit cours de drague express

Peut-on déceler des différences gestuelles entre une femme mariée ou non disponible affectivement et sa consœur célibataire ? De même, existe-t-il des gestes ou des postures qui permettent de distinguer les hommes mariés des célibataires endurcis mais pas trop ? Mis à part l'alliance glissée à l'annulaire gauche des sujets observés, bien malin qui pourrait repérer la différence entre ces deux états civils. Et encore, l'absence de cet anneau ne garantit pas la liberté amoureuse. Il peut être pacsé, elle vit sans doute en concubinage. Allez donc savoir !

J'ai pourtant observé des différences d'attitudes significatives dans les deux sexes entre les cœurs libres et ceux qui ne le sont plus.

Les femmes célibataires et libres, toutes ne le sont pas, n'utilisent pas leur regard de la même manière que les autres femmes. Quand vous croisez une FCL (femme célibataire et libre) dans la rue et que vous accrochez son regard, elle ne détournera jamais les yeux pour vous effacer. Soit elle vous renverra un regard intrigué, voire interrogateur, soit elle vous fera sentir dans l'instant que vous n'êtes pas son type. Ce micromessage passe par les yeux mais aussi par certaines contorsions subtiles de la bouche. Toute la scène se déroule en l'espace de quelques secondes. Si la place est déjà occupée, elle évitera de partager cette communication visuelle instantanée en zappant à l'instant-même où vous tenterez d'accrocher son regard. La femme mariée ne vous renverra un message visuel que si elle est disponible pour une aventure sur le pouce.

Vous devez vous dire qu'il n'est pas facile de traiter ce genre d'information en temps réel et d'y apporter une réponse adéquate en cas d'ouverture possible.

Tout dépend de votre capacité à jouer de votre regard tout en analysant celui de votre cible. Tout est une question d'automatismes acquis. Comme c'est le cas pour toutes les disciplines, il faut s'entraîner sans brûler les étapes. La première de ces étapes consiste à discipliner votre propre regard en l'associant à votre imagination. La seconde consiste à classer le regard de l'autre dans une de ces trois catégories :

a) regard introverti
b) regard extraverti
c) regard neutre

Le regard introverti est un regard tourné vers l'intérieur, il ne vous regarde pas, il vous voit mais ne réagit pas au contact visuel. En revanche, le regard extraverti vous renvoie le message, qu'il soit positif ou non. Enfin, le regard neutre est un regard non lumineux, voire éteint. Il ne vous voit pas et ne vous regarde pas.

Quel que soit votre sexe, quand vous aurez maîtrisé cette première étape et que vous serez capable de classer automatiquement chaque regard que vous croiserez, vous pourrez passer à la phase suivante. Maîtriser veut dire automatiser l'observation de ce premier élément. Il y a chez l'homme ou la femme disponible une luminosité particulière du regard qui annonce cette ouverture affective ou sociale. Vous apprendrez à la déceler en multipliant l'application de cette première étape.

Pour l'étape suivante, il vous faudra descendre d'un étage : la bouche et ses quatre mimiques de base.

Mimiques de la bouche

- L'ébauche d'un sourire
- Les lèvres du mépris
- La placidité (pas de réaction labiale)
- La grimace

L'ébauche d'un sourire

Il s'agit plus d'un défi que d'une invitation, si l'on se reporte au sourire féminin.

Aurez-vous l'audace de l'aborder, mais surtout comment vous y prendrez-vous pour ne pas être ridicule ? En toute logique, ce « presque » sourire indique que la porte est entrouverte, mais que la chaîne de sécurité est mise. En revanche, le sourire masculin n'est pas un déclencheur quand il précède celui de l'inconnue croisée dans la rue. La femme propose, l'homme dispose.

Les lèvres du mépris

Vous êtes recalé(e).

La placidité

Elle correspond au regard neutre.

La grimace de côté

Votre inconnu(e) vous fait savoir que vous ne correspondez pas aux canons qu'il ou elle se fait de la beauté fascinante.

Bonne chasse !

LE SEXE DE L'INSTINCT DE SURVIE

Nous ne sommes pas tous logés à la même enseigne en ce qui concerne cet instinct fondamental. Question de milieu de vie, de prix socioculturel accordé à la longévité de l'individu pour ne citer que deux facteurs qui raccourcissent ou prolongent notre existence !

Selon Boris Cyrulnik, d'habitude, un enfant n'est pas un survivant, c'est un vivant qui remplit son monde psychique par le simple fait de s'épanouir et d'apprendre à vivre. Un nouveau-né qui a failli mourir de toxicose et qui a survécu grâce à la réhydratation n'est un survivant que dans l'esprit des adultes, puisqu'un bébé n'a pas conscience d'avoir frôlé la mort.

Une affirmation que je peux contredire très facilement en me référant aux histoires vécues à la naissance ou autour de celle-ci par les quelques centaines de patients que j'ai soumis à une régression hypnotique jusqu'à la naissance. Ces patients avaient tous une soif de vivre largement supérieure à la moyenne de leurs contemporains et un instinct de survie étonnant. La péripétie de leur naissance difficile les a marqués inconsciemment. Plusieurs d'entre eux étaient des prématurés, d'autres avaient éprouvé une souffrance fœtale évidente. Mais je repasse la parole à Boris Cyrulnik : « En revanche, après l'âge de six ans, quand son développement lui permet de se représenter la mort, il comprend qu'il a failli succomber. Dès lors, cette représentation imprime en lui un psychisme de survivant. Cette situation n'est pas rare. Elle permet de comprendre comment un événement réel dans le monde extérieur (guerre ou famine) inscrit dans le monde intérieur de l'enfant une trace émotionnelle qui prend sens, et façonne un intime sentiment de soi : Je suis celui qui en a réchappé[1]. »

Les filles sont plus résistantes que les garçons et bénéficient d'un meilleur instinct de survie car elles doivent assurer la continuité de l'espèce humaine. Et puis, un homme suffit pour engrosser vingt femmes tandis qu'une seule femme ne peut accoucher de vingt bébés sans en payer le prix. Les femmes ont donc plus de valeur ajoutée que les hommes et les sociétés qui considèrent la naissance d'une fille comme un malheur et celle d'un garçon comme une bénédiction sont des sociétés suicidaires.

Affectif ou cognitif ?

Ce paramètre est fonction du mode de croisement des doigts et de la dominance des pouces.
L'étude réalisée porte sur une observation de 230 hommes et 191 femmes.

1. Boris Cyrulnik, *Un merveilleux malheur,* Odile Jacob, 1999.

Hommes

Statut	Code	Nombre d'individus	%
Affectif	AF	138	60 %
Cognitif	COG	92	40 %

Femmes

Statut	Code	Nombre d'individus	%
Affectif	AF	106	55 %
Cognitif	COG	85	45 %

L'instinct de conservation idéal se situe à 50/50 %. Encore une fois, les femmes bénéficient d'un meilleur instinct de conservation ou de survie que les hommes, partant d'une étude transversale sur une population non spécifique. Les veuves sont toujours plus nombreuses que les veufs. L'équilibre entre désir et plaisir est un gage de longue vie.

LE SEXE DE L'INTELLIGENCE

Si la communication interindividuelle se limitait à un échange verbal, la société humaine ne serait qu'une vaste entreprise de télécommunications où chacun aurait l'écouteur de son portable incorporé dans l'oreille interne et un micro greffé sur les cordes vocales. Notez que le succès phénoménal du portable n'est peut être que le stade préhominien de l'homme alphanumérique !

Dans cette perspective totalitaire du verbe, le mot tout puissant élimine tout autre mode de communication et réduit les relations interpersonnelles à un échange basique de faits et d'impressions égocentriques. Gestes, attitudes corporelles et mimiques du visage passent à la trappe. L'image s'efface au profit d'un tsunami de sons déversé dans l'oreille complaisante de l'auditeur. Les extravertis psychogestuels qui ont tant besoin de communiquer de visu avec les autres sont dominés par les introvertis psychogestuels qui se communiquent aux autres sans avoir besoin de les rencontrer physiquement. Car le succès du portable repose essentiellement sur l'adhésion massive des introvertis, grands bavards devant l'Éternel, dès qu'ils peuvent accrocher leur portable à l'oreille gauche. Moins sociables que les extravertis, les introvertis apprécient ce mode de communication qui leur permet de briller sans se montrer et sans se trahir. Ce sont eux qui squattent les chats du web. Si on leur interdisait l'accès au réseau téléphonique, tout le secteur de la téléphonie serait en faillite. Car les extravertis utilisent le mode verbal de manière beaucoup plus pragmatique et privilégient surtout la rencontre physique au détriment du rendez-vous téléphonique.

Certains scientifiques avancent l'hypothèse selon laquelle le mode de communication verbal ne représenterait que 20 % de tous les modes de communication utilisés par l'homme. Quel intérêt ont-ils à minorer un mode au détriment d'un autre ? Il est évident que le geste, les attitudes corporelles, les mimiques du visage et le ton de la voix sont des dimensions aussi indispensables à une communication globale que celle du verbe. Mais ces dimensions-là sont-elles vraiment signifiantes ? À l'opposé, les fanatiques du discours dénient toute signification aux gesticulations qui animent le corps humain et affirment haut et fort que c'est le verbe qui a fait l'homme et non l'inverse.

La Bible nous raconte qu'après l'épisode de la tour de Babel, les hommes on cessé de parler le même idiome et se sont dispersés sur la Terre, car ils n'arrivaient plus à se comprendre. Les gestes sont restés identiques à eux-mêmes, mais le discours commun a explosé en une multiplication de dialectes. De nos jours, on considère la diversité des langues comme une richesse culturelle. Mais faut-il exclure l'unicité du langage gestuel de cette richesse culturelle ?

Et l'intelligence humaine ?

La parution récente d'un livre écrit par une psychiatre américaine, Louann Brizendine, intitulé *The Female Brain* (Le cerveau féminin) rallume la guerre des sexes, dont l'enjeu pourrait bien être l'intelligence.

À en croire cette éminente spécialiste du cerveau, les hommes et les femmes viennent au monde équipés de façon très différente, pas seulement entre les cuisses mais également entre les oreilles. C'est un peu comme les serviettes dans la salle de bain d'un couple. Il y a le cerveau de l'homme et celui de la femme, on ne mélange pas ! Louann Brizendine pose un préalable scientifique démontré par de nombreuses études d'IRM (Imagerie par Résonnance Magnétique). Les hommes et les femmes sont susceptibles d'effectuer des opérations intellectuelles similaires, mais empruntent des circuits différents. Ce serait en quelque sorte une question d'architecture corticale, certaines zones étant plus ou moins développées selon le sexe. Aucune incidence sur l'intelligence en soi, seul le comportement diffère, note Brizendine.

Elles sont plus intuitives et excellent dans la résolution des conflits. Elles parlent plus vite et utilisent quasiment le double de mots dans une journée, comparativement aux hommes. Quant à eux, ils bénéficient d'un meilleur sens de l'orientation et d'une capacité d'abstraction plus élevée, affirme Louann Brizendine qui se défend d'exploiter des stéréotypes. Son credo est simple : Le cerveau unisexe n'existe pas. Comme en écho à son propos, les résultats du million de participants à un test de QI en ligne indique que le QI moyen des femmes est de 103,1 alors que celui des hommes est de 106,9. Une donnée forcément appelée à changer, car les femmes ne vont sûrement pas en rester là. Il faut dire que cet écart est peu significatif. Pour qu'il le soit, il aurait fallu catégoriser les sujets, c'est-à-dire les classer en fonction de critères de classe sociale, de niveau d'instruction ou d'autres encore. Car l'intelligence subit, malgré tout, une influence éducative qui la favorise ou non.

À priori, les gènes de l'intelligence sont concentrés sur le chromosome X, transmis par la mère à ses enfants. Mais l'intelligence humaine dépend aussi d'une multitude d'autres facteurs : environnement familial, éducation reçue et patrimoine génétique, notamment. Les chercheurs ont constaté que les gènes de l'intelligence sont répartis différemment suivant le sexe. Ils ont analysé une partie des données génétiques issues du projet de séquençage du génome humain et ont confirmé certaines hypothèses antérieures selon lesquelles les gènes de l'intelligence étaient bien localisés sur le chromosome X, le chromosome sexuel féminin. Ces gènes sont effectivement environ quatre fois plus nombreux sur le chromosome X que sur les quarante-quatre autres chromosomes. Une femme a deux copies du chromosome X, un homme une seule, ce qui explique pourquoi il y a plus d'hommes que de femmes atteints de déficiences intellectuelles. Hélas ! Pour ces messieurs. Où est la parité biologique[1] ?

D'après les éthologistes, l'idée selon laquelle la présence des gènes de l'intelligence permet une sélection plus rapide ne suffit peut-être pas à expliquer l'avènement de l'homme au détriment des autres espèces. Il suppose que l'individu « intelligent » transmette ses gènes à une nombreuse descendance et, par conséquent, qu'il plaise aux femelles de son espèce. On peut en déduire qu'un homme séduira davantage les femmes s'il est intelligent... ou malin. Si la beauté d'un homme (le prince charmant) peut représenter un critère de sélection dans l'imaginaire des jeunes filles en fleur, ce critère narcissique ne comble pas l'essentiel du message culturel transmis par la mère : « Possède ! Et tu seras en sécurité, ma fille ! » L'homme pourvu d'une intelligence active (instinct de survie et savoir faire) attirera fatalement plus de femmes que celui qui n'apportera que des atouts plastiques dans sa corbeille génétique.

Comment les choses se passent dans le règne animal ?

Ce sont presque toujours les femelles qui choisissent les mâles en fonction de leurs qualités de séduction. Cette séduction tient au fait que chaque femelle dis-

1. En réalité, les QI des femmes se répartissent sur une courbe de Gauss étroite (elles ont pour la plupart une intelligence proche de la moyenne), tandis que, chez les hommes, cette courbe est plus étalée : il y a davantage de QI très supérieurs à la moyenne, mais aussi des valeurs très inférieures. Dans le même ordre d'idées, on constate que les quatre formes d'intelligence masculine se valent dans la distribution ci-dessous (27 à 23 %). Ce qui n'est pas du tout le cas des femmes chez lesquelles les écarts à la moyenne sont largement supérieurs.

pose d'un capital limité d'ovules, en comparaison du capital « sperme » : elle doit donc choisir son partenaire avec soin. Ainsi, la femelle du paon choisit les mâles dont les plumes sont les plus impressionnantes. Toutefois, ce critère a comporté des effets pervers : il a conduit les paons à acquérir des plumes toujours plus longues et plus colorées, excès qui peut présenter des inconvénients, car à force d'être toujours plus vives, les couleurs attirent les prédateurs, et à force d'être toujours plus longues, les plumes gênent l'oiseau dans sa fuite ! Le paon n'est d'ailleurs pas le seul à être allé un peu trop loin dans l'acquisition de ces caractères sexuels secondaires. À l'ère quaternaire, le cerf géant mégacéros a disparu à cause de la course aux... ornements. Sa ramure immense, atout de séduction, a fini par le gêner dans ses déplacements dans les forêts toujours plus denses et les prédateurs ont eu raison de lui.

L'intelligence – arme de séduction et arme de domination – a peut-être assuré le développement de l'espèce humaine. Il semble donc que nous devions notre intelligence à des femmes qui, il y a plusieurs millions d'années, ont commencé à choisir leurs partenaires en fonction de leurs capacités intellectuelles, dont l'instinct de survie et le savoir-faire sont des déclinaisons essentielles. Dans le jargon économique d'aujourd'hui, on dirait que ces femmes ont investi des capitaux à risque placés sur du long terme avec un flair incontestable. Un tel investissement a porté ses fruits en termes d'évolution de la race humaine.

Les formes d'intelligence

J'ai posé l'hypothèse qu'il y avait peut-être un rapport entre la forme d'intelligence et deux refrains gestuels basiques sur les trois qui définissent le profil psy d'un individu. Il s'agit du mode de croisement des doigts et du mode d'écoute téléphonique.

L'intelligence logique ou spéculative appartient respectivement aux profils cartésiens et narcissiques.
L'intelligence sociale ou interpersonnelle fait partie intégrante des profils idéalistes et tribaux.
L'intelligence intuitive ou empirique appartient aux profils créatifs et sensitifs.
L'intelligence pratique ou fonctionnelle concerne les profils relationnels ou celui du challenger.

Vous retrouverez ces profils dans le « sexe des profils psychogestuels » !

Étude statistique des formes d'intelligence

Sexe	Intelligence sociale	Intelligence créative	Intelligence pratique	Intelligence logique	Total des observations
Féminin	187	108	171	92	558 indi.
%	34	19	31	16	100
Masculin	139	126	128	115	508 indi.
%	27	25	25	23	100
Total H/F	326	324	299	207	1 006 individus
%	31	22	28	19	100

Cette étude se fonde sur une population observée au hasard des rencontres, donc non spécifique. C'est ce que je nomme une étude transversale, par opposition à l'étude verticale qui concerne la population d'un groupe, d'une tranche d'âge ou d'un milieu particulier (cinéma, politique, sport, adolescents, etc.) dans lesquels les pourcentages peuvent varier du tout au tout.

On constate qu'il n'y a pas de différences très significatives entre les différentes formes d'intelligence chez les hommes : l'intelligence sociale culmine à 27 % et la cote la plus basse concerne l'intelligence logique à 23 %. Tous les groupes sont assez équilibrés, ce qui n'est pas du tout le cas chez les femmes. Deux formes d'intelligence sortent du lot : l'intelligence sociale/interpersonnelle avec 34 % et l'intelligence pratique/fonctionnelle avec 31 %. Les femmes sont moins créatives et moins logiques. En revanche, les intelligences sociale et pratique remportent 65 %, ce qui correspond effectivement aux secteurs d'activité qui favorisent l'élément féminin de notre population. Plus de praticiennes et moins de théoriciennes, plus de compassion ou de psychologie et moins d'investissement dans l'imaginaire. L'intelligence pratique est aussi fonctionnelle, ce qui laisse sous-entendre que les femmes seraient plus à leur place dans des postes à responsabilités que dans des fonctions subalternes. Contrairement à ce qui est admis dans notre type de société, les hommes seraient moins responsables dans leur ensemble (25 %) que les femmes. Il est vrai que les femmes ont la charge d'élever les enfants, une occupation qui consolide leur sens des responsabilités. Elles ont moins besoin de créer, mais plus le devoir de pérenniser, les femmes seront donc plus conservatrices que les hommes.

Le delta de 7 % qui départage l'intelligence sociale entre les hommes et les femmes est considérable. Il correspond bien cependant à l'image socio-professionnelle sur laquelle débouchent toutes les professions qui requièrent ce type d'approche intellectuelle. À l'inverse la différence de 6 % entre hommes et femmes pour ce qui concerne l'intelligence créative prouve que la liberté dont bénéficient les hommes leur permet de mieux se consacrer à saisir les opportunités de carrière ou à développer leurs idées. Qu'en serait-il si les femmes étaient soulagées de leurs charges familiales, donc mises sur un pied d'égalité avec les hommes, pour s'investir dans leur cursus professionnel ?

LE SEXE DE L'INTUITION

En psychologie, l'intuition est essentielle. Grâce à elle, le clinicien (ou le chercheur) est transporté au cœur du sujet et appréhende ce qu'il a d'unique et par conséquent d'inexprimable. Henri Bergson.

Comme le dit Gavin de Becker, il y a deux bonnes raisons d'écouter son intuition : elle se déclenche toujours en réponse à quelque chose et elle a toujours à cœur notre intérêt personnel. Quoiqu'il arrive, elle ne nous fait pas perdre notre temps.

Lorsque nous évaluons notre relation à quelqu'un, il est important d'écouter les signaux envoyés par notre corps. Y prêter un peu d'attention peut nous aider à évaluer notre rapport à certains individus. Une personne nous fait peur. Les signaux que nous envoient notre corps sont : sentiment d'inconfort dans notre ventre, chair de poule, accélération du rythme cardiaque, froid dans la poitrine, nausée, mains moites. Une personne nous attire. Les signaux que peut nous envoyer notre corps sont : relâchement des épaules, sensation de légèreté ou chaleur dans la poitrine, picotements dans les mamelons, gonflement du pénis ou du clitoris.

Les signes intuitifs qui nous guident en ces moments décisifs sont des intuitions viscérales d'origine limbique, ce que Damasio nomme « des marqueurs somatiques », des sentiments instinctifs. Un marqueur somatique est une sorte d'alarme automatique dont le rôle est d'attirer l'attention sur le danger potentiel présenté par telle ou telle ligne d'action. Le plus souvent, ces marqueurs nous détournent d'un certain choix contre lequel notre expérience nous met en garde, mais il arrive aussi qu'ils nous signalent une occasion à ne pas manquer. Dans ces moments-là, nous ne nous rappelons généralement pas des expériences particulières à l'origine de notre sentiment négatif, seul importe l'avertissement qui nous est donné. Chaque fois qu'apparaît un tel sentiment négatif, nous avons la possibilité de nous décider avec plus de confiance, et donc de réduire l'éventail de nos choix. En bref, pour rendre plus saines nos décisions personnelles, il faut être en accord avec nos propres sentiments.
Évidemment, les femmes font plus confiance à leurs intuitions que les messieurs pour une raison élémentaire : les femmes sont plus investies dans leur corps et plus à l'écoute de celui-ci.

LE SEXE EN ISLAM

« J'ai toujours pensé que la réforme de l'islam commencerait avec les femmes. L'islam a un problème avec la modernité et la modernité passe par les femmes », a déclaré Salman Rushdie à Martine Gozlan de l'hebdo *Marianne* du 11 février 2006.

Les femmes musulmanes vivant en France sont plus contrôlées et réprimées aujourd'hui. « *Il y a dix ans, j'étais plus libre à Paris qu'à Alger. Maintenant, c'est l'inverse.* » Voilà le genre de phrases qu'on entend prononcer, comme des évidences. Dans notre société en voie de désintégration, nous constatons d'une part, une tendance au repli communautaire, et d'autre part, l'émergence de formes très inquiétantes de précarisation et de marginalisation des jeunes françaises de religion musulmane.

Et le voile ?

Si nous faisons référence à l'histoire du voile, nous voyons bien que c'est une forme de domination voulue par les Églises et les religions sur les femmes pour les cacher, dissimuler leur corps, oblitérer leur sexualité, etc. Souvent, il leur arrive d'accepter le voile parce qu'elles ne peuvent pas faire autrement. Elias Sanbar, le grand spécialiste de la Palestine, écrit : « On voit de plus en plus de femmes voilées, mais on voit aussi beaucoup plus de femmes arabes, musulmanes dans l'espace public. » C'est toute l'ambivalence du voile.

Selon Alain Touraine[1], au début de la fameuse affaire du voile, ce sont les enseignants qui s'exprimaient, surtout les chefs d'établissement. Par la suite, ce sont les femmes laïques, venant du monde maghrébin, qui ont exprimé leur soulagement de pouvoir enlever le voile.

---

1. *Nouvel Obs* du 30 mars 2006.

Les Algériennes qui s'étaient battues contre le voile en Algérie disaient : « Vous n'allez tout de même pas céder en France sur ce point ! ».

De la difficulté d'être une femme en Islam

Pour vous éclairer l'esprit sur la place des femmes en Islam, je vous rapporte ce texte paru dans le *Courrier international* du 16 février 2006.

« Pas facile d'être journaliste et femme en Arabie Saoudite. Le journal saoudien Asharq Al-Awsat a mené l'enquête. Deux en un ! Ce slogan pourrait s'appliquer aux chauffeurs des femmes journalistes dans le royaume saoudien. Dans ce pays où les femmes n'ont pas le droit de conduire et où deux personnages de sexe opposé n'ont pas le droit de se retrouver en tête à tête, le rôle de chauffeur ne se limite pas à conduire la journaliste à ses rendez-vous. Il faut souvent développer des compétences qui vont au-delà de la conduite automobile : prendre des photos dans des endroits sensibles, infiltrer des milieux d'hommes interdits aux femmes ou encore mener des entretiens avec des responsables politiques qui refusent de recevoir une femme. Beaucoup de ces chaperons vont jusqu'à développer des réflexes propres à la profession et connaissent les stratagèmes permettant d'obtenir une photo ou d'enregistrer une conversation. Toutefois, si les chauffeurs aident les journalistes femmes à exercer leur métier, ils consacrent également le contrôle de ces vaillantes représentantes du quatrième pouvoir – la presse – par le cinquième pouvoir – celui de la société des mâles. Car, pour pouvoir se rendre au moindre rendez-vous, la journaliste doit aussi supplier père, mari, frères... et toujours le chauffeur.

Noura Al-Howeiti, journaliste au quotidien *Al-Riyadh*, s'est débarrassée de son chauffeur, qui lui reprochait constamment les longues heures d'attente. En se mariant, elle a fait de son conjoint son assistant, son photographe occasionnel, son envoyé spécial pour tout ce qui concerne le monde des hommes. La collaboration se passe si bien qu'elle le consulte désormais au sujet de certaines questions de société sur lesquelles elle travaille. Ainsi, elle souligne le rôle que son mari a joué lors de ses enquêtes sur les enfants des rues (de Riyad) et pour prendre des photos d'abattoirs lors de la fête du Sacrifice (Aïd El-Adha). Quant à Rawdha Al-Jizani, journaliste au quotidien *Al-Jazira*, elle explique qu'elle est obligée de se faire accompagner par son mari pour avoir accès à certains milieux de l'administration gouvernementale et pour interroger certains responsables, chez qui l'idée qu'une femme puisse être journaliste est loin de faire l'unanimité. Malgré la disponibilité de son mari, elle se plaint des difficultés qu'elle rencontre pour se déplacer, ce qui l'empêche souvent d'avoir accès rapidement à différentes informations. Nadia Fawwaz, du quotidien *Al-Watan*, est la mieux lotie puisqu'elle ne dispose pas seulement d'un chauffeur immigré, mais peut également compter sur son mari et son frère. Comme elle le dit elle-même, au bout de quatorze années de métier, elle a "mobilisé tout l'entourage familial pour son travail". son mari, son frère et son chauffeur ont tous développé une sensibilité professionnelle, au point qu'il leur arrive de lui rappeler certaines questions lors de ses interviews. »

« C'est en voulant réparer le manque de "reconnaissance" de la part de l'homme dans le jeune âge que les femmes à l'âge adulte se précipitent vers le miroir tendu par l'homme. Or dans ce miroir, la femme ne voit pas son image mais celle que l'homme a d'elle[1] ».

Les femmes sont-elles encore sous tutelle ? Sous la tutelle du regard masculin ? « Tout sauf Ségolène ! » Cri du cœur en chœur de ses amis politiques au sein du parti socialiste. « Tout sauf une femme pour nous représenter » pourrait être la traduction de cette opposition frontale à la candidature de la femme politique à la magistrature suprême. L'image que les hommes du parti de Mitterrand avaient de Ségo était-elle à ce point effrayante qu'il fallait la rejeter manu militari ? De quoi avaient-ils peur ? De devoir obéir à l'image maternelle ? De perdre leur pouvoir séculaire ? La force était pourtant avec eux, aurait dit Obi-Wan Kenobi dans *La Guerre des étoiles*.

---

1. Christiane OLIVIER, *Les Enfants de Jocaste*.

J

LE SEXE DE LA JALOUSIE

Orgueil, vanité, prétention sont les attributs que la femme juge insupportable chez son compagnon. L'excessive fierté des mâles, hommes ou bêtes, n'est pas qu'un mythe. L'Oenanthe Leucura, un petit oiseau noir à queue blanche, originaire du sud-ouest de l'Europe, peut transporter à la saison des amours jusqu'à 10 kg de pierres, uniquement pour impressionner la femelle qu'il convoite. Le volatile en question pèse 40 g. Imaginez un homme qui pèserait 75 kg, soit 187 fois le poids de l'oiseau, transportant près de deux tonnes de pierres pour séduire son coup de cœur !

L'homme est possessif, la femme est jalouse. Quelle différence ?

La jalousie est plus marquée chez les femmes. Je vous propose de justifier mon propos.

Pour expliquer l'importance de l'amour jaloux, tirons les enseignements des mœurs animales. Les animaux ont eux aussi leurs comportements protecteurs et jaloux, dus à des mécanismes de transmission du patrimoine génétique. Lorsqu'une femelle s'accouple avec un mâle, elle transmet son patrimoine génétique à ses petits, mais elle court le risque que le mâle assure la descendance d'autres femelles. Si tel est le cas, les petits de la femelle peuvent subir la compétition de demi-frères qui ne porteront pas son patrimoine génétique. En termes darwiniens, la jalousie s'impose. Les femelles non jalouses ne protègent pas leur patrimoine génétique : elles disparaissent. De plus, un mâle occupé par d'autres relations consacre moins de temps et d'énergie au service de la portée, et la progéniture est désavantagée : soit une seconde justification de jalousie.

Les hommes et les femmes étant régis pour certains aspects de leur comportement, par les mêmes instincts génétiques que les autres mammifères, on peut tirer du comportement animal quelques leçons sur la jalousie féminine. Les femmes redouteraient que l'homme se fixe ailleurs de façon durable, car il priverait les enfants d'une partie de leurs ressources. De fait, dans un couple, la femme souffre quand elle a l'impression que son partenaire tombe amoureux d'une autre femme, car cela laisse présager un abandon de domicile. Comment interpréter, dans ce cas, que l'homme pardonne moins volontiers une simple infidélité à sa partenaire ? Parce qu'un homme est guidé par son instinct de possession. Son épouse est sa moitié, elle lui appartient corps et biens. Selon Hans Werner Bierhoff, c'est tout simplement parce que l'homme n'avait pas le moyen de savoir, jusqu'à très récemment, si un enfant était de lui ou d'un autre mâle. Les hommes ne possédant pas de gènes d'« intransigeances aux incartades » se voyaient donc bernés par d'autres mâles dont ils élevaient les enfants. Leur patrimoine se trouvait menacé, ce qui explique que les gènes actuellement présents dans le génome masculin prédisposent à la sévérité en la matière. La notion de patrimoine est essentielle pour comprendre cette possessivité masculine. Quand un homme fait l'amour avec une femme, il la possède. Quand une femme fait l'amour avec un homme, elle se donne.

LE SEXE DES JAMBES

Attractif ou répulsif ?

Nous fonctionnons tous comme des aimants de polarité contraire dès que nous sommes en présence d'autrui. Toute relation interpersonnelle entraîne de manière animale une attraction ou une répulsion instinctive. Qui plus est, si on y ajoute un contexte particulier, comme une situation d'examen ou d'exception.

Le croisement des jambes est un refrain gestuel alternatif qui traduit la météo de vos humeurs en temps réel. Il est commandé par l'amygdale du cerveau, donc par les émotions, elles-mêmes filtrées par le cerveau droit. Si vous êtes un homme droitier, vous croiserez la jambe droite sur la gauche quand vous maîtrisez la situation ou en situation de sympathie. C'est la posture attractive. Si cette même situation vous met mal à l'aise, vous passerez automatiquement en position répulsive, jambe gauche sur la droite. Pour les gauchers, il suffit d'inverser les rapports. Si vous êtes une femme, c'est le contraire. Vous êtes en position attractive, jambe gauche sur jambe droite et répulsive, jambe droite sur jambe gauche.

Le flux émotionnel

Une femme droitière intègre ses énergies positives dans la partie gauche de son corps et ses énergies négatives dans la partie droite. Pourquoi ? Tout simplement parce que la femme est identifiée sexuellement à l'anima ou élément féminin dont la modélisation est inscrite dans l'aire cérébrale droite. Et cette aire commande la partie gauche du corps. Un homme droitier intègre ses énergies positives dans la partie droite de son corps et ses énergies négatives dans la partie gauche. Il est fatalement identifié sexuellement à l'animus ou élément masculin qui est inscrit dans l'aire cérébrale gauche. Point. Quand un homme droitier croise la jambe gauche sur la droite, il exprime sa négativité ou son antipathie (répulsivité). Quand il croise la droite sur la gauche, il passe en mode positif ou sympathique (attractivité). Une femme qui croise la jambe gauche sur la droite est attractive, elle maîtrise la situation. Droite sur gauche, elle est répulsive et ne maîtrise plus rien du tout, même et surtout si elle vous donne l'impression du contraire. Observez le jeu de jambes de votre interlocuteur et réagissez immédiatement s'il passe en mode répulsif. Interrogez-le sur un sujet qui le concerne et vous constaterez qu'il décroisera les jambes pour adopter le mode attractif ! Le but du jeu est de conserver votre interlocuteur dans la position attractive pour pouvoir conclure ou le convaincre de rejoindre votre camp.

La météo des jambes

En situation de communication verbale, les jambes sont incontrôlables, elles voyagent en permanence. Elles se réfugient sous le siège, se croisent, se décroisent, s'étendent, se retendent, s'agitent, elles sont sans repos. Ces manifestations corporelles sont parfaitement visibles mais difficile à suivre. Pour certains, ce ne sont que des gesticulations insignifiantes pouvant éventuellement traduire un état de stress. Cela peut paraître vrai si vous sortez ces gesticulations de leur contexte. Cependant, en superposant le contexte qui justifie cette agitation des jambes, vous vous apercevrez très vite qu'elle dépend étroitement d'un paramètre essentiel : l'atmosphère du débat.

Interviewée en plateau par un animateur, une jeune femme expose son cas, le visage torturé par le souvenir de ses souffrances. Elle croise la jambe droite sur la gauche. Assise à ses côtés une autre intervenante sourit à la caméra, elle est jolie et elle le sait. Son croisement de jambes gauche sur droite indique qu'elle apprécie le voyeurisme de la caméra.

Ce type d'observation est monnaie courante. Si vous souhaitez vous exercer, le meilleur cours de jambes croisées est l'émission de Jean-Luc Delarue : *Ça se discute !* La succession des pensées qui traversent l'esprit génère ce genre de réaction corporelle mécanique, quel que soit le contexte dans lequel se situe le sujet observé. Mais il prend toute son importance à partir du moment où l'on replace cette alternance de croisements dans un contexte polémique ou fortement « émotionnalisé » comme l'émission citée.

Pourquoi avons-nous besoin de croiser les jambes ? N'est-il pas plus naturel d'enraciner ses pieds dans le sol ? Observez les gens assis autour de vous, vous n'en trouverez pas beaucoup dont les deux pieds reposent sereinement sur le plancher des vaches. La plupart des individus croisent les jambes sous la table ou leurs chevilles sous la chaise.

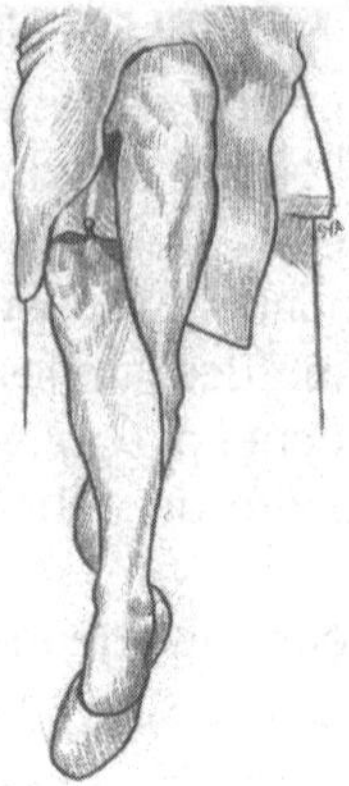

Figure 50

Certains même, les femmes surtout, entortillent la jambe gauche de leur jambe droite et vice-versa. (fig 50)

La jambe boa est une constante gestuelle qui traduit un fort sentiment de frustration. Ce type de posture est essentiellement féminin.

Les inversions

Le croisement de jambes est aussi une manière de se rassurer face à un contexte stressant, disqualifiant ou déstabilisant pour l'ego du sujet observé. Vous remarquerez que vous ne croisez jamais les jambes ou les chevilles quand vous êtes en situation de détente. Par exemple, quand vous êtes installé dans un transat et que vous profitez du soleil sans penser à tous les soucis qui vous attendent au retour des vacances.

Figure 51

En revanche et en tant qu'homme, si vous êtes assis dans un sofa, jambes étendues devant vous, *il vous arrivera souvent de croiser la cheville gauche sur la droite alors que vous regardez tout bêtement la télé (fig 51).*

La posture est confortable et vous pourriez objecter que vous ne situez pas les raisons pour laquelle elle est classé répulsive. Tout simplement parce que vous êtes sous l'influence des images télévisuelles qui vident votre cerveau de sa substantifique moelle. En règle générale, si vous prenez la peine de vous observer, vous remarquerez que le croisement inverse de celui qui indique votre identification sexuelle se reproduit instinctivement dès que votre climat mental est perturbé. Quand la frustration, l'insatisfaction, un sentiment d'infériorité, etc. est au menu du jour, l'homme droitier croisera la jambe gauche sur la droite et la femme droitière, la droite sur la gauche. Deux postures répulsives très confortables, s'il faut en croire les personnes interrogées. Ils se dissimulent derrière un mensonge de circonstance pour ne pas devoir admettre en public leur sentiment de malaise ou de mal être. La réaction est évidemment normale. Personne n'aime se mettre à nu psychologiquement.

S'identifier à son sexe pour maîtriser

L'alternance des croisements de jambes ou de chevilles traduisent les fluctuations du climat mental, quel que soit le contexte de la reproduction de ces croisements. Chez un individu de sexe masculin, la jambe droite dominante (posture attractive) implique une intervention du cerveau gauche, soit un climat mental qui maîtrise la réception des informations en provenance de l'extérieur. La jambe gauche dominante (posture répulsive) implique une intervention du cerveau droit, soit un climat mental vulnérable parce que les émotions du sujet sont perturbées. La réception des informations l'est également. Chez une femme, le croisement gauche sur droite dépend du contrôle émotionnel du cerveau droit. C'est là qu'intervient toute la différence entre hommes et femmes. Une femme ne se protège jamais aussi bien quand faisant appel à l'identification sexuelle inscrite dans son cerveau droit. Elle maîtrise la situation quand elle s'affirme en tant que femme. Elle en perd le contrôle si elle doit faire appel au rationalisme du cerveau gauche. Entre les mains d'une femme, l'émotion est une arme offensive redoutable. Chez un homme, elle trahit une vulnérabilité combattue depuis l'aube des temps par l'éducation initiatique des peuplades primitives ancestrales jusqu'à nos jours. Un homme doit être fort, maître de ses émotions, courageux face au danger, audacieux et identifié à son cerveau gauche, donc à la partie droite de son corps.

Les modes de croisement

Revoyons en résumé le sens des différents modes de croisement des jambes en fonction des sexes !

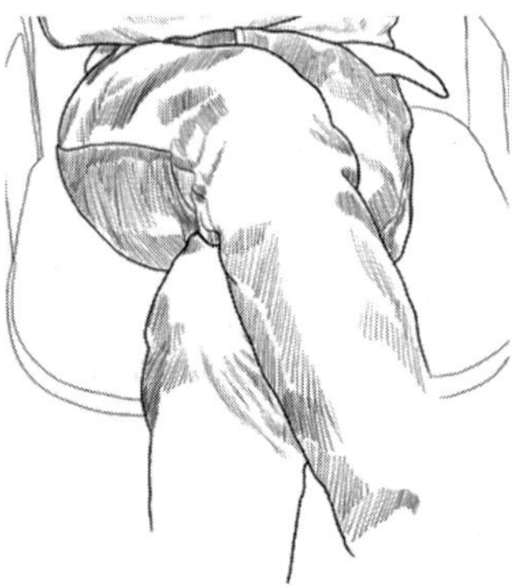

Figure 52

Votre interlocuteur (masculin et droitier) croise les jambes. La jambe droite couvre la gauche (fig 52).

La jambe droite est commandée par l'aire cérébrale gauche, c'est-à-dire le cerveau cognitif. Si la raison l'emporte sur les émotions, la jambe droite supplante la jambe gauche dans le code gestuel. Il contrôle la situation. La posture est attractive.

Votre interlocuteur (masculin et droitier) croise les jambes. La jambe gauche couvre la droite (fig 53).

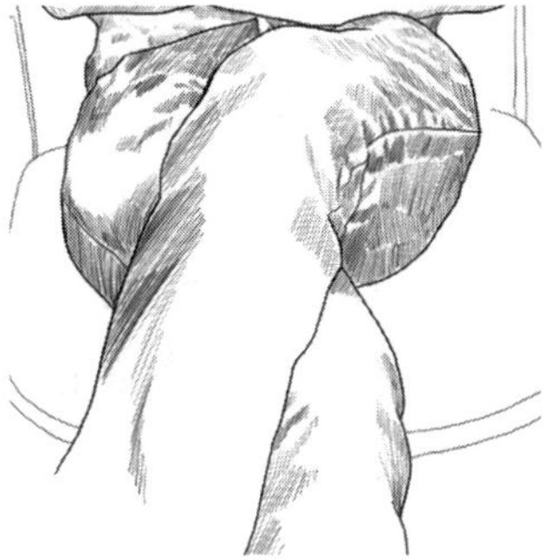

Figure 53

La jambe gauche est commandée par l'aire cérébrale droite, le cerveau affectif, qui, par définition, est plus vulnérable dans un contexte de négociation. Il a perdu le contrôle de la situation. La posture est répulsive.

Figure 54

Votre interlocutrice droitière croise les jambes à hauteur de la cuisse, en position assise. La jambe gauche couvre la droite (fig 54).

Une superposition de la jambe gauche sur la droite chez une femme est une manière de mettre en avant son statut de femme et de signaler qu'elle est à l'aise et/ou ouverte mentalement. La posture est attractive.

Figure 55

Votre interlocutrice (droitière) croise les jambes à hauteur de la cuisse. La jambe droite couvre la gauche (fig 55).

Le sujet féminin ne peut se sentir à l'aise dans un rôle qui n'est pas le sien. Elle exprimera instinctivement son désaccord ou son anxiété de cette manière. Cas de figure inverse de la combinaison précédente. La posture est répulsive.

LE SEXE DES JEUX

Hartwig Hanser rapporte l'anecdote suivante dans *Cerveau et Psycho* : « Félix a quatre ans et essaie depuis dix minutes de prendre la pelle de la petite Florence. À force de taper, tirer et pousser, il finit parlui arracher l'objet. La petite pleure. Devant ce spectacle, la maîtresse baisse les bras : "Il n'y a rien à faire, ce sont les garçons". Cette scène classique d'école maternelle révèle, dans leur expression la plus précoce, les différences innées de comportement entre filles et garçons. Les psychologues commencent à prendre cette différence très au sérieux. Pourtant, on a longtemps cru que le comportement plus agressif et dominant des garçons était le fruit de leur éducation. De même, depuis les années 1960, les psychologues pensaient que les filles aiment jouer à la poupée, parce qu'on leur met ces jouets dans les mains. »

Des recherches récentes révèlent que l'environnement joue un rôle mineur dans cette orientation fille-garçon, qui aurait des bases génétiques et culturelles ancestrales et se manifesterait dès le plus jeune âge. Les hommes seraient par nature différents des femmes, certaines différences étant détectables dès la naissance, comme je l'ai déjà évoqué. Des observations faites en 1967 avaient montré qu'à peine âgés de quelques heures, les garçons sont plus turbulents. Ils sont plus difficiles à calmer et ont des mouvements plus brusques. Dès l'âge de six mois, ils cherchent à s'imposer vis-à-vis d'autres enfants, davantage que les filles. Ils prennent les jouets qu'on ne veut pas leur donner, préfèrent les objets comportant un mécanisme, petites voitures ou autres machines, tandis que les filles préfèrent jouer avec des peluches ou des poupées. En outre, ils s'intéressent davantage aux objets interdits, cherchent à transgresser les règles et, dès trois ans, aiment les jeux à risques et les bagarres.

À l'école maternelle, les garçons établissent des hiérarchies, ce qui évite les confrontations : cette régulation des groupes ne semble pas se produire chez les filles. Les garçons établissent ces hiérarchies en ayant recours à des menaces, parfois des affrontements physiques. Dès l'âge de trois ou quatre ans, ils soignent l'image du « petit dur ». Il faut impressionner les autres. Les filles en viennent moins souvent aux mains, sans pour autant renoncer totalement à l'agressivité. Dès la maternelle, leurs armes sont plus subtiles. Par exemple, elles menacent volontiers de rompre les relations avec leurs amies. Les femmes sont les reines du syndrome d'abandon. Dans les séparations ou les divorces, une majorité de femmes en prennent l'initiative au grand dam de leur partenaire.

Elles abandonnent leur conjoint de peur d'être abandonnées, sans oublier de lui trouver un remplaçant avant de rompre.

Les jeux des garçons, les jeux des filles

Ces études s'inscrivent dans le cadre d'un débat sur l'égalité des chances entre hommes et femmes dans les postes à responsabilité dans l'industrie, l'administration, la politique, la recherche, par exemple. Souvent, on avance l'argument que les hommes occupent encore une majorité de postes clés parce que l'éducation des femmes ne les pousse pas à privilégier leur carrière. Le problème se situe ailleurs. Les femmes sont surtout investies dans le besoin d'être estimées, les hommes dans la stimulation de la confiance qu'ils s'accordent.

L'éducation serait encore coupable de cantonner les femmes dans leur fonction de maternage. Dès l'âge de deux ans, on parle de ségrégation des sexes, chaque enfant préférerait les activités du parent du même sexe. Est-ce une question d'instinct ou d'éducation ? Et si c'était une question d'imprégnation ? La fille d'une mère ambitieuse professionnellement le sera-t-elle moins que sa génitrice ? La fille d'une mère au foyer adoptera-t-elle automatiquement le modèle maternel ? Ce serait faire fi des différences héritées par delà les parents, c'est à dire des facteurs héréditaires qui sautent toujours les générations. La mère d'une athlète de haut niveau n'est presque jamais une championne sportive, même si cela peut arriver. Il ne faut pas occulter l'évolution des mentalités qui pousse la plupart des femmes à entrer en compétition avec leurs homologues masculins.

Différences culturelles ou innées ?

Les psychologues Horst Nickel et Ulrich Schmidt-Denter, de l'université de Düsseldorf, ont mis à l'épreuve l'efficacité d'une nouvelle méthode en comparant le comportement de plus de quatre cents enfants, âgés de trois à cinq ans, ayant fréquenté deux types de crèches : des crèches traditionnelles ou des crèches parentales.

Après les mouvements sociaux de 1968, certains jeunes parents voulurent mettre un terme aux rôles ancestraux attribués à l'homme et à la femme, qu'ils interprétaient comme une relation de soumission. Un projet vit le jour : celui de dispenser à des enfants une éducation exempte de répression et identique pour les deux sexes. On s'attendait à ce que le comportement des garçons et des filles s'harmonise tout naturellement, et peut-être même à ce qu'il n'y ait pas de différence. Les parents organisèrent leurs propres crèches, dans des petits locaux désaffectés : des crèches parentales. L'objectif était d'y résoudre les conflits sans agressivité, en privilégiant la coopération et la solidarité. Il n'était pas question d'inculquer aux enfants le rôle traditionnel de chaque sexe. La consigne était : pas de poupées pour les filles, pas de petites voitures pour les garçons.

Les psychologues constatèrent que les jeux dans les crèches parentales étaient moins conflictuels, mais pour une raison très simple : les filles cédaient presque toujours. On s'aperçut que les différences de comportement entre les deux sexes étaient beaucoup plus marquées et correspondaient davantage aux clichés habituels que dans les crèches classiques ! Les garçons se révélaient beaucoup plus agressifs et en venaient fréquemment aux mains pour résoudre les conflits. L'absence de jouets sexués est une erreur fondamentale. Le besoin d'identification sexuelle de l'enfant passe par les objets qui le situent par rapport aux groupes de filles ou de garçons. En revanche, les filles se retiraient souvent de bonne grâce et étaient plus anxieuses et plus dépendantes que leurs petites camarades des crèches conventionnelles. Ce n'est qu'à cinq ans qu'elles paraissaient avoir peu à peu appris à se défendre.

Malgré d'autres tentatives, les psychologues ne purent obtenir aucune preuve convaincante que les différences entre filles et garçons résultaient de l'éducation. La psychologue munichoise Doris Bischof-Köhler est convaincue, quant à elle, que l'on peut expliquer les différences de comportement par le seul fait que les parents chercheraient à conforter leurs enfants, au cours des premières années, dans des comportements conformes à leur sexe. En fait, ils ne cherchent pas à conforter ces comportements, ils les induisent tout naturellement. L'attitude des parents vis-à-vis d'une fille ne ressemble en rien à celle qu'ils reproduisent avec un garçon. Le ton, le choix de vocabulaire sont différents, fondamentalement différents.

Et sans l'influence des parents ?

En Israël, dans les kibboutzim, à partir des années 1950, on chercha à instaurer une égalité absolue entre les sexes et à libérer les femmes du poids de l'éducation des enfants. L'ensemble des activités était ouvert aux deux sexes et les femmes adoptaient un aspect extérieur similaire à celui des hommes. Le maquillage et les vêtements féminins y furent proscrits. Les enfants vivaient, non pas dans des familles traditionnelles, mais dans des maisons gérées par un personnel spécialisé, hors de l'influence parentale. Cette éducation sans distinction de sexe, était censée gommer l'apparition de comportements spécifiques entre filles et garçons.

L'anthropologue américain Melford Spiro étudia les effets de ces innovations au cours des années 1956 à 1958. Malgré les consignes du personnel, garçons et filles s'orientèrent vers les comportements sexués ; notamment, les garçons se mirent à jouer avec des petites voitures ou à la guerre et les filles à reproduire les conduites de leurs mamans avec des poupées. M. Spiro reprit son étude vingt ans plus tard pour voir ce qu'étaient devenus les anciens enfants du kibboutz. Il constata que les filles, loin de s'être émancipées et de choisir les mêmes professions, valeurs et objectifs que les hommes, étaient revenues à la répartition traditionnelle des rôles entre les femmes et les hommes. Au lieu de revendiquer l'abolition des inégalités et des discriminations subsistantes, elles réclamaient avec véhémence le droit d'élever leurs enfants dans leur propre foyer. Elles s'opposaient à l'idéal d'égalité absolu des sexes. Initialement convaincu que les différences de comportement avaient une origine exclusivement culturelle, l'anthropologue en conclut qu'il devait exister d'autres « déterminants non culturels », facteurs biologiques ayant un effet notable sur le comportement des deux sexes. Des déterminants culturels transmis par le patrimoine génétique, notamment, comme c'est le cas de certains talents dominants qui nous sont transmis par-dessus la tête de nos géniteurs (oreille musicale, capacité sportive de haut niveau, capacités artistiques ou bosse des maths). Pourquoi pas certaines constantes culturelles inscrites dans le patrimoine héréditaire qui nous caractérise ?

LE SEXE DE LA CAPACITÉ DE JUGEMENT

Il est avéré que les hommes et les femmes ont des capacités différentes quand il s'agit de juger leurs contemporains. Les femmes sont plus douées pour se mettre à la place d'autrui, et leurs jugements sur les autres sont généralement plus pertinents. Cette meilleure perception résulterait du fait que les jeunes filles apprennent dès leur plus jeune âge à écouter, à consoler et à être sensibles aux sentiments de leurs semblables. Le processus de socialisation aiguise le sens relationnel, l'intuition et les facultés d'observation. En outre, les femmes sont plus attentives que les hommes à leurs propres émotions. Elle prennent plus souvent leurs décisions en se fiant à leur instinct... c'est-à-dire à leur complexe amygdalien. Plus que les hommes, elles utilisent leur hémisphère gauche, siège des centres du langage. Plus intuitives, maîtrisant mieux le langage, elles ont plus facilement accès à autrui.

La posture du jugement dernier

Quand une femme observe un homme avec lequel elle s'entretient, elle aura tendance à détourner légèrement la tête vers la droite. Cette rotation met l'accent sur l'œil gauche, celui qui dépend du cerveau droit.

Les hommes ont plus tendance à regarder leur interlocuteur de face en optant pour une semi-rotation de la tête vers la gauche, ce qui met l'accent sur l'œil droit, celui qui dépend du cerveau gauche. L'œil gauche est plus empathique ou instinctif, l'œil droit est plus analytique.

La rotation du chef

La rotation latérale de la tête, tout en conservant le regard dans l'axe, est un refrain gestuel alternatif et parfois fonction du sexe du reproducteur. Claire Chazal détourne toujours la tête vers la droite, vigilance binoculaire sur l'œil gauche : une femme de défi sans contestation possible.

C'est un critère de gestion du territoire, à l'instar du croisement des bras. Ce réflexe gestuel particulier indique deux attitudes distinctes dans le contexte du sens de la compétition : la défiance ou le défi, et deux portraits : celui du lauréat potentiel ou celui du challenger.

La défiance

« Je ne sais pas si je dois te croire », objecte-t-il avec une rotation de la tête à gauche. Discours sceptique et réaction de fuite !
« Je n'ai pas trop envie d'aller voir ce film. Et toi ? », interroge-t-il en détournant le tête vers la gauche, regard dans l'axe. Discours peu affirmé et réaction de fuite !
« Je voudrais bien que tu m'accompagnes. » Discours conditionnel du challenger.

La rotation de la tête à gauche déplace la vigilance binoculaire sur l'œil droit. Et ce dernier dépend du cerveau gauche ou cerveau cognitif. Cette rotation s'apparente à la défiance ou à la fuite simulée (suis moi, je te fuis !). Les challengers se ménagent toujours une sortie de secours en cas d'échec annoncé. Ils savent qu'ils peuvent éviter de subir leur interlocuteur, s'ils le souhaitent, en se défilant. On fuit toujours par la gauche. La rotation de la tête à gauche dénote un individu moins dynamique que son alter ego, le lauréat qui détourne la tête vers la droite. La rotation de la tête à gauche est majoritairement masculine.

Le défi

« Je ne te crois pas, dit il en imprimant une légère rotation de la tête vers la droite ». Discours oppositionnel et réaction de défi !

La rotation de la tête vers la droite déplace la vigilance binoculaire sur l'œil gauche. Il dépend du cerveau droit ou cerveau affectif. Il s'apparente au défi, réaction provenant d'un personnage aussi impulsif qu'imprévisible. L'individu est prêt à prendre des risques ; méfiez-vous en, surtout s'il n'a pas l'air de ce qu'il est.

Il s'agit souvent d'outsiders qui se révèlent redoutables quand il est trop tard pour les contrer. Cette rotation est majoritairement féminine.

L

LE SEXE DES LARMES

Les larmes sont éminemment visibles et signalent un besoin d'aide, un appel à compassion. Elles sont produites par les glandes lacrymales, commandées par le système nerveux parasympathique qui a en charge les fonctions de préservation du corps, comme la digestion, ou de l'espèce, comme la fonction sexuelle. Elles servent à assurer une protection des yeux et amortir les effets sur les globes oculaires d'une surpression lorsqu'elles se produisent au cours de certains efforts comme les vomissements ou la toux. Si les larmes ont une telle importance chez l'homme, c'est surtout en raison de leur fonction de communication.

Comme le sperme, les pleurs sont une sécrétion qui se répand à l'extérieur du corps à destination de l'entourage. Ce rapprochement conduit Barthes à parler du « pouvoir germinant des larmes » Je le cite : « Qui fera l'histoire des larmes ? Dans quelle société, dans quel temps a-t-on pleuré ? Depuis quand les hommes (et non les femmes) ne pleurent-ils plus ? Pourquoi la "sensibilité" est-elle retournée en "sensiblerie" ? » Les images de la virilité sont mouvantes ; les Grecs, les gens du XVIIe siècle pleuraient beaucoup au théâtre. Saint Louis, aux dires de Michelet, souffrait de ne pas avoir le don des pleurs ; une fois qu'il sentit les larmes couler doucement sur sa figure, « elles lui semblèrent si savoureuses et très douces, non pas seulement au cœur mais à la bouche » (de même en 1199, un jeune moine se mit en route vers une abbaye cistercienne, dans le Brabant, pour obtenir par la prière le don des larmes). Notre société a, semble-t-il, perdu le don des larmes – « grâce » accordée à la femme sans fausse honte mais que l'homme fuit pour ne pas se faire traiter de poule mouillée.

On pleure avec ses tripes, on rit avec ses muscles. Mais quand on pleure de rire, les tripes font-elles alliance avec les muscles ?

Elle ne servent pas seulement à lubrifier la surface de l'œil, mais contiennent aussi un enzyme (la lysozome) qui protège l'œil des infections. La sécrétion abondante de larmes n'est pas toujours liée au chagrin ou à un débordement émotionnel inopiné, il s'agirait aussi d'un moyen astucieux qui débarrasserait l'organisme des produits chimiques produits par l'excès de stress. Les larmes, comme l'urine, auraient pour principale fonction l'excrétion des déchets corporels. L'analyse chimique nous apprend que les larmes engendrées par le chagrin et celles dues à l'irritation de l'œil contiennent des protéines différentes. Voilà pourquoi « pleurer un bon coup » fait du bien à l'individu hyperstressé.

Le coup de foudre

À ce titre, le coup de foudre, en tant qu'émotion amoureuse, est un stress violent. Les larmes qui peuvent en découler ne sont donc pas uniquement l'expression d'un bonheur trop fort, mais aussi d'un besoin d'éliminer le stress occasionné par ce type de situation. Les pleureuses ne sont pas toujours des amoureuses transies mais aussi des femmes un peu trop stressées chez lesquelles le coup de foudre est, somme toute, une somatisation salutaire à peu de frais. Navré de vous ôter vos illusions !

Les yeux de l'amoureux transi peuvent produire un regard trouble lié à une surproduction des glandes lacrymales en cas d'émotion forte. L'œil devient brillant comme s'il était noyé de collyre, une solution médicamenteuse que l'on applique sur la conjonctive et qui fait briller les yeux. Les yeux humides transmettent alors un signal émotionnel d'une forte intensité. Les actrices utilisent ce stratagème pour offrir aux spectateurs un regard émouvant à l'écran.

Selon Morris, « le fait que nous soyons les seuls à pleurer parmi les primates a soulevé d'innombrables questions. On a émis l'hypothèse que cette différence provenait de l'origine aquatique du genre humain, il y a quelques millions d'années ». Mais sommes-nous vraiment les seuls mammifères à verser des larmes ? Les phoques pleurent aussi et on a observé des loutres marines pleurer après avoir perdu leurs petits. Donc, si votre amie pleure trop facilement, vous n'avez plus besoin de vous sentir coupable d'une quelconque cruauté mentale, elle évacue le stress amoureux qu'elle ressent à votre égard quand vous exprimez un peu trop brutalement vos sentiments.

Les yeux humides transmettent un signal d'un tout autre genre difficile à simuler (sauf pour des acteurs professionnels). La surface brillante de l'œil est légèrement recouverte des sécrétions des glandes lacrymales provoquées par l'émotion, mais les sentiments éprouvés ne sont pas assez forts pour produire de véritables larmes. Ce sont les yeux de l'amoureux passionné, de l'adorateur, de la mère fière de son enfant et de l'athlète triomphant. Ce sont aussi les yeux de l'angoisse, de la détresse et du deuil, en fait les yeux de quiconque éprouve une forte émotion qui s'arrête au bord des larmes. Sous le coup d'une émotion, quand la production de larmes commence à augmenter, la fréquence des clignements augmente aussi de sorte qu'elle peut servir de baromètre de l'état d'esprit.

Le clignement à répétition se pratique quand on est au bord des larmes. C'est une tentative désespérée pour nettoyer les yeux avant qu'ils ne se mettent à déborder et c'est pourquoi il peut servir de message conscient destiné à manifester sa sympathie.

En principe, les hommes ne pleurent pas en public. Il est vrai que les femmes se sentent moins gênées de verser quelques larmes devant témoins pour se déstresser les neurones.

LA LIBIDO DES HOMMES

Les hommes seraient-ils lassés des performances sexuelles ? En tout cas, ils consultent de plus en plus pour leurs problèmes de libido. L'andrologue et psychosomaticien Alain Mimoun a repéré l'émergence du phénomène il y a dix ans. François-Xavier Poudat, psychiatre et sexologue, constate aussi que la plupart de ses patients – dont 30 % lui sont adressés par leurs compagnes – confondent encore baisse de désir et problèmes d'érection. « C'est rassurant pour eux de croire qu'il ne s'agit que de défaillances mécaniques, mais les causes physiques ne concernent que 5 % des patients entre 30 et 50 ans. Très vite, les autres se rendent compte que leur souffrance est d'ordre psychologique. »

« Dans un contexte où la jouissance est l'objectif numéro un, le sexe est partout mis en avant, dans une course à la performance et une escalade du hard où l'autre devient une chose, déplore Gérard Leleu, médecin et psychothérapeute de couple. Mais je le vois chaque jour de façon criante : les patients ne veulent plus de ça. Ils souhaitent donner du sens au sexe, le réhumaniser et le resacraliser. »

François-Xavier Poudat rapporte l'anecdote suivante : « Grégoire vient de renouer avec l'une de ses anciennes petites amies. Hédoniste et beau gosse, à 41 ans, il n'a jamais renoncé à une aventure et s'est longtemps plu à explorer les territoires extrêmes du sexe – échangisme, sadomasochisme, fétichisme. Mais depuis qu'il a retrouvé celle qu'il appelle Loulou, de quinze ans sa cadette, rencontrée il y a deux ans lors de ses pérégrinations nocturnes, sa vie sexuelle s'est arrêtée net. "Loulou me réclame dans son lit, mais je m'y refuse. Avec elle, je ne veux plus d'une histoire qui ne soit que du sexe. Je veux d'abord que nous y mettions des sentiments profonds. Le reste viendra ensuite." A peine la moitié des hommes peuvent faire l'amour sans sentiments. Les autres ont besoin d'une sécurité affective et de tendresse pour passer à l'acte. Mais il ne leur est pas encore très facile de le dire, notamment parce que certaines femmes veulent une virilité sans faille au lit. Et je remarque que ces hommes à la recherche de douceur vivent bien souvent avec des compagnes "bousculantes". »

Ces problèmes de libido, Alain Mimoun les relie au changement de rapport hommes-femmes dans la société : « Les "nouvelles femmes" se montrent exigeantes et disent ouvertement ce qu'elles pensent ("J'ai connu mieux", etc.) ce qui déstabilise les hommes. Un type dont la partenaire lui avoue qu'elle n'éprouve pas de plaisir avec lui va se mettre à douter, à s'angoisser et se bloquer. »

L'anxiété, le stress, le surmenage ou le chômage sont autant de nouvelles causes psychiques à sa perte de libido. Car elles s'accompagnent bien souvent d'un manque d'estime de soi. Gérard Leleu insiste : « il faut croire en soi pour faire l'amour. L'anaphrodisie, l'absence de désir sexuel, est d'ailleurs un signe majeur de la dépression. Et si on y ajoute la prise d'antidépresseurs ou d'anxiolytiques, la libido est sérieusement perturbée. »

Autre anecdote rapportée par Gérard Leleu : « Sofia, belle Méditerranéenne de quarante-cinq ans, a vécu un an de passion déçue avec un architecte suédois du même âge. "Il était aussi froid que j'étais chaude, ironise-t-elle. C'était d'abord une fois par semaine, puis tous les dix jours, puis tous les mois. Et il n'était pas câlin. Au lit, il me tournait le dos. Je devais presque le violer, et il me le reprochait en disant que nous n'étions pas des animaux. Peu à peu, j'ai compris ce qui clochait : la frustration sexuelle était une manière pour lui de me maintenir dans un état de dépendance." »

Pour Gérard Leleu, « la manipulation entre bien en jeu quand l'un refuse d'accéder au désir de l'autre et de le satisfaire. Mais c'est plutôt une attitude féminine.

On trouve d'ordinaire plus de femmes que d'hommes qui se refusent en prétextant des migraines. » Certains hommes d'aujourd'hui semblent pourtant s'approprier cette vieille technique de domination. Une conséquence inattendue de l'égalité des sexes ?

M

LE SEXE DES MAINS

Chaque main interroge le cerveau avant de passer à l'action. La main droite demande *pourquoi* ? La main gauche demande *comment* ? Pourquoi faut-il faire cela ? Comment le fait-on ? On attribue la formule suivante à Kant : « La main est le cerveau extérieur de l'homme ». Pour Jean-Didier Vincent[1], « Cette main avec son pouce opposable aux autres doigts est l'indispensable compagne dans l'évolution du néocortex (nouveau cerveau) de l'homme. » Et selon A. Philonenko : « C'est à l'intérieur de celui-ci que s'entrelacent le pourquoi et le comment... »

« Les gestes de la main accompagnant les paroles renforcent l'impact de la communication. Ils captent l'attention de ceux qui écoutent et les aident à mémoriser ce qui est dit. Geoffrey Beattie et Nina Loughlin, de l'Université de Manchester, ont dirigé une étude où l'on racontait à deux groupes de participants des histoires de personnages de dessins animés – comme Roger Rabbit ou Titi et Gros Minet. Le narrateur du premier groupe accompagnait son récit de nombreux gestes de la main – tourniquets quand les héros couraient, mouvements ondulants pour illustrer le souffle

1. *Le Cœur des autres*, Plon, 2003.

d'un séchoir à cheveux, large écartement des paumes pour évoquer un chanteur d'opéra ventru. Un deuxième groupe entendait les mêmes histoires de la bouche d'un narrateur aux mains immobiles. Dix minutes après, ceux qui avaient entendu les histoires avec gestes avaient mémorisé nettement plus de détails (environ un tiers) que ceux du deuxième groupe[1]. »

Des mains intelligentes

Vingt-sept os pour chacune, ce qui leur permet d'adopter une infinité de positions, gracieuses même lorsqu'elles sont utilitaires, surtout chez les femmes qui, à défaut de poigne, sont dotées d'os plus fins et d'articulations plus flexibles. Et ces merveilles anatomiques se plient et se déplient vingt-cinq millions de fois au cours d'une vie, avec une variété de rythmes révélant notre vitalité, notre tempérament et toute la palette de nos émotions.

À cela s'ajoute un sens du toucher surdéveloppé dû aux quelques deux mille récepteurs tactiles situés à l'extrémité de chacun de nos doigts. Grâce à eux, nous pouvons d'un effleurement déceler une surépaisseur mille fois moins grosse qu'un cheveu. Mais également faire la différence entre le chaud et le froid, l'agréable et le désagréable, l'inconnu et le familier. Car les doigts en mouvement explorent, mémorisent et reconnaissent, aidés de leurs solides défenses, les ongles. De plus, ils peuvent d'une caresse soulager la douleur ou susciter le plaisir en déclenchant la pro-

1. Allan Pease, Barbara Pease, *« Pourquoi les hommes se grattent l'oreille... et les femmes tournent leur alliance »*.

duction d'endorphines dans le cerveau de ceux qu'ils touchent. Douées d'autant de sensibilité que de puissance, nos mains sont l'expression de notre intelligence comme de notre affectivité.

La main *pourquoi* et la main *comment*

Quand un locuteur utilise ses mains pour appuyer son discours verbal, il privilégie toujours l'une des deux mains, même s'il lui arrive ponctuellement d'animer les deux. La main privilégiée est généralement la même dans tous les cas de figure que j'ai pu observer depuis des années, quelques exceptions mises à part. Cette main dynamique détermine le mode d'identification du locuteur aux deux adverbes fondamentaux qui éveillent l'intelligence de l'enfant : pourquoi et comment.

Chacun de ces deux adverbes correspond à l'une des deux mains, elles-mêmes représentatives des deux cerveaux qui constituent le néocortex. La main droite, équivalent symbolique du cerveau gauche, correspond à l'adverbe pourquoi. La main gauche, symbole du cerveau droit, correspond à l'adverbe comment.

Dans le même ordre d'idées, la main droite correspond au temps et la gauche à l'espace. Deux représentations étroitement associées aux images parentales. Le temps est un phénomène linéaire qui va du passé vers l'avenir, l'espace représente l'infini émotionnel ou affectif. L'image du père correspond au temps qui passe et au cerveau gauche qui en gère l'appréciation ; le cerveau droit, symbolique de l'image maternelle, englobe le sens spatial. La main droite a le sens des distances, la gauche, celui du volume que l'homme occupe dans l'espace.

La main droite dynamique signale aussi un individu identifié à l'autorité paternelle. Il se comportera de manière directive et axera sa communication sur le mode stratégique. C'est un tacticien, coordinateur et fédérateur ! Accrocheur, tenace, agressif et directif, il essayera toujours d'avoir le dernier mot. Plus tendu et parfois hypertendu, c'est un individu souvent plus implicite qu'explicite. Plus pourquoi que comment, il se fera toujours avoir par la main dynamique gauche du malicieux.

La main gauche dynamique indique un individu non directif identifié à l'image maternelle. Homme de terrain et de contact, c'est un tacticien et un rusé renard ! Plus manipulateur que la main droite dynamique, il n'a pas une vision stratégique d'ensemble et à long terme d'une politique commerciale, par exemple, mais une excellente approche à court terme et une réactivité redoutable quand il est acculé. Il dispose d'une intelligence pratique, plus comment que pourquoi.

De quelle main vous servez-vous en priorité ? Il va falloir être attentif, car cette information gestuelle est souvent occultée.

Parler avec ses deux mains en appui du discours est un mode séducteur parfaitement pédagogique. Cette facilité gestuelle n'est pas courante. La plupart des débatteurs politiques ont recours aux ancrages manuels (doigts croisés) ou à leur index. Certains utilisent une main privilégiée et scotche l'autre sur un support. Erreur !

Les caresses

Le compagnon droitier qui caresse sa compagne de la main gauche est plus sentimental que son contraire. Ce qui vaut pour le masculin vaut aussi pour le féminin, évidemment.

Quand un homme tend sa main gauche ou s'empare de la main droite de sa moitié, on dira de lui ou d'elle qu'il est un sujet tribord (à droite). Dans le cas contraire, nous aurons affaire à un sujet bâbord (à gauche).

La liberté des mains

Les mains résument le climat mental du locuteur sans se préoccuper de la nature de ses prises de position verbale. Ce que dit la bouche est une chose, ce qu'expriment les mains en est une autre. Trahison corporelle ? L'esprit et le corps ne partagent pas toujours le même point de vue. La manière dont les mains chorégraphient leur rôle est à la fois un code d'intention et un refrain gestuel. En tant que code d'intention ponctuel, elles suivent généralement le discours et lui servent d'appui. Elles révèlent parfois une fraude verbale manifeste et trahissent une prise de position que le locuteur souhaite garder par-devers lui.

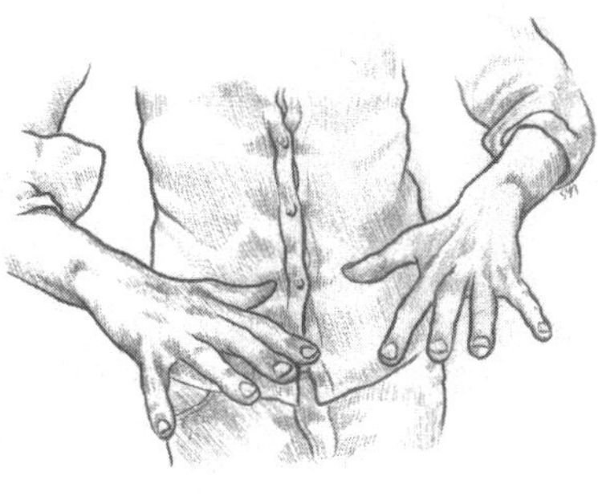

Figure 56

« Je le trouve adorable », s'exclame la star en parlant d'un « ami très cher » et concurrent de plateau télé malgré tout. Elle agite ses mains en pronation (fig 56), sans doute pour tempérer les débordements de son enthousiasme verbal.

« Non, non ! C'était très bien ! » admet Patrick Fiori du bout des lèvres pour s'excuser de n'avoir pas entendu les fausses notes d'Élodie, la lauréate de la Star Ac 3. Ses mains repoussent ses paroles vers le bas. Du révisionnisme de bon ton !

Les femmes sont généralement plus main gauche que les hommes mais une majorité de femmes contrôlent leurs mains inconsciemment et s'expriment par des mimiques expressives du visage ou par des attitudes corporelles, comme si elles savaient instinctivement que leurs mains sont susceptibles de trahir leurs sentiments. Les hommes utilisent les deux mains ou privilégient statistiquement la main droite. Le langage des mains est largement représenté dans mon ouvrage principal : *Ces gestes qui vous trahissent* (ed. First) que je vous invite à consulter si vous voulez en savoir plus.

LE SEXE DES MAJEURS

Les deux majeurs représentent symboliquement l'organisation mentale et/ou intellectuelle, c'est à dire le mental.

Le *majeur gauche* est le siège symbolique de l'image de soi/estime de soi.

L'estime de soi est un sentiment plus féminin que masculin dans la mesure où il se fonde sur le reflet que l'individu recueille dans le regard de l'autre. Aucun sentiment d'estime ne peut s'exprimer sui generis sans la participation du regard extérieur à la personne.

Le *majeur droit* est le siège symbolique de la confiance en soi et des préjugés. La confiance en soi est un sentiment très masculin qui repose sur la maîtrise de soi ou le contrôle de soi, ce qui ne revient pas forcément au même.

Lorsque chaque majeur porte une bague

Chez une femme :
Ces bijoux indiquent le besoin de raffermir un climat mental perturbé en se reposant sur sa capacité à plaire intellectuellement ou professionnellement.
Chez un homme :
Ils distinguent un besoin de s'imposer en société, que ce soit intellectuellement ou en briguant le pouvoir au sein du groupe. Il peut s'agir d'une compensation par rapport à un sentiment d'infériorité.

Le majeur droit est bagué en solitaire

Chez une femme :
Il indique une perte de confiance en soi compensée soit par un recours aux préjugés, soit par un esprit critique affirmé, voire même incisif.
Chez un homme :
L'homme bagué au majeur droit privilégie son esprit critique pour stimuler une confiance en soi mal en point.

Le majeur gauche est bagué en solitaire

Chez une femme :
Il dévoile un besoin de plaire physiquement à son entourage ou d'être appréciée pour ses qualités largo sensu.
Chez un homme :
Il indique un déficit d'estime de soi, voire une mauvaise image de soi.

LE SEXE DES MALADIES MENTALES

« On se défait d'une névrose, on ne se guérit pas de soi. » Jean-Paul SARTRE

Si vous observez les SDF, vous constaterez aisément qu'il y a parmi eux une majorité d'hommes. Or, la plupart des SDF sont victimes de psychoses. Ces maladies mentales désorganisent les repères socio-affectifs, détruisent les automatismes des schémas volontaires et oblitèrent le sens des réalités. Idem en ce qui concerne les toxicomanes ! Les hommes qui s'adonnent à la drogue sont plus nombreux que les femmes. Le besoin d'échapper aux contraintes de la vie, de régresser virtuellement au stade du nourrisson touche a priori l'élément masculin de la société. La psychose est une forteresse vide derrière les murs de laquelle le malade se protège de ses frustrations vitales. Elle lui permet de se couper du monde qui l'entoure, de fuir la responsabilité d'affronter une existence qu'il n'a pas souhaité vivre. Une femme acceptera de travailler pour un Smic comme caissière d'hypermarché, quitte à vivre continuellement sous le seuil de pauvreté. Pourquoi ne voit-on jamais de caissiers ou presque ? Est-ce parce que les DRH des hypers n'en veulent pas ? L'intelligence pratique de nos compagnes y est sans doute pour quelque chose. Ce type d'intelligence repose sur une meilleure organisation des automatismes et la capacité de réaliser plusieurs actions en même temps. Une prédisposition qui n'appartient pas à ces messieurs.

La névrose est une affection générique plus typiquement féminine que la psychose. Aux hommes la psychose, trouble mental dans lequel le sujet attribue son mal-être à des facteurs extérieurs au point de parfois se sentir persécuté de façon délirante ; aux femmes la névrose dans laquelle le sujet est torturé par des conflits internes, pris entre des désirs et des craintes qui l'inhibent ou le rendent malade. La névrose est un état de désordre émotionnel et nerveux qui n'entraîne aucune perte de repères. La malade est consciente de son trouble et en décrit les souffrances de manière réaliste. La psychose, en revanche, est synonyme de folie. Le malade a tout perdu sauf l'usage du raisonnement. Il vit dans un univers déréel ou paralogique, par opposition aux règles auxquelles obéissent la plupart des gens qui l'entourent. La névrose entraîne une désorganisation de la personnalité dont le sujet est conscient. Les prodromes de ce type d'affection psychologique ou psychosomatique sont parfaitement repérables dans la gestuelle du malade, mais pas seulement. Le sentiment d'être victime des événements génère un climat mental d'insécurité permanente. Le discours tourne toujours autour des mêmes obsessions et il en ressort que le malade se sent condamné à subir son état sans pouvoir y remédier.

La chorégraphie gestuelle est décalée par rapport au discours, notamment dans la manière de prendre appui. Le meilleur exemple de posture psychonévrotique étant le penseur de Rodin qui pose son coude droit sur son genou gauche, une posture contraignante que je vous défie de reproduire sans vous tordre les reins.

Un exemple extrême de ce type de gestuelle est celui du poivrot qui bafouille tout en agitant son verre vide lorsqu'il s'adresse au patron du bistrot. Les propos qu'il tient sont incompréhensibles, ses gestes sont sans rapport avec la cascade de mots qui se bousculent dans sa bouche. Il sait qu'il a trop bu, mais il ne contrôle plus la finesse de ses mouvements.

Dans le même ordre d'idées, le chauffeur ivre de rage qui sort de son véhicule se conduit de la même manière du point de vue de la manifestation gestuelle, même si ses propos menaçants demeurent cohérents. Il s'agite et dépense son énergie en gesticulations inutiles sans véritable intention d'en venir aux mains. Il évacue sa peur de l'autre en lui jetant sa haine au visage avant de reprendre le volant. L'accès névrotique s'éteint aussi vite qu'il s'est manifesté.

Il existe cependant toute une gamme de gestes remarquables annonciateurs ou expressifs d'un état névrotique passager. La groupie exaltée qui pleure d'excitation quand son idole la touche en est un bon exemple. Le refrain gestuel est un code gestuel générique, un geste que l'on reproduit toujours ou presque de la même manière, quel que soit le contexte de son apparition. Il appartient à la carte d'identité corporelle de l'individu et s'intègre à sa personnalité globale du fait de la fréquence de sa reproduction. Il existe des centaines de refrains de ce genre auxquels nul ne prête jamais attention. Ce sont toujours des gestes révélateurs sur le plan psychologique mais aussi des signaux pathologiques quand ils deviennent un peu trop fréquents. Par exemple, une femme qui croise systématiquement les bras en face à face révèle un climat mental perturbé et un territoire fragilisé par un état de névrose.

Un individu agrippe son portable de la main droite et le porte à l'oreille gauche. Pourquoi faire simple quand on peut faire compliqué ? Tel est le sens de ce mode gestuel peu pragmatique et révélateur d'un état névrotique, s'il se reproduit régulièrement.

Quand un individu introverti (auditeur de l'oreille gauche) utilise sa main droite pour porter son combiné à l'oreille gauche, il trahit un besoin de régression ou de soumission à l'autorité avec un mode de communication basé sur un sentiment d'infériorité. Il cherchera à plaire ou à séduire plutôt qu'à affronter ses interlocuteurs ou ses adversaires. Il aboiera avec les loups. La main droite symbolise le temps, l'oreille gauche est le symbole corporel de la revendication[1]. Il revendique une qualité d'écoute que son correspondant n'est pas disposé à lui offrir.

Quand un individu extraverti (auditeur droit) utilise la main gauche pour porter son combiné à l'oreille droite, il exprime son besoin de grandir au sens symbolique. Ce tic gestuel trahit un complexe d'infériorité caractérisé.

La main gauche symbolise l'espace, l'oreille droite correspond à l'égoïsme. Il veut occuper tout l'espace.

Oscar tient son téléphone à l'oreille droite, la plupart du temps de la main gauche. Or, Oscar est un gaucher, il faut donc inverser la valeur du geste observé : un gaucher extraverti est un introverti. Plus de dix ans après des études chaotiques et inachevées, il ne parvient pas à trouver sa voie sur le plan professionnel. Très doué manuellement, il a exercé divers boulots qui nuisaient à l'image qu'il a de lui-même et qui ont handicapé gravement son estime de soi. Pourtant, il s'exprime bien, parle plusieurs langues étrangères et donne l'impression d'avoir une intelligence supérieure à la moyenne. Cet aspect du personnage détonne dans le milieu artisan qu'il fréquente. Cette intelligence est bien réelle mais desservie par une fixation narcissique sur son physique.

---

1. Joseph Messinger, *Le Langage psy du corps*, Éditions First, 2004.

Les femmes le trouvent mignon, craquant, pour tout dire, beau, et ce constat occupe largement son esprit. Occupation qui compense le complexe d'infériorité qui le poursuit depuis la fin de son cursus scolaire inachevé. Son profil psychogestuel générique est celui du narcissique, ce qui explique la compensation narcissique à laquelle il a fait appel pour combattre son complexe.

LE SEXE DE LA MÉNOPAUSE

Certaines femmes ont subi une ablation des ovaires pour des raisons thérapeutiques : ces femmes « ménopausées chirurgicalement » souffrent d'une perte de désir sexuel, car elle ne produisent pas de testostérone. Pourquoi l'hormone sexuelle mâle stimule-t-elle le désir ? Parce que convertie en oestradiol, elle active une zone de l'hypothalamus, incitant aux relations sexuelles.

Un nouveau patch rétablirait la concentration de testostérone : le désir revient, les orgasmes aussi, et la détresse psychologique engendrée par la perte du désir s'envole. Outre les patientes ménopausées chirurgicalement, la perte du désir est fréquemment rapportée par les femmes. Ce patch devrait être commercialisé sous peu.

LE SEXE DU MENSONGE

James Patterson, l'auteur de *Le jour où l'Amérique a dit la vérité*, a interrogé deux mille Américains pour découvrir que 91 % d'entre eux mentaient régulièrement, au travail comme chez eux.

Lors d'un jeu de rôle organisé pour une étude sur la gestuelle, Desmond Morris avait demandé à un certain nombre d'infirmières de mentir à leurs patients sur leur santé. Celles qui mentaient ont porté leurs mains à leur visage plus souvent que les autres. Autre signe du mensonge, les hommes comme les femmes avalent plus souvent leur salive, mais ce signal est plus visible chez les premiers, qui ont une pomme d'Adam plus développée que leurs compagnes.

Les femmes mentent-elles mieux que les hommes ?

Sanjida O'Connell, l'auteur de *Mindreading* (La télépathie), a étudié pendant cinq mois les différentes façons de mentir et en a conclu que les femmes sont nettement plus adroites que les hommes dans cet exercice. Elles sont capables d'élaborer des mensonges beaucoup plus compliqués que leurs compagnons – qui dépassent rarement le « j'ai raté mon bus » ou « la batterie de mon mobile était à plat, je n'ai pas pu t'appeler ». La chercheuse a également découvert que plus une personne est attirante physiquement, plus on a tendance à la croire – ce qui explique pourquoi John Kennedy et Bill Clinton ont si bien réussi à faire avaler leurs mensonges.

En réalité, la différence entre les sexes en ce qui concerne le mensonge tient au fait que les femmes ne disent pas la vérité pour se protéger tandis que les hommes inventent carrément de gros mensonges. Quelle différence ?

Ne pas dire la vérité n'est pas mentir, mais assaisonner la réalité pour faire entendre un autre son de cloche tout en collant au plus près à la vérité.

Tricheuses ou menteurs sont frères et sœurs. Aviez-vous déjà remarqué que les mots du mensonge sont moins amers que les mots de la vérité ? On ment pour apaiser l'angoisse ou l'agressivité de son voisin. Et pour mentir dans ce but, il est important d'avancer les lèvres comme un simulacre de baiser.

Je ne citerai pas de noms, mais je vous enjoins à visionner diverses émissions télévisuelles de variétés, le simulacre de baiser y est la norme. « Il est génial », s'exclame la nouvelle star en parlant d'un chanteur qui lui fait de l'ombre.

Charlatan, magouilleur, menteur, le tricheur a tout pour vous plaire et vous le croisez tous les jours au bistrot du coin. Imposteur, usurpateur, prometteur, il vous fera avaler toutes les couleuvres, vous fera gober l'incroyable. Et si vous refusez d'y croire il vous montrera du doigt, vous traitera comme un paria, il parviendra même à liguer le groupe contre vous.

À ce petit jeu-là, les politiques sont les champions du monde. Les autres vous jetteront à la fosse aux lions parce que vous vous distinguez de la masse informe de tous ceux qui adhèrent à leurs credo. Il faut rentrer dans le rang, si vous voulez faire partie de la famille du tricheur.

Mais si on sort du mensonge pour entrer de plein pied dans le registre de la séduction, les lèvres bisouteuses sont la norme chez la plupart des dragueurs qui dégustent leur conquête du bout des lèvres. Ce signal mimique leur échappe, mais les femmes convoitées y sont instinctivement très attentives. Cette avancée des lèvres masculines se retrouve également chez les femmes d'âge mûr qui rêvent encore d'une nuit avec un prince charmant un peu vert. Un homme qui adresse un compliment à une femme aura toujours tendance à avancer ses lèvres dans la mesure où son madrigal repose souvent sur un fond d'affabulation. Il vous trouve fabuleuse en lorgnant votre décolleté pigeonnant. En matière de séduction, la plupart des hommes sont des réductionnistes, comme nombre de médecins. Ils parleront à vos seins, à vos fesses, à votre silhouette, mais, jamais au grand jamais, ils ne s'adresseront à votre intelligence (les séducteurs, pas les médecins). D'ailleurs, quand on dit d'une femme qu'elle est fabuleusement intelligente, ça veut tout dire. La beauté n'est pas comprise dans le menu. Machisme pas mort !

La main sur le nez

Le neurologue Alan Hirsch et le psychiatre Charles Wolf ont analysé le témoignage de Bill Clinton devant le Grand Jury sur ses relations avec Monica Lewinsky. Ils ont découvert que, lorsque Clinton était sincère, il se touchait rarement le nez. Mais quand il mentait, il fronçait les sourcils pendant une fraction de seconde avant de porter la main à son nez – un geste répété toutes les quatre minutes et qu'il a esquissé à vingt-six reprises. Chaque fois que ses réponses étaient honnêtes, ce geste n'apparaissait pas. Mais les choses ne sont pas aussi simples qu'elles le paraissent.

Dans un article publié par le magazine *VSD*, un chercheur américain prétendait que les gestes associant le nez trahissaient le mensonge. Il fondait ses allégations sur le fait que le président Clinton touchait très souvent son appendice nasal. L'amalgame dans l'esprit du public est l'une des techniques d'argumentation utilisée par tous les fumistes pour accréditer leurs spéculations. Clinton a menti dans sa relation intime avec

Mlle Lewinsky et se tripote beaucoup le nez ; Pinocchio a menti et son nez s'est allongé. Conclusion : quand un homme touche son nez, il ment. CQFD !

Reprenant le flambeau de cette prétendue corrélation, le très sérieux *Courrier International* s'est lancé à son tour dans le décryptage des gestes présidentiels en traduisant un article du *New York Times* traitant de la gestuelle du mensonge. Toujours les mêmes bobards !

Dans *Le Singe nu*, Desmond Morris écrit : « Il est intéressant aussi de noter que le nez protubérant et charnu de notre espèce est un autre trait unique et mystérieux que les anatomistes sont incapables d'expliquer. L'un d'eux en a parlé comme d'une simple "variation exubérante sans signification fonctionnelle". Il est difficile de croire que quelque chose d'aussi distinctif parmi les appendices des primates ait évolué sans fonction précise. Lorsqu'on découvre que les parois latérales du nez contiennent un tissu érectile spongieux qui provoque l'élargissement des conduits nasaux et des narines par vasodilatation lors de l'excitation sexuelle, on commence à se poser des questions[1]. »

Partant de ce constat physiologique et d'une pratique quotidienne et antédiluvienne de l'observation des gestes, il apparaît que le nez est souvent sollicité dans deux cas de figure distinctifs mais non exhaustifs : le premier concerne les allusions à caractère sexuel au sein d'une discussion de bon ton ; le second révélerait un besoin de prendre du recul par rapport à une situation embarrassante, donc une attitude mentale spéculative (cf. le boxeur qui se frotte le nez sur le ring pour évaluer l'angle d'attaque). Il me semble qu'il

1. Desmond Morris, *Le Singe nu*, Le Livre de Poche.

serait prudent d'acquitter le nez de sa complicité avec le mensonge, et ce au bénéfice du doute et du sens commun.

Le mensonge en traduction gestuelle

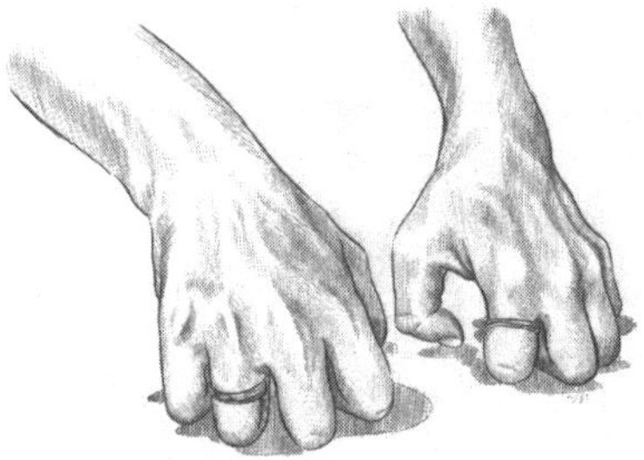

Figure 57

Combinaison de bagues à l'index gauche et à l'annulaire droit (fig 57).

Cette combinaison de bagues indique à priori un syndrome d'échec affectif. La volonté (annulaire droit) est investie dans la jalousie (index gauche) ou le besoin de posséder l'autre, d'où l'échec de la relation amoureuse dans la majorité des cas parce qu'elle usera et abusera du mensonge pour arriver à ses fins.

Votre interlocutrice fait le tour de ses lèvres avec le bout de sa langue ?

Je trouve cette mimique indécente. Elle est pourtant assez courante et signifie effectivement que votre coup de cœur s'apprête à vous manger tout cru. Symboliquement, rassurez-vous ! Le mensonge dessèche les lèvres du menteur ou de la menteuse, comme si les glandes salivaires refusaient de participer à une trahison de la vérité. Il est curieux de constater qu'on salive normalement quand on dit la vérité et que cette salivation se tarit quand on se ment ou quand on ment aux autres. En réalité, le fait de mentir entraîne automatiquement dans son sillage un sentiment de malaise ou de culpabilité, vite réprimé par la conscience du menteur. C'est ce dernier sentiment qui est à l'origine des troubles de la salivation. Évidemment, le stress d'une situation de séduction peut aussi provoquer ce genre de trouble. La salivation ne s'active qu'au moment du premier baiser.

Figure 58

En position assise, elle lève ses bras en extension au-dessus de sa tête d'un air nonchalant (fig 58).

Une attitude qui révèle un esprit fantaisiste. C'est une jolie menteuse qui vous dira la vérité d'une manière tellement tirée par les cheveux qu'elle vous paraîtra à peine croyable. Tempérament simulateur doublé d'un esprit fantaisiste : c'est une grosse menteuse.

Elle appuie son index et son majeur sur ses lèvres, coudes en appui, comme si elle fumait une cigarette imaginaire (fig 59).

Simulacre de baiser à distance, dont le sens premier n'est pas forcément affectueux pour celui auquel il

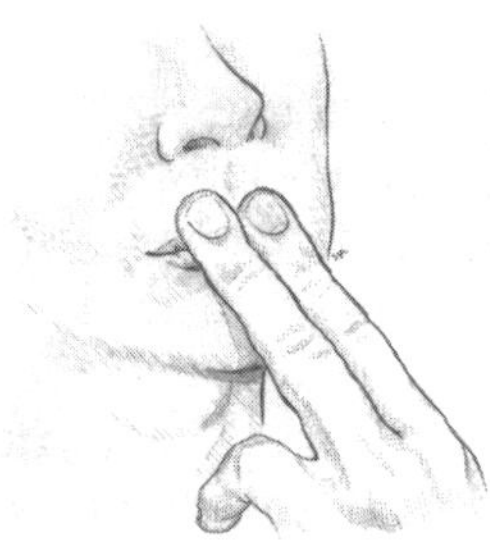

Figure 59

s'adresse. Vous n'êtes plus vraiment dans ses petits papiers. Elle se demande peut-être comment elle a pu craquer pour un tel nul.

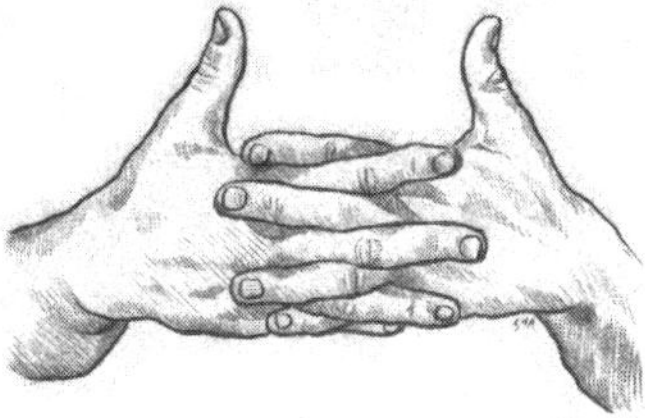

Figure 60

Les doigts croisés en engrenage, pouces écartés (fig 60) méritent le détour, car le geste est aussi courant que significatif.

Ce geste est à décomposer en deux temps : 1) l'écartement des pouces trahit clairement un individu capable de scier la branche de l'arbre sur laquelle il est assis pour empêcher ses adversaires de l'en déloger ; 2) l'intrication des doigts est un geste pare-chocs destiné à dissimuler ou à protéger une vérité officielle que nul ne viendra lui contester... sauf son propre corps et ce qui lui reste de conscience.

Elle évite manifestement de regarder dans votre direction et non dans les yeux, tout en s'exprimant.

Trop d'esquive oculaire trahit le menteur patenté, a contrario le regard accrocheur peut révéler une tempérament frondeur. « Quand le regard fuit, la bouche ment » dit le proverbe.

Elle ferme les yeux de manière appuyée.

Une des nombreuses manières de faire passer un gros bobard en donnant à sa bouche une forme caractéristique proche du cul de poule.

Elle détourne souvent la tête

À priori, on détourne toujours la tête pour balancer une vérité frelatée ou quand on n'est pas sûr de soi. Le décalage entre le dérapage du regard et l'angle de rotation du chef est un signe évident de simulation. Cette réaction est rare chez la femme qui a plutôt tendance à s'exprimer sans quitter son interlocuteur des yeux.

Figure 61

Votre interlocuteur allume son briquet en protégeant machinalement la flamme de sa main libre dans un endroit clos (fig 61).

Ce geste trahit un tempérament simulateur. S'il s'agit d'un inconnu qui tente de vous séduire, vous avez affaire à un vilain menteur ou à un prometteur de beaux jours.

Il réunit son pouce et son index de la main gauche en cercle digital. Les autres doigts sont étalés en plumes de sioux (fig 62).

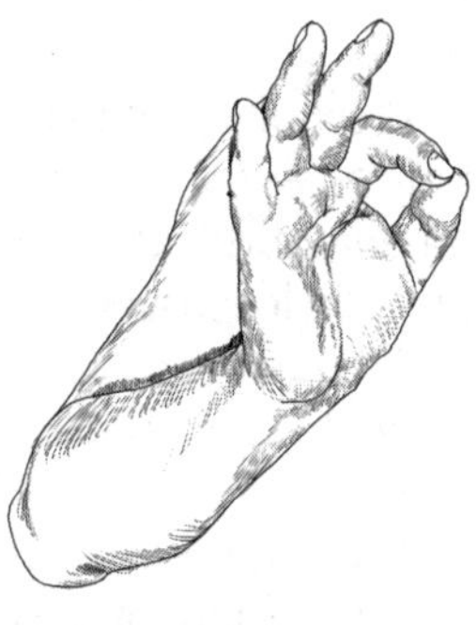

Figure 62

Ce geste signifie que le locuteur « garantit que... ». Si ces doigts restent collés, la signification change et trahit le manque de conviction du locuteur par rapport à ce qu'il affirme sans trop y croire. C'est le code gestuel star du menteur professionnel et du politicien.

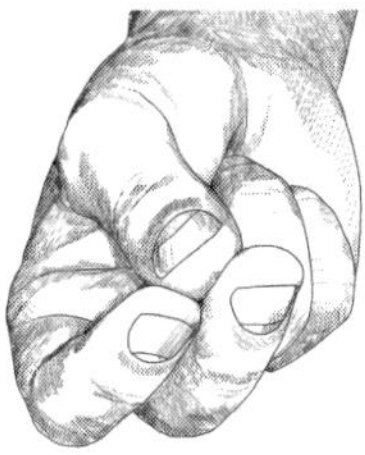
Figure 63

Il recroqueville son index et son majeur sur son pouce gauche et replie l'annulaire et l'auriculaire sur sa paume (fig. 63).

« Croyez moi ! » dit en geste le menteur. Geste importé d'Italie !

Il rejette le corps en arrière avant de vous répondre.

Il prend du champ pour désamorcer l'impulsivité éventuelle d'une réponse à chaud. Ce léger répit lui permet de mettre en scène une réponse plus conforme à son image, ce qui laisse supposer qu'il peut faire appel au mensonge pour éviter de se heurter de front à une vérité ou une réalité mal venue. De fait, il prend du champ pour se démarquer du mensonge qu'il s'apprête à vous servir tout chaud.

Votre petit ami dissimule ses deux mains sous la table.

On ne cache ses mains que dans un cas de figure et un seul : quand on n'a pas la conscience tranquille. Et rappelez-vous toujours cette règle essentielle en matière de sémiotique gestuelle : l'action de cacher traduit évidemment un tempérament simulateur ou un discours frauduleux. Élémentaire, mon cher menteur !

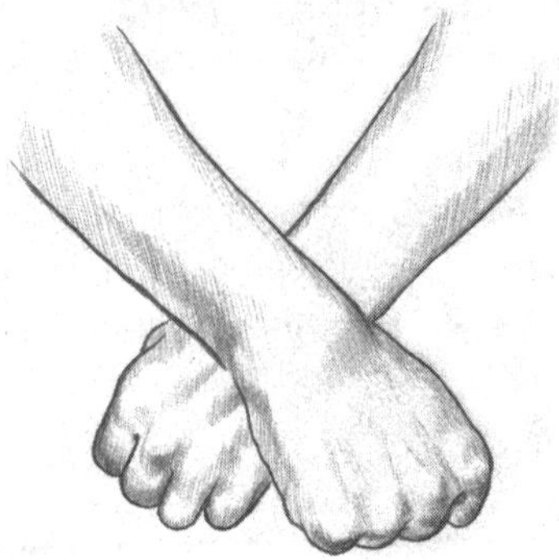

Figure 64

Et de croiser ses poignets en terminant sa phrase (fig 64) !

Démenti gestuel ! Les poignets sont le siège symbolique de la sécurité. Les croiser est une manière de dire qu'on a les mains liées et de suggérer le contraire de ce que l'on affirme à haute voix.

La main de votre interlocuteur glisse souvent dans l'échancrure de sa chemise contre sa poitrine.

La fabulation est une propension à présenter comme réelles les productions imaginaires de l'esprit. C'est une sorte de compensation subjective chez un sujet qui imagine ce qu'il aurait voulu vivre et qu'il n'a jamais vécu. Les fabulateurs ne manquent pas à l'appel, mais votre interlocuteur devrait, en principe, détenir le pompon en la matière. Si c'est le cas, vous avez affaire à un simulateur. Versatile comme la météo, toutes ses initiatives sont guidées par ses fantasmes. Il va où le vent de ses illusions le pousse.

Votre interlocuteur vous adresse la parole en esquivant votre regard systématiquement.

S'il s'agit d'un interlocuteur que vous connaissez bien et qui agit souvent de la sorte, sachez qu'il ne dit jamais ce qu'il pense et ne pense pas ce qu'il dit.

Il téléphone en posant son bras libre en travers de son crâne (fig 65).

C'est un petit garçon que l'on a trop souvent puni et qui craint que le ciel lui tombe sur la tête.

Figure 65

Votre interlocuteur opine du chef, comme pour approuver vos propos.

Sachez que celui qui opine mécaniquement n'écoute jamais ce qu'on lui dit et usera d'un gros mensonge pour apaiser votre conscience et la sienne.

Il toussote poliment dans son poing avant de poursuivre.

Le toussotement trahit toujours une gêne et bien évidemment l'annonce d'un vilain mensonge préemballé.

L'index en travers des lèvres (fig 66) peut paraître aussi inoffensif que le signe « chut ! », fréquemment utilisé par les parents pour faire taire leurs enfants, où l'index se place devant la bouche à la verticale.

Figure 66

Dans une conversation en face-à-face, ce geste signifie l'interdiction d'exprimer ce qu'on ressent. C'est le signe que le reproducteur du geste vous cache quelque chose.

Desmond Morris a été l'un des premiers à découvrir que le mensonge provoque une sensation de picotement dans les tissus délicats de la peau du visage et du cou, qu'on éprouve le besoin de se gratter. C'est ce qui explique que le doute ou l'incertitude pousse à écarter le col de sa chemise ou de son pull, mais ce geste révèle aussi le malaise du menteur qui craint d'avoir été démasqué. La montée de la tension artérielle entraîne en effet une transpiration au niveau du cou du menteur qui devine qu'on ne le croit pas.

Le cercle digital pouce-index des deux mains représentent une double fraude !
Geste de simulation, de moquerie ou d'imposture dans tous les cas de figure.

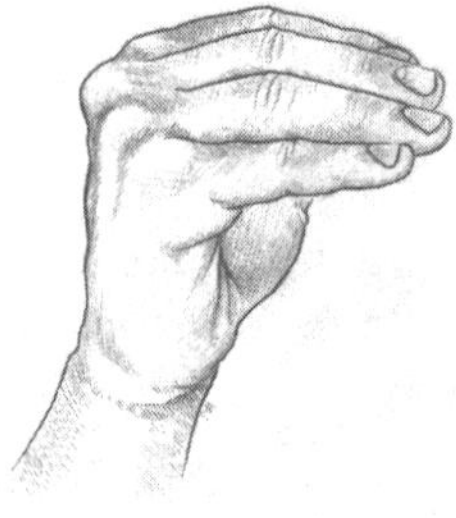

Figure 67

Les doigts réunis en bec de canard (fig 67) : il affirme détenir la solution.

Curieusement, son regard s'éteint l'espace d'un instant. Juste le temps de faire passer son gros mensonge. Répété à l'envi, ce code gestuel trahit un individu qui est dans l'incapacité de saisir les opportunités qui passent à sa portée mais qui prétendra toujours le contraire en toute mauvaise foi. Curieusement les propositions que ce geste accompagne semblent toujours aboutir à des solutions idoines, s'il faut en croire les propos de celui qui reproduit le bec de canard.

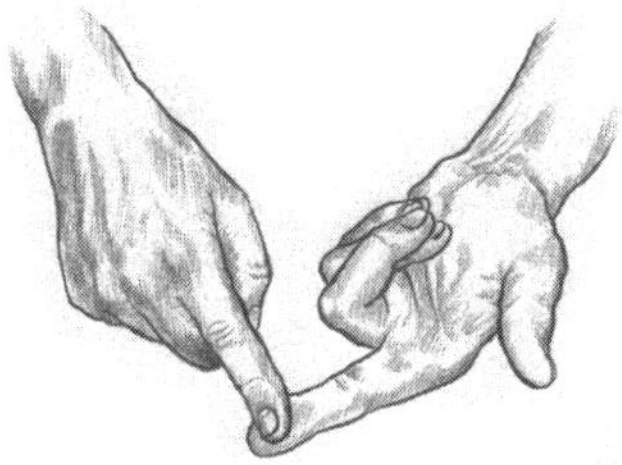

Figure 68

Il énumère à partir du pouce gauche vers l'index, le majeur, etc. de la main gauche en se servant de l'index droit (fig 68).

Ses arguments ne tiennent pas la route et, de surcroît, c'est un vilain menteur, car il va rechercher ses arguments dans un passé dont il est susceptible de revisiter la réalité.

N

LE SEXE DU NEZ

Le nez est un appendice qui sert à respirer, mais dont la forme peut vous couper le souffle.

Comme toutes les excroissances, il est fort sollicité par ceux qui estiment que la nature ne les a pas gâtés. Vous remarquerez aisément que les individus dont le nez se marie idéalement avec le visage ont moins tendance à le triturer dans tous les sens que ceux qui n'ont pas eu cette chance.

Les porteurs de nez camards se les pincent souvent entre le pouce et l'index (fig 69),

Figure 69

ceux qui ont un nez pointu ou trop long se l'écrasent (fig 70).

Enfin, certains individus qui portent leur narcissisme à la boutonnière ont tendance à le signaler distraitement d'un index innocent.

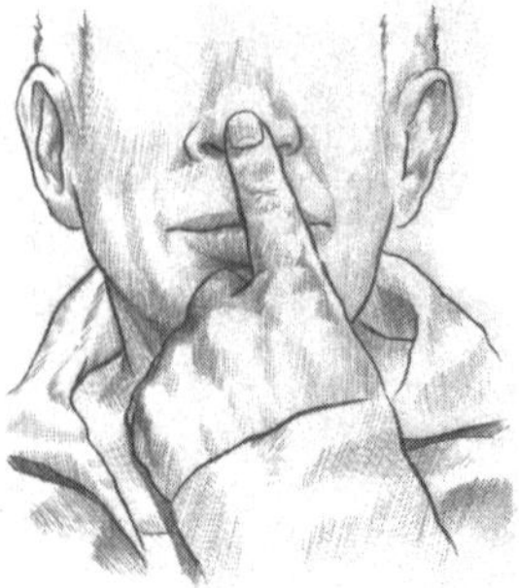

Figure 70

Dans un contexte purement social, les indigènes du Pacifique utilisent le nez contre nez comme nous pratiquons le baiser amical ou social. Selon l'ethnologue Malinowski, cette coutume cache le besoin de se sentir mutuellement. Dans quelle mesure ce frottage est-il lié à l'identification du nez comme représentation symbolique du sexe dans de telles civilisations ? Sans oublier que la vascularisation du nez lors de l'excitation sexuelle rend ce dernier très sensible au toucher. J'en veux pour preuve l'augmentation récurrente des contacts entre les doigts et l'appendice nasal quand le discours des intervenants d'un plateau de télé tourne autour du sujet le plus couru depuis que l'homme a été chassé du paradis : j'ai nommé le sexe. Faites-en l'expérience, parlez de sexe à un homme et il se mettra à se tripoter le nez séance tenante !

À l'identique, si un inconnu vous observe à la dérobée en se frottant discrètement le nez, vous saurez dès à présent qu'il songe déjà aux galipettes qu'il pourrait vous proposer au cas où... Idem si l'inconnu n'en est plus un et qu'il vous joue le jeu du sentiment en se gratouillant les orifices du nez toutes les dix secondes.

Vous saurez que votre coup de cœur est un gros hypocrite et un vrai obsédé sexuel.

L'homme qui vous fait face se caresse soudain l'arête du nez du bout de l'index, coude en appui, sans vous quitter des yeux.

Le nez est le siège du flair mais aussi le symbole du sexe. Tout dépend en somme du contexte de la caresse. Le nez est l'un des sièges de la sexualité en ce qu'il est une protubérance qui symbolise le sexe masculin ou le clitoris de la femme. Vous remarquerez que vos amis se tripotent souvent le nez quand ils font des confidences audacieuses ou quand ils racontent des blagues salaces.

Le nez troué

Le piercing des narines est supposé avoir pris naissance au Moyen-Orient, il y a presque quatre mille ans. De là, il se serait étendu à l'Inde au XVIe siècle, où il a été rapidement adopté dans les castes nobles. Le type de bijou porté pouvait servir à distinguer la caste et la position sociale à laquelle appartenait le porteur du piercing.

Ce piercing a été amené dans l'ouest par les hippies, amoureux des Indes, dans les années 1960. Il a été adopté ensuite par les punks dans les années 1980 jusqu'à devenir tout à fait populaire au cours de ces dernières années.

Narine gauche pour les fils à maman et les tempéraments passionnels, narine droite pour les filles à papa au tempérament anxieux ? Le fait est que cette mode de la narine piercée se remarque plus souvent du côté gauche que du côté droit, mais jamais des deux côtés à la fois. Il s'agit bien d'une identification latéralisée à l'un des deux parents, mais elle indique peut être plus le rejet inconscient de l'image parentale désignée. Cela étant, le piercing des narines débouche aussi sur un symbolisme bien plus explicite.

La narine droite est la narine privilégiée par les hindous. Elle symboliserait la spiritualité, la chance, l'intuition ou la fatalité du destin. Comme vous ne le savez peut-être pas, un fataliste prend la vie comme elle va tandis qu'un philosophe (un peu épicurien) prend la vie comme elle vient. Choisissez votre camp et votre narine !

La narine gauche symbolise le plaisir, la générosité, l'humour et l'indulgence. Un piercing dans cette narine serait un gage de bonheur sur terre, à défaut d'une place au paradis.

Le piercing du septum nasal est effectué dans la cloison centrale du nez. En Nouvelle-Guinée, les Papous y portaient un bijou en os ou en bois. On y place souvent un anneau en forme de fer à cheval, un porte bonheur qui symbolisait à l'origine les organes génitaux de la femme. Autrefois, le fait de l'accrocher au-dessus de la porte d'entrée de la maison était un moyen d'éloigner le Malin en l'empêchant de regarder dans la maison. Il est devenu par la suite un symbole de fécondité.

La racine du nez est le siège gestuel et symbolique de la colère, il est aussi celui du savoir-faire et de l'efficacité. Serait-ce un excellent remède pour calmer les coups de sang des jolies filles colériques ? La colère est une énergie explosive et massive. Sublimée, elle devient le substrat de l'efficacité. Voilà le rapport qui relie le tempérament atrabilaire et la qualité de savoir y faire. Hélas, ce piercing est bien trop rare pour pouvoir confirmer le diagnostic que je propose.

LE SEXE DU NOMBRIL

Les femmes s'étant majoritairement (80 %) mises au pantalon, elles ont donc, depuis 1996, dévoilé leur ventre en toutes saisons, suscitant une fascination particulière liée à l'attrait de la nouveauté. Et par-là même un marché en plein essor, celui de l'abdominoplastie. Au centre de ce ventre (et du monde des adolescentes), le nombril a pris une telle valeur esthétique qu'il est entré au catalogue des organes modifiables par la chirurgie esthétique. L'ombilicoplastie peut même le rendre parfait, c'est-à-dire à la fois bien positionné, petit et vertical.

Aujourd'hui, la règle est aux ventres plats pour les deux sexes et à tout âge. Ce changement de mode a eu un effet secondaire insolite. Il a modifié la forme du nombril. Chez les silhouettes potelées, le nombril est à peu près circulaire, mais chez les individus plus minces, c'est plutôt une fente verticale. Un examen des œuvres d'art représentant les femmes aux proportions plus généreuses des époques précédentes nous confirme que dans leur grande majorité (92 %) elles avaient bien un nombril circulaire. Une étude similaire des photos des modèles d'aujourd'hui nous apprend que ce chiffre tombe à 54 %. Les femmes d'aujourd'hui ont donc six fois plus de chances d'avoir un nombril vertical que leurs plus voluptueuses ancêtres.

Il y a cependant plus dans cette histoire de nombril qu'une simple question de ligne. Ce qui compte, c'est qu'un corps mince aura plus vraisemblablement un nombril vertical. Qu'on le voie ou non, cela dépendra finalement de la pose du modèle. Même les femmes les plus maigres peuvent présenter un nombril rond en se penchant en avant. Aussi les poses modernes, conscientes ou non, semblent-elles mettre l'accent sur le nombril en fente verticale. La raison n'est pas difficile à trouver. Ressemblant à un orifice corporel, le nombril a toujours joué un rôle mineur en tant qu'évocation génitale. Cette dépression au milieu du ventre rappelle fortement les véritables orifices situés plus bas. L'orifice génital de la femme s'intègre à une fente verticale tandis que son orifice anal est de forme beaucoup plus circulaire. Par conséquent, en passant à un nombril vertical, on renforce le symbolisme génital qui lui est rattaché. Dans les photos de pin-ups où la véritable fente génitale est dissimulée, le photographe et son modèle peuvent ainsi s'arranger pour offrir un pseudo-orifice subliminal en tant que substitut du vrai.

Cela peut paraître fantaisiste, mais pour se convaincre de la justesse de cette thèse, il suffit de regarder ce qui est arrivé au nombril durant les période les plus puritaines du XXe siècle. Sur les premières photographies, il était soigneusement effacé au pinceau pour donner l'illusion absurde que le ventre était parfaitement lisse. On faisait cela, disait-on, parce que le nombril était trop suggestif. Quant à ce qu'il suggérait, on n'en parlait jamais.

Avec les premiers films, on assista à une réaction horrifiée et scandalisée lorsque les danseuses exposèrent cette partie de leur anatomie. Une lettre officielle de la censure aux producteurs des *Mille et Une Nuits* disait : « Film pour adultes et à condition que toutes les scènes de danse montrant les nombrils des danseuses soient coupées. » Une seconde vague de pudibonderie imposa à nouveau la censure des nombrils dans les années 1930 et 1940. Le célèbre code de Hollywood stipulait que les nombrils nus devaient être interdits. S'ils ne pouvaient pas être dissimulés par des vêtements, il fallait les combler avec des bijoux ou toute autre parure exotique. Ce qui semblait choquer le plus les puritains, c'était que les danseuses étaient capables de faire bouger leur nombril, le faire béer et s'étirer, pendant qu'elles ondulaient, lascives, le corps à demi dévêtu. C'était pousser trop loin le symbolisme de l'orifice et il était nécessaire de le combattre sans pitié pour prévenir l'hystérie sexuelle des spectateurs.

À peine le monde occidental avait-il levé sa censure sur le nombril au cinéma qu'une nouvelle offensive était lancée. Cette fois, c'était dans la patrie-même de la danse du ventre, le Moyen-Orient où, avec les nouveaux courants religieux et culturels agitant le monde arabe, on ordonna aux danseuses des night-clubs de se couvrir le ventre quand elles pratiquaient ce qu'on appelle maintenant des « danses folkloriques traditionnelles ». Ces restrictions démontrent clairement que le nombril a le pouvoir d'émettre des signaux érotiques, même si pour la majorité d'entre nous, il semble aujourd'hui n'être qu'un détail relativement innocent de notre anatomie. Les manuels d'éducation sexuelle ont parlé de séduction, soulignant la fascination qu'il exerce sur de jeunes amants qui explorent mutuellement leurs corps. Les commentaires de ces ouvrages renforcent son rôle de rappel génital. Par exemple : « Il possède de nombreuses sensations sexuelles exploitables ; il s'adapte au doigt, au gland ou au gros orteil et mérite qu'on s'y attarde pour des attouchements ou des baisers. » Une image fréquente dans ces manuels illustrés montre un homme en train d'explorer le nombril de sa partenaire avec sa langue. Un pseudo-pénis inséré dans un pseudo-vagin. En plus de ces questions liées au sexe, le nombril a provoqué quelques remous dans les cercles religieux. Pour ceux qui croient à la vérité littérale des textes anciens se pose en effet l'épineux problème de savoir si le premier homme possédait ou non un nombril. Si Adam (ou son équivalent dans les autres religions) a été créé par un dieu plutôt que d'être né d'une femme, il est censé ne pas avoir de cordon ombilical, donc pas de nombril. Les premiers artistes eurent à décider s'il fallait ou non inclure un nombril dans leurs représentations du corps d'Adam. La plupart optèrent pour l'affirmative et inventèrent sans doute leurs propres raisons quant à l'existence du nombril d'Adam, mais leur décision amena un problème encore plus ardu. En effet, puisque Dieu a créé l'homme à son image, Lui aussi devait avoir un nombril. Et naturellement, cela entraîna une autre interrogation : qui a donné naissance à Dieu ?

Les Turcs ont trouvé une réponse originale à l'affaire du premier nombril. Ils ont en effet une vieille légende qui explique qu'après qu'Allah eut créé le premier homme, le diable devint si furieux qu'il cracha sur le nouveau venu. Son crachat atterrit au centre du corps de l'homme et Allah réagit aussitôt en arrachant la tache profane pour éviter la contamination. Son acte laissa un petit trou à l'endroit du crachat, ce trou qui fut donc le premier nombril.

Un symbolisme radicalement différent présente le nombril comme le centre du monde et c'est dans ce rôle plus noble que les ascètes bouddhistes le considèrent. « Se contempler le nombril » a souvent été interprété à tort comme une forme de méditation égocentriste alors qu'en fait, c'est au contraire une tentative pour effacer l'individu en se concentrant sur l'univers entier par l'intermédiaire de son point central.

Pour conclure cette promenade à travers l'histoire du nombril, je dirais que ce détail anatomique est plus charmant quand il est dévoilé par une jeune femme que par un homme, fut-il jeune et incroyablement beau.

O

LE SEXE DES ODEURS

Le parfum est l'une des expressions les plus subtiles et entêtantes de la féminité. Les publicités font des parfums les auxiliaires puissants de l'activation du désir sexuel[1].

Une femme ne se sent pas attirée par un inconnu à cause de son look ou du timbre chavirant de sa voix tout comme un homme ne va pas craquer à la vue d'une paire de seins agressivement érotique. Les odeurs influent aussi sur le jugement instinctif de sympathie ou d'antipathie, même au niveau d'un meeting politique. L'odeur est une fragrance subliminale perçue par un mode d'olfaction inconsciente chez l'être humain. Ainsi, la psychologue expérimentale Pamela Dalton, du centre Monell de Philadelphie, a montré en 2002 que les femmes ont une plus grande capacité de discernement olfactif des phéromones, composés volatils sécrétés par la peau et exerçant une attirance sexuelle. Pour le choix du partenaire, la femme se laisse également davantage influencer par son odorat. C'est le complexe amygdalien qui recueille les influx des centres de l'odorat aussi bien que les informations visuelles. Jusqu'à présent, on pensait le complexe amygdalien activé seulement par les

---

1. Pierre Yves CHEREUL, *Les Médias, la manipulation de l'esprit, leurres et illusions,* éd. Lacour.

odeurs désagréables, mais le psychologue Noam Sobel, de l'université de Berkeley, a découvert qu'il réagit aussi à des odeurs agréables. N. Sobel conforte ainsi une hypothèse déjà émise par ailleurs selon laquelle cette structure (le complexe amygdalien) serait responsable, non seulement de la peur et de l'antipathie, mais aussi des sentiments de sympathie spontanée. En tout état de cause, on ne percevrait pas une pensée consciente précise, mais simplement un sentiment d'attirance ou de répulsion fondé sur une fragrance subliminale.

Séduction et phéromones

Les odeurs sont essentielles dans la séduction de nombreuses espèces animales, des insectes aux mammifères. Signal de reconnaissance chimique pour détecter la présence d'un partenaire et le trouver, les phéromones contribuent aussi à l'excitation et à la mise en condition des partenaires. Elles jouent un rôle déterminant dans la motivation sexuelle et la synchronisation du comportement. Cette dernière est souvent inconsciente et la séduction par l'odorat est importante, même chez les humains, qu'on peut considérer comme des handicapés olfactifs comparés aux autres mammifères.

Les neurones miroirs

Un mécanisme nerveux cérébral important, et le plus souvent inconscient, synchronise les mouvements et en particulier les danses de pariade[1] de deux ou plusieurs partenaires. Il repose sur des neurones miroirs, découverts chez le rat et le singe, mais qui semblent

1. Formation des couples qui précède la période de reproduction.

présents chez de nombreux animaux, humains compris. Ces cellules nerveuses spécialisées permettent d'anticiper les mouvements d'un danseur ou d'un sportif dont on accompagne des performances que l'on serait bien incapable d'accomplir soi-même. Dans le cas des manœuvres de séduction, les neurones miroirs permettent d'anticiper les mouvements de partenaires de danse ou de pariade et de se synchroniser avec eux. Bien que ces observations se limitent, à ce jour, aux mammifères supérieurs et aux humains, des mécanismes semblables ou équivalents existent sans doute chez les nombreuses autres espèces animales qui pratiquent des danses de séduction synchrones et coordonnées. Le succès des cours de danses modernes pourrait d'ailleurs procéder de ce phénomène olfactif. Les mouvements du corps libèrent les odeurs corporelles, auxquelles la femme est la plus sensible. Je vous renvoie aux cours de fitness généralement fréquentés par l'élément féminin, ainsi qu'aux cours de danse à la mode (tango et salsa) dans lesquels on compte 2/3 de femmes pour 1/3 d'hommes. Dans cette optique, peut-on imaginer que le succès de la danse repose sur une plus grande production de phéromones ?

Effectivement, un professeur de salsa qui exerce au Mans m'a confirmé que sur cinq cents personnes intéressées par son cours, il y avait 69 % de femmes pour 32 % d'hommes.

LE SEXE DE L'ŒILLADE

L'œillade est un clin d'œil délibéré qui indique une connivence supposée entre le producteur et le receveur. Considérée comme une invite sexuelle si le clin d'œil s'adresse à un étranger, l'œillade n'est qu'un appel à la complicité et un geste humoristique parce que souvent accompagnée d'un demi sourire ou d'une moue ironique.

Clin d'œil droit (l'œil droit se referme, le gauche reste ouvert) : vos émotions (œil gauche) priment sur votre raison (œil droit fermé). C'est le clin d'oeil juvénile de l'éternel ado, un peu dragueur sur les bords et très séducteur à défaut d'être séduisant ! Il signifie : « Tu me plais ! » même si ce compliment gestuel n'est pas suivi d'effets. C'est souvent un compliment sans engagement, juste une caresse positive adressé à l'ego du receveur ou de la receveuse.

Clin d'œil gauche : c'est le clignement amical par excellence. Beaucoup plus paternaliste ou complice que séducteur. Il signifie : « Nous sommes du même bord. »

Soyez toujours attentive à la latéralité du clin d'œil qui vous est adressé. Son producteur n'est pas toujours conscient du message qu'il vous envoie. Un clin d'œil gauche de la part d'un homme qui vous fait la cour est une trahison de ses intentions effectives. Il simule. Un clin d'œil droit de la part d'un pseudo-copain est une déclaration d'intention inconsciente. Vous lui plaisez, mais il niera son attirance pour ne pas vous mettre mal à l'aise vis-à-vis du locataire actuel de votre petit cœur. Les œillades sont des refrains gestuels alternatifs, comme le croisement des jambes, en fonction du contexte de leur apparition.

L'œillade est un tic masculin, mais certaines femmes le reproduisent couramment quand elles détiennent ou croient détenir une parcelle de pouvoir.

LE SEXE DE L'OPTIMISME

Quand une bouteille est décrétée à moitié pleine, elle ne peut plus être à moitié vide.

La science nous informe que l'énergie est le carburant que possède un système pour produire un travail donné. En physique, on parle d'énergie cinétique, thermique, mécanique, chimique, électrique, solaire, etc. On sait également que les variations de l'énergie interne d'un système dépendent de ses états initial et final. Enfin, l'énergie chimique potentielle d'un être vivant est représentée par son métabolisme de base (énergie physiologique minimale), qui est la dépense énergétique de l'organisme au repos complet. Il ne faut pas oublier que toute énergie se transforme. De cette faculté de transformation provient sa puissance, c'est-à-dire son potentiel cinétique.

Tout est énergie dans le corps humain, bien avant de se transformer en qualités ou en défauts, en capacités ou en incompétences, en émotions ou en pensées positives ou négatives. Et de la pensée à l'optimisme ou à son contraire, le pessimisme…

Les femmes sont-elles plus optimistes que les hommes ? Il est à noter que les femmes se plaignent moins que leurs compagnons de l'angoisse de la mort. Repos du guerrier ou du chasseur qui revient à la grotte avec son gibier, l'histoire nous rappelle aussi qu'elles étaient habituées à soutenir le moral des troupes en campagne. Dont acte !

L'optimisme féminin est une question de survie. Elles éprouvent le besoin de remonter le moral de leur conjoint pour assurer leur sécurité matérielle et celle de leur famille. Aaron Timothy Beck, pionnier de la thérapie cognitive, considère le chiffre de deux tiers de pensées positives pour un tiers de pensées négatives comme la base d'un bon fonctionnement de l'humeur. La norme, c'est 66 % d'optimisme pour 34 % de pessimisme. Nos pensées négatives sont nécessaires, car elles nous protègent et nous permettent de rester réalistes. Les gens qui sont à 50/50 n'ont pas très bon moral, peuvent être un peu pessimistes, douteux et hésitants et ils n'osent pas passer à l'action. Il faut bien comprendre que le pessimisme est maintenu par l'inaction et que l'optimisme va être développé, même s'il est acquis très tôt, grâce à l'action.

Les travaux des psychologues sur la notion d'apprentissage précoce sont fondamentaux, notamment ceux de Martin Seligman, psychologue comportementaliste, chercheur à l'université de Pennsylvanie, aux États-Unis. Son étude concerne ce que l'on a appelé « l'impuissance apprise ». Des souris ont été séparées en deux groupes. Le premier a été placé dans un bac de liquide opaque avec une île en dessous, invisible pour les souris. Les souris se sont mises à nager jusqu'à ce qu'elles découvrent l'île sous leurs pattes, leur permettant de se reposer et de survivre. Le deuxième groupe a été mis dans un bac contenant le même liquide opaque, mais sans île pour « prendre pattes ». Elles ont nagé jusqu'à épuisement de leurs forces. Les deux groupes ont ensuite été placés dans un bac sans île. Résultat : le premier groupe a nagé deux fois plus longtemps que le deuxième, gardant l'espoir de trouver une île. Celles qui n'avaient pas eu d'île la première fois ont très vite arrêté de nager. Elles savaient que cela ne servait à rien de nager plus longtemps et se sont laissé couler par désespoir. Autrement dit, elles ont conçu un certain pessimisme qui a engendré une impuissance à agir.

D'où l'idée que si, antérieurement, nous avons eu des expériences de réussite grâce à nos efforts, nous avons créé nous-même notre propre optimisme.

Le meilleur processus d'apprentissage, demeure l'imitation d'un modèle. Pour simplifier, si l'on fréquente des gens optimistes, on devient optimiste, et si l'on voit des gens pessimistes, on devient pessimiste. Un constat à mettre en parallèle avec l'humeur influencée par la lumière du jour. Tout dépend cependant de votre nature institutionnelle. Un optimiste confirmé ne supportera pas de fréquenter un entourage pessimiste et vice versa.

La plupart des processus thérapeutiques actuels insistent sur la culture de la pensée positive, mais omettent de préciser que les gestes traduisent, sans fausse honte, le cortège des pensées négatives qui se bousculent sans interruption derrière le front de chacun. Comment, en effet, encaisser béatement le bombardement de messages « catastrophistes » en provenance des médias ? La pensée négative est omniprésente dans l'attitude mentale de tout individu et nul ne peut s'empêcher d'exprimer ses débordements malgré les avis éclairés des psy du nouvel âge.

Les gestes trahissent sans vergogne les pensées politiquement correctes que l'on s'échine à aligner en ordre de bataille pour combattre les effluves du pessimisme. Il ne s'agit pas d'accuser les gestes, ils ne sont que les instruments de nos émotions. On ne peut accuser les émotions car, à l'instar des gestes, elles ne sont que les instruments du Moi qui s'expose aux regards, aux paroles, aux messages en provenance du monde extérieur.

La chorégraphie gestuelle est un instrument de séduction sociale dont chaque individu a besoin pour vendre son image à son entourage. Une chorégraphie gestuelle en décalage débouche inéluctablement sur une communication falsifiée avec l'échec du message au bout du compte. Ce ne sont pas les pensées négatives qu'il faut mettre sous haute surveillance, mais ce sont les gestes qu'il faut ausculter chaque fois que l'on se trouve en présence d'un spectateur, car de la mise en scène de nos gestes dépendra le succès de nos entreprises. Nous vivons dans une société audiovisuelle, c'est-à-dire que le verbe aussi a son importance, mais c'est toujours la vision qui l'emporte sur le mot. Or, jusqu'à nouvel ordre, le geste se voit mais ne s'entend pas. Il est donc impératif, à mon avis, de prendre conscience de l'importance du décor gestuel que nous offrons à nos détracteurs par ignorance.

Les mimiques du visage dépendent étroitement de la qualité des pensées qui nous passent par la tête. À plus forte raison, un climat mental pessimiste entraînera toujours un appauvrissement de la richesse mimique de la face. Quand un interlocuteur étale sa misère devant vous, il ne vous viendrait jamais à l'idée d'en rire (ou alors d'amertume). Votre visage se figera dans un masque approprié à l'étendue du malheur qui le frappe. Réaction parfaitement adaptée à l'atmosphère qu'il a mise en scène.

S'il vous arrive d'analyser l'ambiance qui règne dans votre propre mental, tout en prenant conscience des limites corporelles de votre visage, vous constaterez très vite que ses contours sont plus toniques ou, à l'inverse, plus figés en fonction de la qualité du climat qui règne dans votre esprit. Cette prise de conscience est la première règle de la maîtrise mimique du visage.

Sur le plan mimique, les hommes sont moins expressifs que leurs compagnes, d'où la présomption de pessimisme qui leur pend au nez. Ils exercent généralement un contrôle sur leurs émotions qui filtre l'expression de leurs sentiments. L'homme joue au poker avec la vie, il se doit de conserver une certaine neutralité qu'il apparente à la maîtrise de soi pour ne pas se trahir.

Les femmes sont plus démonstratives, donc plus aptes à exprimer leurs émotions. Partant, elles libèrent plus de dopamine, l'hormone du plaisir, qui est l'un des carburants de l'optimisme. *(Voir : Le sexe de l'applaudissement)*.

P

LE SEXE DE LA PARITÉ

Imaginons une compétition entre les hommes et les femmes dans le cadre du travail. À cause de leur héritage phylogénique, les hommes relèguent trop facilement les femmes au second plan. Cet héritage ne donne pas seulement aux hommes le goût de la compétition, il leur confère une tendance à se surévaluer, une forte tolérance à l'échec et un esprit de hiérarchie. La tolérance à l'échec est une donnée essentielle car elle stimule une forte résistance à la frustration.

Une anecdote qui m'a été rapportée sur une situation de recrutement illustre bien ce type de compétition. « Cinq hommes et cinq femmes, de qualifications équivalentes, posent leur candidature à un poste de direction. Une femme obtient le poste. L'une des candidates recalées est si déçue qu'elle renonce à tout espoir de promotion ultérieure. Les hommes, au contraire, ne se laissent pas décourager. Lors de la campagne de recrutement suivante, l'un d'eux est embauché. Une femme renonce à son tour et au bout du compte il ne reste plus que deux femmes en compétition contre quatre hommes. »

Cette modélisation prédit qu'un nombre plus important d'hommes occupera finalement les postes convoités, sans qu'ils aient à écarter activement les femmes, essentiellement parce que la résistance masculine à l'échec est supérieure à celle des femmes.

Doit-on en déduire que des facteurs comportementaux s'opposent à la parité ? Cette supposition n'est pas en odeur de sainteté, mais elle pourrait reposer sur des bases plus sérieuses que ne le souhaiteraient les féministes.

La gestuelle de l'échec est synonyme de celle de la fuite ou du renoncement, adoptée par une majorité de femmes en situation de conflit avec un homme ou en situation de concurrence intersexuelle.

LE SEXE DE LA PEAU

La peau des femmes est plus fine, elle subit des variations hormonales brutales et se révèle plus sensible à leur impact psychologique. Ainsi, l'acné, plus durable chez les femmes, est aussi plus difficile à vivre, car il peut donner la sensation de passer directement des boutons aux rides, avec, pour certaines, des flambées d'acné durant leur grossesse (ce qui n'interdit pas les traitements locaux). À cela s'ajoute le masque de grossesse et les méfaits de certains cosmétiques. Viennent enfin les rides, qui s'accentuent avec la ménopause. Elles sont plus marquées que chez l'homme en raison de la finesse de la peau.

La main qui gratte est-elle identique pour l'homme et pour la femme ?

Nous privilégions tous une main au détriment de l'autre pour nous gratter. Les démangeaisons peuvent se manifester à gauche comme à droite du corps. Est-il plus logique de faire appel à la main correspondante ou à la main opposée pour les soulager ?

Les démangeaisons de la partie gauche du corps sont associées au cerveau droit, comme vous vous en doutez, et représentent des microsignaux émotionnels. Les démangeaisons de la partie droite trahissent une perturbation de votre esprit logique. Telle est l'hypothèse de travail ! On se gratte des deux mains, mais une main est plus active que l'autre en la matière. L'autoscopie ne suffit pas à évaluer cette fréquence, il faut être filmé pour pouvoir tirer des conclusions valables. Le grattage est tellement anodin et tellement fréquent qu'il ne se remarque même plus, hors d'un document filmé. C'est la raison pour laquelle je préfère me focaliser sur les doigts actifs en cette matière.

Le langage des doigts qui grattent

Le sujet se gratouille le visage avec une préférence pour :

Le pouce droit
Il solde son enthousiasme.
L'index droit
Il ne maîtrise pas la situation ou craint de ne pouvoir s'affirmer.
Le majeur droit
Sa confiance en lui est perturbée.
L'annulaire droit
Il n'est pas très déterminé.
L'auriculaire droit
Il avoue sa curiosité mais pas son intérêt. Curieux mais pas motivé à vous suivre.

Le pouce gauche

Le plaisir n'est pas au rendez vous. En clair, il n'est pas satisfait.

L'index gauche

Il trahit sa concupiscence ou sa jalousie.

Le majeur gauche

Il a l'impression qu'on ne l'estime pas à sa juste valeur.

L'annulaire gauche

Il a l'impression d'être rejeté ou mal compris.

L'auriculaire gauche

Il se sent infantilisé. C'est aussi un signe de mépris.

Les femmes utiliseront en général les doigts de la main gauche pour apaiser leurs démangeaisons et les hommes, les doigts de la main droite.

LE SEXE DES PENSÉES

Certaines femmes pensent ou réfléchissent en s'adressant mentalement la parole, comme si elles parlaient à leur reflet dans le miroir. Les hommes ne souscrivent pas à ce mode de pensée. Ils tentent de structurer leur réflexion autour d'un ego monolithique et tournent souvent en rond, ce qui les oblige à trouver une oreille compatissante pour leur permettre de réfléchir à voix haute. Ce n'est pas sans raison que les cadres masculins apprécient les débriefings. Ces séances leur permettent de réfléchir en chœur.

Contrairement à ce qui est dit, la plupart des femmes pensent d'abord et parlent ensuite. Les hommes parlent d'abord et pensent ensuite à ce qu'ils viennent de dire. Il leur arrive parfois de commenter le discours de leur interlocuteur, mais ce n'est pas souvent et surtout pour marquer leur objection.

LE SEXE DES PERFORMANCES SEXUELLES

« Le singe mâle monte sa femelle par derrière, introduit son pénis, donne quelques rapides coups de rein, éjacule, descend et ils se séparent aussitôt. L'ensemble de la rencontre aura duré quelques secondes. Je vous cite quelques exemples qui donneront une idée claire de l'extrême brièveté qui est de règle. Chez le singe bonnet, le mâle donne cinq à trente coups de rein. Chez les hurleurs d'Amérique, le chiffre se situe entre huit et vingt-huit, avec une moyenne de dix-sept, le tout en vingt-deux secondes auxquelles s'ajoutent les dix secondes nécessaires pour mettre les corps en position. Le singe rhésus donne deux à huit coups de rein, qui prennent en tout trois à quatre secondes. Plusieurs séries d'observation ont été faites sur les babouins : pour la première, quinze coups de rein, en sept à huit secondes ; pour la seconde, six coups de rein, sur huit à vingt secondes, pour la troisième, cinq à dix coups de rein en dix à quinze secondes. Deux communications sur les chimpanzés situent la performance moyenne du mâle, pour la première : entre quatre à huit coups de rein, avec un maximum de quinze ; et pour la seconde : entre six à vingt coups de rein, pour un temps total d'accouplement de sept à dix secondes. » *Le Couple nu*, Desmond Morris, Grasset.

Les performances des hommes

Le rapport entre le mental et le sexe est déterminant chez l'homme. Le niveau d'excitation non maîtrisé provoque soit une éjaculation précoce au grand dam de sa partenaire, soit une érection molle avec ou sans éjaculation. Tous les hommes ne sont pas des athlètes du plumard, loin s'en faut. Pour éviter l'éjaculation précoce, il existe toute une série de moyens plus ou moins dangereux pour la santé (la poudre de cantharide et autres aphrodisiaques, dont le fameux stimulant sexuel : le Viagra) mais le plus efficace est incontestablement le priapisme. Il s'agit d'une érection prolongée qui apparaît sans le support d'une excitation sexuelle. Chez les hommes qui en sont atteints, l'éjaculation, au bout du compte, se produit sans jouissance et signale la fin de l'érection. Dans des conditions plus naturelles, la capacité de contrôler l'éjaculation est liée à un entraînement mental. L'amant copule sans se focaliser sur l'acte sexuel, mais en vidant sa conscience de toute pensée ou image qui pourrait s'y rattacher. Il agit mécaniquement comme s'il effectuait une série d'exercices physiques en veillant à stabiliser le rythme des mouvements de pénétration et aussi celui de ses pulsations cardiaques. Cette manière de procéder est évidemment efficace et appréciée par sa partenaire dont l'orgasme est parfois lent à venir. Mais cette vision très mécanique de la sexualité n'a pas grand-chose à voir avec le plaisir charnel. Elle est fortement prisée par les acteurs de porno.

Les performances des femmes

Comme une femme peut avoir plusieurs orgasmes consécutifs, les hommes qui pratiquent cette méthode sont considérés comme de super-amants. En réalité, ce sont surtout des machines à faire jouir leurs partenaires, jouissance dont ils ne tirent pas grand-chose d'autre que de l'orgueil. Le besoin d'entretenir ce sentiment les pousse à multiplier les aventures pour gratifier leur ego mais il les éloigne du plaisir sexuel et des instants de tendresse qui accompagnent l'amour charnel. Il faut choisir entre l'exigence de la performance et le partage du plaisir.

LE SEXE DE LA PERSPICACITÉ

Pourquoi les femmes évalueraient-elles leurs semblables avec davantage de perspicacité que les hommes ?

Ce talent aurait une longue histoire. Depuis l'aube de l'humanité, les femmes devaient choisir avec soin le père de leurs enfants, car leur constitution limite le nombre de leurs descendants. En conséquence, elles sont attentives (de façon instinctive) à la protection et à l'assistance que leur compagnon de vie leur apportera à elles et à leurs enfants, ce qui expliquerait leur grande circonspection en matière de choix de partenaire. Voilà pourquoi les femmes sont toujours plus perspicaces que leurs compagnons. Hélas, ces derniers réagissent souvent très mal quand ils sont confrontés à la lucidité de leurs compagnes. Comme si le flair, qui n'est jamais qu'une autre facette de la perspicacité, n'appartenait qu'aux hommes.

La lucidité de la femme repose entièrement sur cette intuition qu'on dit tellement féminine.

Quelle différence entre le flair et l'intuition ?

Le premier repose sur une constante sensorielle typiquement masculine, la seconde sur la vitesse lumière de l'intelligence féminine et un complexe amygdalien plus entraîné. Les femmes n'emploient jamais le terme « flair » pour désigner leurs intuitions, comme s'il appartenait en priorité à l'homme.

Pour conclure, le complexe amygdalien détermine notre sympathie ou notre antipathie envers les autres, disons que l'évolution a élaboré un système cérébral de reconnaissance rapide de l'ami ou de l'ennemi, système qui fonctionne indépendamment de la conscience et de la réflexion. Le complexe amygdalien et le système de traitement des odeurs nous manipulent à leur gré plutôt qu'au nôtre. Nos représentations mentales conscientes peuvent néanmoins tempérer, dans une certaine mesure, ces attirances et ces répulsions, en cas d'erreurs de jugement grossières[1].

LE SEXE DU PLAISIR

« Car en somme, lorsque le plaisir se rend si facile d'accès, quand il n'y a plus qu'à tendre la main, où se niche la satisfaction ? » Une boussole pour la vie, *F. Hervieu-Hane, Albin Michel*

Quelles sont les relations entre l'amour et les fonctions cérébrales ? Existe-t-il des centres cérébraux du plaisir ou des neurones du coup de foudre ?

L'hypothalamus détient sans doute un certain nombre de réponses. En 1954, les neurologues américains James Olds et Peter Milner ont implanté dans le cerveau de rats de petites électrodes qui transmettaient des stimulations électriques, et ils constatèrent que les rats revenaient sans cesse à l'endroit où ils savaient qu'ils recevraient une décharge. Les rats apprirent même à actionner un levier et à commander eux-mêmes la stimulation de leur centre du plaisir. Parfois, ils se stimulaient des milliers de

1. Voir le sexe des odeurs.

fois par heure, au point de négliger leurs besoins vitaux. Ce comportement évoque évidemment la dépendance à une drogue, mais aussi d'une certaine façon l'attitude de personnes éperdument amoureuses qui recherchent de façon compulsive la présence ou le contact physique de la personne aimée. Le besoin de toucher l'autre est perçu comme une satisfaction roborative, voire comme la libération d'une frustration. Comme si ce contact était chargé d'une énergie magique. Du toucher au besoin de pénétrer le territoire charnel ou d'être pénétrée, il n'y a qu'un pas que certains franchissent allègrement. Mais pour quelle raison ? La pratique sexuelle assidue est souvent une reproduction des sentiments que les amants de rencontre ne parviennent pas à éprouver avec un partenaire constant. L'infidélité trouve d'ailleurs sa source dans cette sexualité frénétique. Ils sont accro à la dopamine, l'hormone du plaisir. Certains individus sont atteints de névrose sexuelle, une désorganisation comportementale qui repose sur une insatisfaction sexuelle profonde. Les nymphomanes en sont l'expression la plus connue.

Pour en revenir aux rats de laboratoire, les neurologues postulèrent que les stimulations électriques activaient un « centre du plaisir ». Le creuset cérébral où prenait naissance la sensation de plaisir était un système de cellules nerveuses émergeant du mésencéphale, traversant l'hypothalamus latéral et alimentant une partie importante du cerveau antérieur en dopamine. On en déduisit que la dopamine est le neuromédiateur du plaisir. De fait, lorsque les animaux consomment un aliment qu'ils apprécient, qu'ils copulent ou qu'ils sont sous l'effet de drogues, telles la cocaïne, les amphétamines, l'héroïne ou la nicotine, la dopamine est libérée en grande quantité dans le cerveau. Tout comme les animaux apprennent à délivrer une décharge au moyen d'une électrode, ils apprennent à s'auto administrer ces drogues d'autant plus facilement qu'elles sont délivrées directement dans le système neuronal qui libère la dopamine dans le cerveau. De plus, quand on désactive expérimentalement l'ensemble des neurones à dopamine, les récompenses électriques, chimiques ou naturelles n'ont plus d'effet ; la sensation de plaisir qui poussait les animaux à exécuter inlassablement la tâche d'autoadministration, semble avoir disparue. Bien sûr, on s'interroge : les rats ressentent-ils du « plaisir » au sens où nous l'entendons ?

La dopamine

L'étude de la dopamine permet de mieux comprendre la dynamique du plaisir. On a constaté que la concentration en dopamine augmente dans le cerveau des rats qui reconnaissaient un lieu où ils ont copulé auparavant. Si l'on place un rat mâle dans une cage où il s'est déjà accouplé et si on lui présente une femelle à laquelle il aura accès, la concentration en dopamine augmentera dans son cerveau dès qu'il pénètrera dans la cage. Il semble attendre une nouvelle expérience de plaisir et s'y préparer.

Orgasme sur commande

L'implantation d'électrodes dans le cerveau humain ne peut être pratiquée que dans le cas d'interventions chirurgicales de derniers recours. On ne dispose que de très rares résultats. Des patients ayant subi une stimulation de l'hypothalamus latéral ont décrit des « sensations ambiguës, comme si quelque chose d'intéressant et d'excitant allait se produire ». Des sensations agréables résultent aussi de la stimulation d'autres régions cérébrales, telle la partie latérale du septum, zone de jonction entre les deux hémisphères cérébraux. Ces sensations furent décrites comme comparables au plaisir ressenti lors de l'orgasme. Lorsque le patient pouvait stimuler lui-même cette zone, il le faisait activement, mais sans pour autant atteindre réellement un orgasme. L'activité cérébrale pourrait être assez proche, chez l'homme et chez la femme, des expériences d'imagerie cérébrale ayant révélé l'activation de zones cérébrales similaires chez les uns et chez les autres lorsqu'ils observent des scènes érotiques ou pornographiques. Ces aires sont situées notamment dans le cortex orbito-frontal.

Hommes et femmes ne perçoivent pas la finalité du plaisir de la même façon. Pour les premiers, les prémices sont plus excitantes, pour les secondes, le plaisir principal se situe dans l'accès au point culminant de l'orgasme. L'homme est plus souvent hypnotisé par la performance tandis que la femme joue les prolongations.

Le test de la balance

Le pouce gauche est le siège symbolique du plaisir, le droit est celui du désir. Êtes-vous en phase de désir ou de plaisir sur le plan sexuel ? Si vous testez les énergies respectives de vos pouces au test de la balance, vous constaterez qu'il y a des différences pondérales démesurées entre les deux pouces. Ces différences ne sont pas forcément justifiées par votre latéralité[1].

1. Pour procéder à cette expérience, vous devez disposer un pèse personne sur une table et appuyer successivement chaque pouce sur le plateau de la balance sans vous aider de l'appui de l'autre main sur le support.

Le droitier aurait d'office le pouce plus fort à droite. Si vous êtes en demande de plaisir, votre pouce gauche supplantera le droit quelle que soit votre latéralité. Si vous êtes en demande ou aiguillonné par le désir, votre pouce droit sera plus énergique que le gauche.

La phase de désir est plus fréquente chez les personnes frustrées d'une sexualité équilibrée ou abstinente. La phase de plaisir se retrouve chez les individus qui parviennent à satisfaire leurs désirs sans se voir opposer des délais ou des refus par leur partenaire.

LE SEXE EN POLITIQUE

Pour les Français, les femmes politiques seraient plus à l'écoute que leurs homologues masculins. Dans un sondage évoquant le trou d'air que traversait Ségolène Royal vers la fin janvier 2007, elle remportait tout de même 40 % d'opinions favorables contre 38 % pour son adversaire en ce qui concernait l'écoute des préoccupations de ses concitoyens.

L'irrésistible ascension de Ségolène Royal a fait aussi rêver les femmes de droite ! Les femmes en sont convaincues : la relève en politique passera par elles. Jacques Chirac avait d'ailleurs fait un pas dans cette direction en souhaitant inscrire le projet de loi sur la parité dans les exécutifs des régions et des communes de plus de trois mille cinq cents habitants. Au moment où les Français jugent leurs hommes politiques de plus en plus éloignés de leurs préoccupations, la tentation de passer le relais aux femmes grandit. « Les vieux stéréotypes sur les femmes n'ont pas disparu, mais la vision des leaders politiques a beaucoup changé, confirme Brice Teinturier, de la

Sofres. Les Français attendent du concret. Les femmes jugées plus pragmatiques et à l'écoute, faciliteront selon eux ce renouvellement ». Sans ce sentiment, conclut Teinturier, le « phénomène Ségolène n'existerait pas »...

« Quand Ségolène Royal et Nicolas Sarkozy prononcent la même phrase, les Français n'entendent pas le même message, constatait Valérie Pécresse, ex porte-parole de l'UMP devenue ministre de l'Enseignement. Si Sarko avait proposé les militaires pour s'occuper des délinquants, les banlieues auraient flambé illico. Quand Ségolène l'a dit, tout le monde s'est écrié : *"Oh, quel bon sens !"* Preuve que nos concitoyens perçoivent autrement ce que disent les femmes. »

« Attention à ne pas être confinées dans des rôles compassionnels sous prétexte de qualités humaines », avertit l'ex-ministre des victimes Nicole Guedj... « Les hommes ont du mal à comprendre que je n'avais pas vocation à être assistante sociale », confirme Françoise de Panafieu, gagnante des primaires UMP à Paris.

Avant de donner un visage plus paritaire à la politique, encore faut-il que les femmes accèdent aux mandats. « Il y a 13 % de femmes députées. Mais en réalité, 5 % au plus accomplissent plus d'un mandat. Le plus souvent, elles ne font que passer », déplorait Nathalie Kosciusko-Morizet lorsqu'elle était encore députée de l'Essonne. Depuis lors, elle a hérité de la charge de secrétaire d'État auprès du ministère de l'Écologie. La solution ? S'accrocher ! « Chaque semaine je vérifie s'il y a toujours mon nom sur le fauteuil de porte-parole », plaisantait Valérie Pécresse. Laquelle s'était convaincue que « seul le non cumul des mandats locaux et parlementaires ouvrira une fenêtre de tir décisive pour les femmes ». Et ce n'est pas demain la veille que ces messieurs du landerneau politique accepteront de céder leurs sinécures superfétatoires pour ne conserver qu'un seul mandat.

LE SEXE DE LA POLYGAMIE

Le sexe et le désir ne sont pas tout dans la vie ! La qualité d'une relation n'est-elle pas plus importante que l'attirance sexuelle ? Dans la nature, toutes les combinaisons existent : les orangs-outans ne s'unissent que pour la procréation et mènent le reste du temps une vie solitaire ; en revanche, les gibbons sont monogames, les gorilles constituent des harems et les chimpanzés changent souvent de partenaires[1]. Chez l'homme, tous les types de relations existent, même si une tendance à la monogamie semble dominer.

La polygamie autorisée par la religion musulmane peut choquer nos esprits occidentaux, mais il faut comprendre son origine historique et sociétale. Dans les sociétés guerrières, les hommes étaient en minorité à cause des affrontements tribaux qui les décimaient. Il fallait donc renouveler le « stock de guerriers » en procréant le plus possible. Les jeunes femmes nubiles étant en surnombre, la polygamie s'instaura naturellement comme une obligation sous peine d'extinction du clan. La naissance d'un garçon était évidemment perçue comme un don du ciel. Ce qui explique pourquoi, encore de nos jours, la naissance d'une fille n'est pas accueillie avec le même esprit festif chez les musulmans et dans tous les groupes sociaux où la valeur offensive de l'homme est perçue comme un atout pour la protection du groupe.

---

1. Voir La planète sexuelle des singes.

LE SEXE DES POUCES

Les *deux pouces* correspondent au siège des besoins primaires et secondaires. Instinct de survie ou de conservation, plaisirs (oral, anal et libidinal) et désirs.

Le *pouce droit* est le siège symbolique du désir au sens large du terme, de la sexualité et des motivations.

Le *pouce gauche* est le siège symbolique du plaisir, de l'imaginaire, de la créativité, c'est à dire la capacité de remise en question.

Lorsque chaque pouce porte une bague

Chez une femme : Il y a une confusion entre le désir et le plaisir.

Voyeuse ou exhibitionniste, au choix ! Bref, très physique, elle est folle de son corps ! Le sexe est son obsession plus que sa passion. Elle est insatiable. Elle ne vous sera infidèle que si vous n'êtes plus en mesure de suivre le rythme. Si vous en refusez l'augure, ne prenez aucun pari sur l'avenir. Elle est indocile, courtisane de naissance et volage comme un papillon, libertine, érotomane et délurée. Vous voilà prévenu ! Les ongles carrés très longs et artistiquement manucurés confirment statistiquement le diagnostic. Comme toutes les vamps, c'est une aventurière du sexe le plus anticonformiste qui soit. Une bimbo pur sucre.

Chez un homme : Le sexe est sa religion. Et surtout, ne vous fiez jamais aux apparences, qui par définition, sont toujours de vilaines menteuses.

Le pouce droit est bagué en solitaire

Chez une femme : Doigt de la motivation ou du désir sexuel au sens plein du terme, une bague enfilée sur ce doigt est une enseigne au néon qui clame l'insatisfaction sexuelle de sa propriétaire. Anorgasmique ou insatiable, elle affichera toujours cette carence dans le reste de son habillement ou en potentialisera le message en combinant un anneau au pouce droit avec une bague sur l'annulaire gauche : « Je réclame le droit de jouir ! »

Chez un homme : Très sensuel ou très sexe, au choix. Il est obsédé par ses conquêtes passées présentes et à venir.

Le pouce gauche est bagué en solitaire

Chez une femme : Le pouce gauche est le support symbolique de la créativité, de l'imaginaire, de la sensibilité et de la sensualité. Doigt du plaisir *largo sensu* par opposition au pouce droit qui est le doigt du désir. Une bague enfilée sur ce pouce n'est pas aussi rare qu'on se l'imagine. Nombre de jeunes filles ou de jeunes femmes y sont abonnées. Elles affichent ainsi leur besoin insatiable de câlins, de caresses, de compliments ou de gratifications de tous ordres mais pas forcément de sexe. Ce sont des femmes inachevées, en quelque sorte, qui peuvent être aussi insensibles qu'hypersensibles. Elles sont toujours hyper-susceptibles, ce qui n'arrange pas le tableau…

Chez un homme : Surinvesti dans ses fantasmes mais pas forcément dans le passage à l'acte.

LE SEXE DE LA PREMIÈRE RENCONTRE

Quels sont les jeux de rôles en vertu du sexe ?

L'intérêt des chercheurs pour les situations de la première rencontre ne date pas d'hier. En 1984, l'analyste littéraire Jean Rousset étudia la scène de la première rencontre dans le roman. Il montra que, quelque soit l'époque (de Héliodore à Flaubert, en passant par Rabelais), le thème du face à face, où deux inconnus « se reconnaissent » est toujours présent. Il souligne trois moments clés : une prise de conscience soudaine de l'autre, un échange verbal ou non verbal (mimiques, regards) et un franchissement de la distance qui sépare les deux individus.

Pourquoi étudier la rencontre amoureuse dans les livres et non dans la réalité ? D'une part, parce que les romans reflètent, sous une forme condensée, la façon dont nous projetons nos désirs. L'auteur y réunit tous les ingrédients de la parade amoureuse. D'autre part, parce que les études scientifiques de première rencontre sont presque impossibles : ce moment est intime et on ne peut l'étudier dans les conditions artificielles du laboratoire. Les romanciers, de par leur travail d'analyse de situations observées ou vécues, ont été les premiers « scientifiques » de la rencontre galante.

C. Ringwald attribuait aux rencontres une structure proche de celle d'un film, c'est-à-dire d'une « séquence d'actions stéréotypées caractérisant une situation bien connue », comme le définit le chercheur en intelligence artificielle Roger Schank, de l'Institut des sciences de l'apprentissage à Chicago. C. Ringwald a retrouvé les trois scènes que Rousset avait mises en évidence : l'effet ou prise de conscience de l'autre, l'échange verbal ou non et le franchissement de la ligne de démarcation. Dans ces trois phases, il relève des expressions révélatrices : « être ébloui, avoir le vertige, dialoguer avec le partenaire, caresser l'autre, l'embrasser. » La rencontre amoureuse recèle donc une procédure immuable.

Mais qui fait le premier pas dans la rencontre ?

Marie-France Agnoletti rapporte dans *Cerveau et Psycho* qu'il y a deux ans, avec Jacky Defferrard et le dessinateur lorrain Hervé Baruléa dit Baru, ils ont abordé cette question en utilisant la « méthode des vignettes ». Dans ces expériences, on présente à des sujets un scénario de première rencontre entre un homme et une femme, esquissée sur une bande dessinée, et ils doivent imaginer le texte. Ainsi, les participants expriment ce qui, pour eux, caractérise la rencontre amoureuse. La première image plante le décor : par exemple, un homme croise une femme dans la rue et l'interpelle. Dans la seconde image, l'homme adresse la parole et la femme doit choisir sa réponse. Ici, les participants remplissent la bulle de la femme (la troisième bulle) puis la suivante (quatrième bulle), qui est la réponse de l'homme. Tous les cas sont envisagés : celui où la femme commence l'échange soit sur un ton assuré, soit timidement, et celui où l'homme commence soit timide, soit assuré.

On a distribué ces quatre types de planches à cent quatre-vingt-deux étudiants (soixante-seize filles et cent six garçons) en premier cycle universitaire. À priori, leur imagination peut donner lieu, pour chacune de ces quatre planches de départ, à quatre types de déroulements possibles. Dans le premier, la personne abordée accepte la conversation et la personne abordante poursuit la conversation. Dans le deuxième, la personne abordée accepte la conversation et la personne abordante rompt la conversation. Dans le troisième, la personne abordée rompt la conversation et la personne abordante essaye de continuer. Dans le quatrième, la personne abordée rompt la conversation et la personne abordante renonce.

Suite à cette étude, il s'est avéré que la rencontre amoureuse réussie commence généralement quand la femme fait le premier pas. Le mythe de l'homme conquérant est une image d'Épinal. Les scénarios où l'homme fait le premier pas en jouant les séducteurs irrésistibles tournent à la catastrophe, mais ce n'est guère mieux s'il se montre trop prudent. Le dragueur des plages ne fait plus recette, sauf s'il fait appel à une bonne connaissance du mystère ou à l'ésotérisme (lecture des lignes de la main, astrologie, etc.). Il a toutefois intérêt à s'y connaître pour rester crédible aux yeux de la personne abordée.

Mais en quoi consiste ce premier pas ?

Il est généralement postural ou gestuel. Partant du zapping du regard, une sorte de dérapage contrôlé des yeux qui se croisent sans se fixer, jusqu'au regard interrogateur planté franchement dans les yeux de l'homme. Évidemment, ce premier contact visuel est tellement bref qu'il échappe souvent à la conscience de l'homme-cible. La femme ne prend jamais ou rarement d'initiative verbale. Les micromessages adjuvants qu'elle émettra se cantonnent à certaines postures de mise en valeur corporelle. Elle se met en position de stand-by, prête à décoller si l'homme lui renvoie le signal d'ouverture.

Et c'est à ce niveau qu'on s'emmêle souvent les pieds. La patience de la femme a ses limites. Les hommes audacieux sont bien perçus et remportent le prix d'excellence. Audacieusement discrets, s'entend. La drague, façon Brice de Nice, ne fonctionne qu'au cinéma. Le premier pas ressemble à un face-à-face initiatique. Avant qu'une parole ne soit échangée, tout se noue dans les regards et par delà, dans les inconscients des protagonistes. Est-ce une question de pupilles ? Je veux le croire. Elles se dilatent quand l'espoir anticipé de la rencontre active le système dopaminergique du couple : l'hormone du plaisir. Mais ce n'est là qu'un des facteurs favorisant la rencontre.

Suivent certaines postures comme celle des doigts croisés, coudes en appui, index tendus côte à côte en travers des lèvres. Ce code postural signifie : « J'ai envie de toi » quand il est reproduit par une inconnue qui regarde un homme à la dérobée. Les jambes qui se croisent ou se décroisent à plusieurs reprises durant la phase d'approche visuelle. L'index de la femme qui caresse la lèvre inférieure, etc.

Ces codes gestuels sont essentiellement féminins. Paradoxalement, l'homme n'émet pas d'autres signaux corporels que ceux qui concernent le regard. Il recherche mentalement un moyen de se rapprocher de la femme qu'il désire rencontrer. Dans ces circonstances particulières, les hommes qui ont la parole facile s'en sortent mieux que ceux qui sont handicapés par leur timidité.

Le truc du portable

Si vous constatez que votre cible écoute son correspondant à l'oreille gauche, vous faites face à un ou une introvertie. Les introvertis adorent *se communiquer* aux autres. Ils sont en orbite autour de leur ego et se racontent volontiers. Posez lui des questions banales en batterie sans lui laisser le temps de reprendre son souffle ! Il ou elle adorera vous renvoyer la balle.

L'extraverti (masculin ou féminin), en revanche, est une personne *qui communique avec* les autres. Parlez lui de vous d'entrée de jeu, il ou elle sera toute ouïe et jouera au jeu des questions si vous lui plaisez. (Voir aussi Le sexe de la séduction !)

LE SEXE DES PROFILS PSYCHO GESTUELS

Ces profils reposent sur une combinaison des trois refrains gestuels génériques.

- Les bras croisés
- Le tricot des doigts
- Le choix de l'oreille téléphonique

Nous sommes des êtres complexes tous différents les uns des autres mais nos refrains gestuels nous rassemblent dans des familles génériques conjointes. Est-ce là le fruit du hasard ? Ces gestes ne sont que les translations de comportements hyperonymes (une conduite incluse dans une grille comportementale spécifique et distributive d'un profil), qui nous permettent de nous identifier les uns aux autres ou de nous différencier les uns des autres. Le fameux droit à la différence n'est souvent qu'un appel à la ressemblance. Il faut savoir que tout individu est une mosaïque d'influences héréditaires, ataviques ou acquises par imitation. Raison pour laquelle chaque individu est unique et ne peut être comparé à un clone social qui n'existe pas, n'a jamais existé ou n'existera jamais. On peut tout juste inférer que nous sommes tous identifiés en partie à ces huit profils dont deux au moins nous ressemblent plus que les autres. Pourquoi deux et pas trois ou quatre ? Parce que les huit profils en question sont des profils spéculaires, ils sont antagonistes et complémentaires deux par deux. Je m'explique.

Imaginez les cartes à jouer ! Le profil Idéaliste est l'antagoniste complémentaire du Narcissique, son image spéculaire, en somme son jumeau inverse ; à l'identique, le profil du Créatif est le versus du profil Relationnel ; le profil Tribal est l'antagoniste complémentaire du Cartésien et enfin, le Challenger est l'envers du Sensitif. Ces huit profils ont donc quatre troncs communs. Un Créatif gestuel refoulé se tournera vers son image miroir, celle du Relationnel, s'il ne peut exprimer ses talents de Créatif.

Le plus bel exemple est celui de Martine. Mais ce n'est pas le seul.

Échec et math

Martine est en terminale S au lycée de M***. Elle est une des meilleures de sa classe en math'. Elle rêve de rejoindre l'école polytechnique à Saint-Cyr. Sa prof de math' n'est pas de cet avis ; elle tente de la dissuader de s'engager dans cette voie qui ne convient pas à son « statut social ». Son père est contremaître et sa mère employée municipale, des gens simples et respectueux de l'autorité. Ils vont évidemment aboyer avec les loups et accepter les arguments du professeur principal de Martine comme paroles d'évangile. La créativité mathématique (ça existe !) de Martine ne pourra pas s'exprimer. Elle fera des études paramédicales : kinésithérapeute, en l'occurrence, pour avoir un métier qu'elle pourra exercer en milieu hospitalier. Ayant dû refouler sa créativité naturelle qui la portait vers les sciences exactes, elle va développer les qualités inverses de son profil initial et deviendra dès lors plus Relationnelle que Créative. Mais ce faisant, elle s'enfermera dans une médiocrité professionnelle qui lui permettra seulement de gagner sa vie sans jamais dépasser un certain niveau de reconnaissance dans son métier. Elle va se faner. La stupidité d'un professeur de lycée qui se prenait pour un démiurge a barré la route au talent de Martine et l'a obligée à se défroquer de son profil Créatif initial et d'un avenir qui lui allait comme un gant.

Elle aurait pu se révolter, me direz vous. Oui, bien sûr, qu'elle aurait pu ! Mais à ce niveau entre en jeu l'éducation que reçoit l'individu et les limites que cette éducation lui impose. Et puis, Martine n'était qu'une jeune femme, après tout. En aurait-il été de même s'il s'était agi d'un garçon ?

POPULATION DE RÉFÉRENCE

ÉTUDE HÉTÉROGÈNE

Étude réalisée sur un total de 2 152 observations coiffant les trois refrains gestuels invariables génériques sur une population des deux sexes et sans distinction d'âge.

Hommes

Offensif	Défensif	Affectif	Cognitif	Introverti	Extraverti
35 %	65 %	56 %	44 %	45 %	55 %

Femmes

Offensive	Défensive	Affective	Cognitive	Introvertie	Extravertie
37 %	63 %	53 %	47 %	35 %	65 %

Quels sont les enseignements que nous pouvons tirer de ces résultats ?

Offensif ou défensif ?

L'équilibre sociétal entre offensifs et défensifs correspond à 45/55 %, soit un malus de 10 % pour la population masculine et 8 % dans le groupe féminin. Trop de défensifs inhibe le progrès socioéconomique d'une nation et bloque la volonté des réformes. Plus les défensifs sont majoritaires, plus ils sont contestataires et accrochés à leurs acquis comme des moules à leur rocher. Les grévistes de la SNCM marseillaise étaient défensifs à plus de 70 %.

Affectif ou cognitif ?

L'équilibre entre affectifs et cognitifs est de 50/50.

Les résultats obtenus pour le groupe féminin de référence se rapprochent plus de cet équilibre que ceux obtenus chez les hommes. Les femmes sont aujourd'hui plus ambitieuses que leurs compagnons, plus enclines à s'inscrire dans un projet social commun qui exigerait des sacrifices.

Introverti ou extraverti ?

L'équilibre entre introvertis et extravertis est de 33/67 % !
L'égocentrisme masculin (45 % d'introvertis) est avéré. Les femmes sont l'élément relationnel et social du genre humain. Elles ont un sens de la communication interpersonnelle qui manque aux hommes.

Plus d'offensives, plus de cognitives et plus d'extraverties signifie en résumé que les femmes ont un sens du défi qui fait défaut à des messieurs du XXIe siècle.

R

LE SEXE DES RELIGIONS

La position des religions face à la sexualité n'a pas varié d'un iota depuis des siècles, comme si le sexe et ses turpitudes avaient été inventés par le diable en personne. Si Dieu avait voulu que l'acte de procréation soit dissocié du plaisir sexuel, pourquoi aurait-il permis à Sa créature de puiser dans l'acte réprouvé par les grandes religions une telle source de plaisir ?

Les interprètes de Sa parole abusent d'une science dont on suppose qu'ils en ignorent l'abc pour interdire aux croyants d'en retirer un bénéfice qui pourrait faire tort à leurs églises respectives. Les religions ont toujours considéré le corps comme une chose impure sans s'imaginer un seul instant que l'impureté de la pensée est de loin plus pernicieuse que celle du corps humain. L'ostracisme dans lequel les religions placent la sexualité non reproductrice est une stupidité héritée de la peur du plaisir opposée au désir de la souffrance. Le désir sexuel est une perversion mais la souffrance de l'abstinence est une vertu.

Ils encadrent et incarcèrent le plaisir charnel car ils n'ont aucun respect pour les âmes dont ils prétendent avoir la charge. Ils érigent la souffrance et l'abstinence en vertu sans se soucier des besoins les plus élémentaires de l'être humain. Ce sont des usurpateurs ! Ils ont détourné la création divine pour mieux asservir l'Homme.

Je ne connais qu'un moyen de combattre leur pouvoir d'influence : l'humour, car seul l'humour est susceptible d'approcher la vérité d'assez près sans se brûler l'esprit.

La religion est un pouvoir masculin mais c'est aux femmes qu'elle doit son soutien le plus fervent. Dans la mesure où les religions exigent une soumission aveugle des adeptes à leurs dogmes, les femmes y adhèrent plus facilement car elles ont une faculté de « croire » largement supérieure à celle des hommes.

LE SEXE DU RIRE

Il faut rire avant d'être heureux, de peur de mourir avant d'avoir ri. La Bruyère, Les Caractères

Ulrich Kraft rapporte l'histoire drôle suivante[1] : « Un homme est dans le coma depuis un certain temps. Son épouse est à son chevet jour et nuit. Il finit par se réveiller. Il lui fait alors signe de s'approcher, et lui murmure : "Durant tous ces malheurs tu étais à mes côtés : lorsque j'ai été licencié, tu étais là pour moi ; lorsque mon entreprise a fait faillite, tu m'a soutenu ; lorsque nous avons perdu la maison, tu es restée près de moi ; et lorsque j'ai eu des problèmes de santé, tu étais encore et toujours à mes côtés. Tu sais pourquoi ? Les yeux de sa femme s'emplissent de larmes d'émotion. "Quoi donc mon chéri ?" chuchote-t-elle la gorge nouée. "Tu me portes la poisse !" »

---

1. *Cerveau et psycho,* N° 4 Déc. 2003 – Fév. 2004.

En lisant cette histoire, peut-être avez-vous entendu sortir de votre bouche une série de petits bruits approximative d'un seizième de seconde, répétés au rythme de cinq par seconde. Votre diaphragme s'est contracté, vos battements cardiaques ont accéléré, votre tension artérielle a augmenté et vos pupilles se sont dilatées. Vos poumons ont expulsé de l'air à quelques 100 km par heure, puis vous avez repris votre souffle.

Nous rions en moyenne vingt fois par jour, les femmes et les enfants dix fois plus. Le rire est tellement naturel que nous ne nous interrogeons guère sur sa cause. Un écrivain hongrois, Arthur Köstler, qualifiait le rire de réflexe de luxe, sans utilité biologique. Toutefois, la nature ne consent pas de dépenses superflues, elle qui élimine souvent les inventions inutiles. Aujourd'hui, on pense que la faculté de rire a conféré, au fil de l'évolution, un avantage aux hommes, et surtout aux femmes, en termes de survie.

On découvre que pour être réceptif à l'humour, il faut des capacités cognitives bien précises, et que l'humour joue un rôle central dans la vie sociale des groupes. Le rire serait la forme la plus ancienne de communication, forme d'espéranto non verbal, langue universellement compréhensible établissant un lien entre tous les hommes.

Le rire existait sans doute avant le langage, car les centres du langage sont localisés dans le cortex cérébral, d'apparition plus tardive, tandis que le rire est vraisemblablement produit par une partie ancienne du cerveau, commandant notamment des émotions ancestrales, telles la peur et la joie. Ainsi, le rire est le plus souvent involontaire : on ne rit pas sur commande.

Dans les années 1940, le psychologue américain James Leuba fit une expérience amusante prouvant qu'il s'agit d'un comportement inné. Il mettait un masque pour chatouiller ou taquiner ses deux enfants, de sorte qu'ils ne voyaient pas leur père sourire et, pourtant, cela ne les empêchait pas de rire. Leur rire n'est donc pas mimétique. En outre, les enfants nés sourds ou aveugles commencent également à rire, vers l'âge de trois mois. Certes, les sons émis diffèrent de ceux des autres bébés, mais leur humour se développe à peu près normalement. Les chatouilles ou le spectacle d'un clown les font rire, et tout cela tend à prouver que le sens de l'humour est répertorié dans la patrimoine génétique de l'homme.

Le neurobiologiste Itzhak Fried, de l'université de Los Angeles, a localisé un « centre cérébral du rire ». Lors d'une opération chirurgicale destinée à localiser les zones du cerveau qui, chez une patiente, déclenchaient des crises d'épilepsie, il a implanté des électrodes à la surface du cerveau. Il désirait ainsi observer en permanence son activité cérébrale, mais, en stimulant certains endroits par de faibles courants électriques, il pouvait ainsi obtenir des informations sur leur fonction. Quand il fit passer un courant dans la zone du cortex frontal gauche, l'aire motrice supplémentaire, la patiente éclata de rire et dit aux médecins : « Vous êtes vraiment ridicules à me regarder comme cela ! »

L'aire motrice supplémentaire, zone de quelques centimètres carrés, intervient dans la planification de nos actes. Chaque fois que nous effectuons un mouvement ou que nous voulons nous exprimer, cette région est la première activée. Les signaux électriques se propagent ensuite vers le cortex moteur, qui commande les muscles nécessaires à l'exécution de l'acte. L'activation des muscles participant au rire prend sa source dans cette aire.

L'incongruence

Examinons les étapes cognitives se succédant quand nous entendons une plaisanterie. Selon un phénomène dit d'incongruence, l'humour repose sur la perception d'un paradoxe. L'incongruence nous laisse un instant perplexes, puis le cerveau cherche une autre solution au problème. Nous abandonnons notre première analyse et adoptons un angle de vue où la chute devient compatible avec le reste de l'histoire. Enfin, dans une dernière étape, nous découvrons que le nouveau sens de l'histoire est entièrement différent de ce que nous avons échafaudé : c'est apparemment ce déplacement de sens qui provoque le rire. Pour résumer, le rire naît d'une pause mentale suivie d'un intense regain d'activité cognitive. D'ailleurs, le secret d'un bon calembour est la rapidité de cette alternance : plus l'inversion de polarité est rapide, plus les sujets rient. Souvent les blagues simples et évidentes provoquent une hilarité plus rapide, plus durable et plus intense.

Un système de récompense

Des études d'imagerie cérébrale réalisées à Toronto ont mis en évidence l'activation d'une aire nommée cortex préfrontal médioventral. L'activation est d'autant plus intense que les sujets trouvent une plaisanterie drôle. Cette région est liée au système de récompense et s'active quand on savoure un bon repas, que l'on a des rapports sexuels ou que l'on atteint un objectif important. Le plaisir que procure une bonne plaisanterie partage par conséquent des caractéristiques avec d'autres plaisirs. Lorsqu'il s'agit de manger ou de se reproduire, le plaisir est une récompense qui garantit la pérennité de ces activités et assure la survie de l'espèce. Le fait qu'il existe une « prime au rire » sous forme de récompense hédonique par les mêmes circuits neuronaux laisse penser que le rire a joué un rôle dans l'évolution de l'espèce humaine.

Rire du malheur des autres

La neurologue Barbara Wild, du centre hospitalier de Tübingen, en Allemagne, étudie les réactions de ses sujets devant un dessin animé humoristique. Les dessins animés sont riches d'informations, car ils font appel à des capacités cognitives particulières : le spectateur doit mentalement se glisser dans la peau du personnage puis en ressortir pour pouvoir rire de sa situation malheureuse. En somme, il doit être capable de distinguer ce qui se passe chez lui et ce qui se passe chez l'autre.

Cette faculté de représentation des pensées d'autrui est nommée théorie de l'esprit, et on la considère comme le fondement de la conscience humaine. Lorsque les premiers hommes préhistoriques furent capables de se représenter ce que pensaient leurs voisins, les relations sociales gagnèrent en complexité et les activités nécessitant de percevoir la psychologie de l'autre se sont multipliées (le troc, par exemple, ou les relations hiérarchiques). L'observation d'un dessin animé active bien sûr le cortex frontal, mais aussi d'importants centres émotionnels localisés dans des régions cérébrales plus ancestrales, tels que le complexe amygdalien et l'hippocampe. Cela souligne à quel point le sens de l'humour est profondément ancré dans la nature humaine, un peu plus chez les femmes que chez les messieurs.

La thérapie par le rire

Barbara Wild regrette que de tels effets positifs ne soient pas utilisés en psychothérapie, par exemple dans le traitement des personnes dépressives : « En psychothérapie, l'humour est tabou. Pourtant, il faut, au contraire, rire librement, car le rire nous montre à chaque instant que nous pouvons changer notre vision des choses. Les patients doivent comprendre qu'ils peuvent voir leurs problèmes sous un tout autre angle et, pourquoi pas, sous un angle comique ! »

En résumé, le rire est universel mais ce sont les femmes et les enfants qui s'y adonnent plus volontiers que les hommes. Le rire libère la tension et combat la déprime dont nos compagnes sont souvent les victimes désignées. Le rire est aussi une arme imparable contre l'agressivité masculine. Lorsqu'on dit que le rire désarme, il s'agit d'une réalité biologique : le rire désamorce la réaction de lutte ou de fuite automatiquement déclenchée par les situations imprévues et menaçantes. Il abaisse la concentration d'adrénaline et la tension artérielle.

La gestuelle du rire

Le rire, à l'instar du sourire, est soit un moyen d'apaisement de l'angoisse ressentie face à l'autre, soit une manière de neutraliser l'agressivité d'une relation conflictuelle. Mais il n'est pas que cela. Les manières de rire, auxquelles je vous propose de vous attacher ici, ne concernent pas le ton, mais la forme, dans la mesure où le premier est héréditaire tandis que le second s'adapte au contexte. On dit qu'un quart d'heure de rire vaut largement trois quarts d'heure de relaxation. Il est vrai que le rire abaisse le taux d'acidité gastrique, mais de là à en faire un substitut des techniques de relaxation, il y a un pas qui ne doit pas être trop vite franchi. Car il est plus facile d'induire un état de détente durant une petite heure chez un sujet que d'arriver à le faire rire pendant un bon quart d'heure.

Si le rire est, comme on le dit, le propre de l'homme, il n'est pas toujours aussi naturel qu'on voudrait bien le laisser supposer. Car le rire, à l'instar du sourire, est soit un moyen d'apaisement de l'angoisse ressentie face à l'autre, soit une manière de neutraliser l'agressivité d'une relation conflictuelle. Et puis le rire de l'homme n'est pas toujours celui de la femme.

Le rire de l'adolescente

Les signaux barrière sont multiples, aussi évanescents que constants. Ainsi que le note Desmond Morris, on en retrouve des traces dans le comportement de l'adolescente qui glousse en se mettant la main devant la bouche. *Dans ce cas, les mains et les bras se croisent devant le corps, formant une « barre » temporaire en travers du buste, comme le pare-chocs d'une voiture.*

Le rire agrippé

Certains individus agrippent instinctivement leur voisin de table (rire du joueur) quand ils éclatent de rire. Ils aiment sans doute partager leur joie. Ils ne se décident vite que dans un cas de figure : quand leur crédibilité est mise sur le grill. Ce sont des joueurs nés et des parieurs fous. Cette manière de rire est plutôt masculine et ne devient féminine que chez les femmes seniors entre elles.

Le rire caché

Votre interlocuteur rit en dissimulant sa bouche derrière sa main. Ce geste de gêne révèle un tempérament indécis. Comme tous les indécis, il prendra toujours la plus mauvaise décision au meilleur moment. Que ce soit oui ou que ce soit non, ce sera toujours peut-être.

Sidonie cache systématiquement le bas de son visage de la main gauche quand elle se met à rire. Je ne crois pas qu'elle porte un dentier et craint de le perdre en riant. Ça arrive chez les personnes âgées. Sidonie est indécise jusqu'à la racine des quenottes. Si elle portait la main droite à sa bouche en riant (rire masqué), elle exprimerait un sentiment de honte ou de gêne. Le fait de cacher sa bouche de la main gauche en riant révèle une vulnérabilité et une incapacité de faire un choix sans l'aide de l'entourage. La main droite trahit un esprit de décision effectif mais qui s'abrite derrière de faux semblants pour se justifier.

Si la bouche est contrainte d'adopter une mimique qui, dans une certaine mesure, rappelle une réaction sexuelle, elle se dissimule souvent alors derrière la main. Certaines sortes de rires et de grimaces sont caractéristiques de la phase de cour, et quand elles se produisent en public, on peut fréquemment voir la main se lever aussitôt pour couvrir la région de la bouche. Ceci étant dit, une personne qui rit en couvrant sa bouche de sa main trahit une sexualité incarcérée dans des principes peu propices à la jouissance.

Le rire claqué

Martial est un bon vivant et surtout bon public. Il rit toujours en assénant de grands claques sur ses cuisses (rire du renard) et parfois sur la cuisse de sa voisine. Macho patenté, mais rusé comme un renard, Martial ne prend jamais aucune décision à la légère avant d'avoir tourné le problème dans tous les sens. Bourvil, dont le souvenir est encore dans toutes les mémoires, riait de cette manière. Céline Dion aussi. Mais ce mode est plus masculin que féminin.

Le rire contraint

Le rire de votre interlocuteur est contraint.
Il se méfie de tout et de tous. N'essayez jamais de lui soumettre vos idées (géniales par définition), déjà qu'il se méfie de ses propres intuitions, alors celles des autres, vous pensez...

Le rire des dents du bas

Les bras écartés et les poings fermés comme s'il espérait retenir les militants qui seraient susceptibles de suivre les excommuniés, Jean-Marie Le Pen relève la tête pour cracher son mépris toutes dents dehors. À ce propos, Desmond Morris, spécialiste du Body Language, nous apprend qu'il est prudent de douter de la sincérité d'un individu qui expose régulièrement sa denture inférieure en riant ou en s'exprimant devant un public. Il est vrai que la tension imprimée aux commissures des lèvres est typique des individus qui mordent symboliquement leurs interlocuteurs.

Le rire exagéré

Votre interlocuteur se force à rire bruyamment. Ce type d'attitude trahit un tempérament obsessionnel. Un ou une virtuose de la méchanceté gratuite et perverse, déguisé en carpette pour les supérieurs hiérarchiques et prêt à faire pleurer toutes les larmes de leur corps à ses subalternes.

Le rire du faux témoin

D'autres se tournent toujours vers leurs voisins pour leur faire partager leur bonne humeur (rire du faux témoin). Ce sont des personnes qui ont un besoin fondamental d'approbation, comme tous les bons élèves. Ce sont aussi des indécis qui cultivent le doute dans leur jardin secret. Enfin, ce sont de vrais faux généreux qui ne partageront rien d'autre que leur bonne humeur.

Le rire du faux-cul

Votre interlocuteur exprime souvent un rire poli d'approbation.

Un rire très politique bien entendu. Il fait partie du grand club de ceux qui, à force de grimaces, sont devenus des figures.

Le gloussement

Quand André rit, on dirait une poule qui glousse. Il garde la bouche fermée tandis que son corps est secoué de spasmes (rire de la poule). André ne prend jamais une décision sans consulter les oracles ou la somme de ses amis et connaissances.

Le rire à gorge déployée

Figure 71

Claudine rejette toujours la tête en arrière quand elle rit. Un rire à gorge déployée, sans contrainte (fig 71). Claudine sait prendre une décision sans une virgule d'hésitation. Elle est PDG de sa boîte.

Le rire moustache

Elle pose son index droit en moustache sous son nez pour faire semblant de rire de sa plaisanterie (fig 72).

Ce geste évoque d'une certaine manière le rire du fourbe de comédie, confirmant aussi un manque d'humour du rieur et un tempérament de tricheur.

Figure 72

Le rire penché

Ariane penche toujours la tête sur le côté quand elle rit. C'est un rire émotif. Ses choix dépendent surtout de ses coups de cœur.

Le rire pincé

Vous avez déjà observé autour de vous des personnes qui rient en se pinçant les narines entre le pouce et l'index (rire du faux-cul) ? Ce mode d'hilarité est très courant dans notre société occidentale où le sexe voisine avec la quête d'amour idéal sans fausse pudeur. Ceux qui rient de cette manière sont de grands amateurs de blagues salaces. Ils sont très sexe, surtout si leur attitude le dément de pied en cap. Leurs décisions sont généralement assorties de conditions ou de garde-fous et d'une nuance d'hypocrisie qui leur permet de retourner leur veste avec la plus parfaite mauvaise foi, en cas de besoin.

Une variante : *Il rit en dissimulant son nez dans ses doigts (fig 73)*

Rire gêné associé à une allusion sexuelle. Le geste est universel et totalement aculturel. Il est visible dans tous les talk-shows où le sexe est l'invité vedette même si le sujet annoncé l'exclut, a priori.

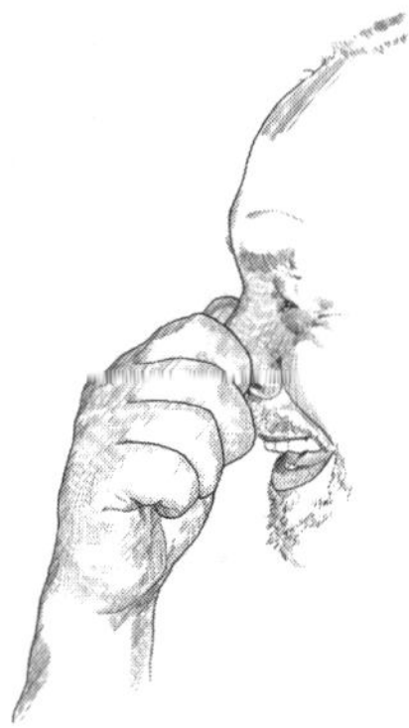

Figure 73

Le rire du plaisantin

Votre interlocuteur ne rit que de ses propres plaisanteries.

Son rire a pour unique but de rechercher votre approbation. Il est surtout abonné au magazine *Pas de chance*. L'autodérision ou l'humour en circuit fermé provient du même tronc que l'on pourrait traduire par la phrase suivante : « Mieux vaut en rire qu'en pleurer ! » C'est tout dire !

Le rire de ponctuation

Elle ponctue son intervention d'un rire gêné.

Le rire est une des clés universelles de la communication. Il désarçonne l'agressivité inhérente à toute relation interindividuelle. Quand il devient une véritable ponctuation du discours verbal, le rire peut représenter un symptôme de névrose sociale, souvent liée à une timidité mal contrôlée. Le rieur (ou la rieuse) a toujours l'impression qu'il est resté un enfant s'adressant à un adulte omnipotent. En soulignant ainsi ses propos (par un rire hors de propos), il/elle révèle un sentiment d'infériorité qu'il/elle tente de combattre inconsciemment. Le phénomène est très courant dans certaines structures très hiérarchisées où les petits chefs sont légions. Dans ce contexte particulier, le rire de ponctuation devient un des éléments du langage de la soumission à l'autorité.

Le rire sarcastique

Le rire de votre interlocuteur est franchement grinçant.

Signe d'un tempérament simulateur. Bien sûr qu'il se paye votre tête, même et surtout si son rire s'adresse à votre voisin tandis qu'il vous prend à témoin ! Ne lui faites jamais confiance, il vit aux dépens de ceux qui l'écoutent.

Le rire en visière

L'imposteur rit sous cape, la main posée en visière sur le front (fig 74)

Figure 74

Il rabat le son vers le sol. Observez son regard, ce dernier ne devrait pas être à la même température que le rire. Si vous comptez sur lui, attendez-vous à des déconvenues de taille ! Rire gêné ou rire de complaisance, en tous les cas rire typique de l'imposteur.

Rire les yeux ouverts ou les yeux fermés

Un autre aspect du rire pourrait vous interpeller chez les personnes que vous observez, certaines rient les yeux fermés (rire de l'égoïste), d'autres les gardent grands ouverts (rire du vigile).

Ceux qui ferment les yeux en riant sont des individus dont le plaisir est égocentrique. Leurs décisions dépendent essentiellement de leurs coups de cœur. Rire les yeux clos permet de couper l'image pour profiter de son hilarité en circuit fermé. Ceux qui conservent les yeux ouverts demeurent vigilants, car le rieur qui baisse sa garde peut être surpris comme le dormeur dans son sommeil. Ils sont trop méfiants de nature pour se décider à l'emporte-pièce.

Le sexe du rôle socioprofessionnel

Aussi appelé persona ou image socioprofessionnelle dans laquelle s'inscrit tout individu.

Il se mesure en identifiant deux refrains gestuels de base :

a) Le mode de croisement des bras
b) La dominance du pouce dans le tricot des doigts

Les bras croisés identifient le territoire mental ; les doigts croisés identifient l'instinct de survie (somme des plaisirs et de désirs individuels). Le désir ou le plaisir de communiquer ses émotions (fierté, joie, orgueil, reconnaissance, etc.) est la charpente de l'image sociale. Elle repose sur le rôle que nous jouons en société.

Masculin

Statuts	Code	Nombre d'observés	%	Profils	Profils
Initiateur/fédérateur	Offensif/ affectif	412	20 %	Créatif	Tribal
Animateur/meneur	Offensif/ cognitif	366	18 %	Narcissique	Challenger
Révélateur/compassionnel	Défensif/ affectif	675	32 %	Idéaliste	Sensitif
Régulateur/coordinateur	Défensif/ cognitif	629	30 %	Cartésien	Relationnel

Feminin

Statuts	Code	Nombre d'observés	%	Profils	Profils
Initiateur/fédérateur	Offensif/ affectif	556	19 %	Créatif	Tribal
Animateur/meneur	Offensif/ cognitif	536	19 %	Narcissique	Challenger
Révélateur/compassionnel	Défensif/ affectif	893	31 %	Idéaliste	Sensitif
Régulateur/coordinateur	Défensif/ cognitif	872	31 %	Cartésien	Relationnel

Les différences sexuelles ne sont pas significatives en matière de rôle social. Les Français sont en majorité plus compassionnels et régulateurs, donc réfractaires au progrès et à l'innovation sauvages. Bien entendu, ces pourcentages concernent une population étudiée hors groupes socioprofessionnels particuliers. Ce qui signifie que les leviers du changement et du progrès ne peuvent provenir que de groupes d'individus ayant des intérêts communs. Comme toujours, c'est la minorité qui fait bouger la majorité.

S

LE SEXE DU SAC

Les femmes et leur sac

Si vous suspendez votre sac sur l'épaule gauche, votre côté gauche dépendant de l'hémisphère droit du cerveau, vous affichez votre souci de créativité et votre implication dans votre vie affective ou familiale, toujours plus concernée par vos engagements familiaux que par votre carrière. Si les femmes de l'épaule droite, les femmes action, sont des filles à papas, celles de l'épaule gauche s'identifient à l'image de la mère, dont elles reproduisent inconsciemment le modèle dans leur conduite. La femme de l'épaule gauche, la femme cocon, est à l'écoute, sociable, psychologue, d'un abord sympathique, prête à vous aider, c'est une femme faite pour l'amour ou l'amitié. Une excellente complice, en somme.

Et les hommes ?

L'homme de l'épaule droite est un animateur, jouisseur et épicurien à l'humour souvent très séducteur. Son alter ego de l'épaule gauche se comporte plus comme un individu évolutif, tourné vers le progrès et assez explicite. J'ai souvent observé que les hommes de l'épaule gauche étaient moins pressés ou stressés que ceux de l'épaule droite.

LE SEXE DES SDF

Une femme SDF témoigne :

Dans le livre *J'habite en bas de chez vous*, Brigitte, 45 ans, raconte ses longues journées d'errance, son parcours de combattante aussi pour ne plus dormir sur le bitume. À force de détermination, elle a réussi à se réinsérer, à retrouver un toit puis un emploi de nourrice « Tout est pire, quand on est une femme dans la rue, écrit elle. Les hommes sans abri sont constamment humiliés par les flics... Ils cherchent donc à s'affirmer par tous les moyens et, si la fille ne se rebelle pas, ils l'écrasent comme une mouche. Dans la rue, les gars sont encore plus machos que dans la vie ordinaire. C'est une façon d'exister, de montrer que ce sont encore des mecs. La plupart des femmes sont soumises, pour ne pas dire des bonniches. Pour se faire respecter, il faut garder ses distances. Éviter aussi tout ce qui peut vous endormir, comme l'alcool. J'ai vu des femmes se faire frapper quand elles étaient bourrées. Moi, je voulais toujours avoir les idées claires mais, en retour, je devais affronter la réalité en continu. La lecture m'a permis de m'évader, notamment un bouquin de Coluche. »

Dans le monde des exclus, Brigitte opte pour « la tactique du fantôme ». « Quand on est une femme SDF, il faut se faire oublier, se montrer le moins possible. Dans la vie courante, une nana est déjà une proie. Dans la rue, c'est encore pire. » Avec ses camarades privés de toit, elle « reste en retrait », « toujours très calme ». « Je ne me mêlais pas de leurs conversations, je préférais jouer avec les chiens. Je ne donnais jamais mon avis. Je suis devenue invisible. » Pour « se fondre dans la grisaille », Brigitte change de look. « J'ai fait une croix sur les décolletés, même les pulls en V. Je me suis habillée en garçon avec des pantalons et des cols roulés récupérés dans les vestiaires des associations. »

Elle refuse de passer pour une « fille facile ». « Pour les types sans abri, c'est la misère sexuelle. Les gars qui m'entouraient n'avaient sans doute pas eu l'occasion de toucher une fille depuis des mois, voire des années. » Le seul et unique signe de féminité qu'elle conserve, c'est son maquillage, son « armure », son « passe-muraille ». Elle s'accroche à son fard à paupières « comme un naufragé à son épave ». « C'était une façon de garder ma dignité. En colorant mes yeux, j'avais l'impression de redevenir comme avant. J'effaçais les traces de la veille, les marques de la rue, à petits coups de pinceau. »

« Être toute seule dans la rue, c'est trop dangereux. Une femme n'a pas la force d'un homme pour résister. » Pour survivre, Brigitte s'est laissée séduire par Samy, un ex-détenu toxico. « À deux, on se sent un peu plus en sécurité, pas forcément plus fort. Avec Samy, c'était une relation assez forte. Mais ce n'est pas de l'amour. Dans la rue ça ne peut jamais être de l'amour. » Parce que Samy était alcoolique, Brigitte a préféré le quitter pour se relever.

« La rue, c'est un milieu vicieux. Je n'ai jamais dormi sur mes deux oreilles. J'avais peur des mecs qui rôdent, de me faire agresser. Dans la rue, j'ai appris à me méfier des autres SDF, mais aussi des travailleurs sociaux, de certaines associations… En fait, de tout le monde ! J'ai été blessée par ces passants qui détournaient le regard, c'était la pire des choses, ça fait plus mal que des insultes. Beaucoup de gens n'arrivent pas à s'imaginer qu'une femme puisse être dans la rue. » Ses premières nuits de SDF, Brigitte les a passé à l'hôpital Saint-Antoine, à Paris, dans une pièce transformée – quand le froid est glacial – en centre d'hébergement d'urgence. Elle est « la seule femme ». Où sont les autres ? Elles restent à l'écart, elles essaient de se cacher dans les cages d'escalier ou les couloirs d'immeuble. Quand on est une femme dans la rue, on ne bénéficie pas de traitement de faveur. Aux drogués, les travailleurs sociaux donnent des seringues. Mais à nous, ils ne distribuent pas, ou que très rarement, des serviettes périodiques[1] ! »

Vingt-deux mille femmes SDF dans l'Hexagone pour plus de cent mille hommes, soit une femme pour cinq hommes.

LE SEXE DE LA SÉDUCTION

Elle est en train de nous exposer son projet. Non contente d'être brillante, je l'ai toujours trouvée sculpturale, divinement belle. Je craque chaque fois que je la rencontre ou que j'assiste à une réunion du staff. Hélas, je ne suis pas son genre de mec. Trop blet, sans doute ! Je suis né trop tôt ou elle est née trop tard. Alors, je pose mon menton dans la paume gauche coude en appui, et je transforme la réalité en fantasme pour mon usage personnel. Elle est nue sur un drap noir, blonde cendrée aux longs cheveux défaits, le regard lubrique qu'elle m'adresse se passe de commentaires. Je m'approche à plusieurs reprises de ce corps fantasmatique en essayant de ne pas lui sauter dessus pour prolonger mon rêve mais sa voix me rappelle à l'ordre : « Alors, Joseph, vous écoutez ou vous rêvez ? » Moi ? Qui ? Où ? Comment a-t-elle fait pour se rhabiller si vite ? Je suis

1. Brigitte, *J'habite en bas de chez vous,* Oh ! Éditions, 2006.

persuadé qu'elle le fait exprès, elle sait à quoi je pense, je le lis dans ses yeux cruels. Elle détourne son regard d'allumeuse et replonge à nouveau dans son discours, le nez tourné vers le flip-chart.

Chez l'homme, comme chez l'animal, c'est la femme qui mène le bal. Par son comportement, elle fait signe au mâle qu'elle est disposée à recevoir ses avances. Il y a des signes classiques observés par les chercheurs auxquels je fais référence mais il existe aussi des signaux gestuels plus subtils dont le sens varie en fonction du contexte. Commençons par les postures classiques.

Selon Monica Moore, psychologue de l'université de Saint-Louis, de tels signaux reposent sur cinq ingrédients fondamentaux : le sourire à peine ébauché, le regard et surtout la dilatation des pupilles, la position de la tête inclinée sur le côté et la conversation.

Dans ses expériences, M. Moore a observé des femmes à des terrasses de café, devant lesquelles passaient des hommes qui prenaient parfois place à des tables voisines. Dans certains cas, les hommes abordaient la femme, dans d'autres ils s'abstenaient. M. Moore a examiné les caractéristiques des femmes abordées. Qu'avaient-elles fait de particulier ? La réponse est troublante de simplicité : dans 70 % des cas, elles avaient adopté une posture penchée, avec une inclinaison du buste sur le côté ou en avant ; dans 60 % des cas, elles avaient incliné la tête et dans 60 % des cas encore, elles avaient découvert leur cou et relevé leurs cheveux. Mieux : les femmes aux cheveux longs avaient donné un petit coup de tête faisant remuer leur chevelure, dans 90 % des cas ! M. Moore a également constaté que quelques regards furtifs en direction de l'inconnu suffisent à le faire mordre à l'hameçon : elle a recensé plus de regards à la cantonade parmi les femmes qui avaient été abordées que parmi celles qui ne l'avaient pas été. Selon M. Moore, les femmes ne doivent pas hésiter à multiplier les tentatives : les hommes mettent du temps à comprendre et il faudrait atteindre un niveau critique de comportements non verbaux (postures penchées, cou dénudé, sourires, regards) pour que la mécanique d'approche soit enclenchée. Ainsi, Debra Walsh et Jay Hewitt, de l'université de Missouri à Kansas City, ont demandé à une jeune femme de s'asseoir seule à une table de bar. Elle avait pour instruction, soit de sourire à un homme, soit de lui décocher quelques regards, soit les deux à la fois, soit de ne rien faire. Les psychologues ont constaté que 5 % des hommes ont abordé la jeune femme qui ne regardait ni ne souriait, que 20 % l'ont abordée quand elle souriait ou lorsqu'elle lançait des regards à la dérobée, et que 60 % l'ont abordée quand elle combinait les deux.

Mais ce ne sont pas là les seules attitudes qui permettent d'évaluer la disponibilité d'une femme esseulée, assise à une terrasse de café. Bien sûr, le regard et le sourire font partie de l'arsenal classique d'une accroche séductrice. Mais peu d'hommes sont capables de planter leur regard dans celui d'une inconnue sans y mêler une certaine arrogance et sans projeter leur ego à tout va. Or, le regard séducteur est un regard débarrassé de cette mauvaise graisse qu'est l'arrogance sexiste, sauf si on se place dans le registre de la vulgarité, évidemment.

Récemment, l'éthologue Karl Grammer et ses collègues de l'université de Vienne en Autriche ont observé les comportements d'hommes qui abordaient des femmes dans les bars. Ils ont constaté que les hommes dont les tentatives d'approche ont été couronnées de succès, étaient également ceux qui effectuaient les gestes les plus amples, qui occupaient le maximum d'espace, qui dispensaient le plus de regards vers leur entourage, qui changeaient le plus souvent de place et même, qui caressaient leurs joues et leur menton, leur torse et leurs épaules ! J'ai pu observer ces comportements dans des discothèques fréquentées par une faune interlope. Des hommes très machistes, genre primates, et des femmes plutôt bimbo qui venaient là pour tenter l'aventure sans lendemain. Étrange coutume, qui consiste à se frotter pour attirer les femelles… Cela n'étonne pourtant pas les spécialistes du comportement animal : cette attitude est caractéristique, chez les singes ou d'autres espèces d'animaux sociaux, de mâles dominants. Et les femelles, inconsciemment, seraient plus attirées par les individus dominants, qui disposent de la meilleure situation dans la société et sont les mieux à même d'assurer des ressources stables à une éventuelle progéniture.

Ainsi, les femmes qui attachent de l'importance au statut social seraient sensibles aux comportements reflétant cette dominance. Le regard, un autre privilège des dominants (les gorilles dominants ont seuls le droit de regarder les autres dans les yeux, y compris les humains), remplit les mêmes fonctions : la psychologue autrichienne Leeann Renninger et ses collègues de l'université de Vienne ont montré que les femmes apprécient peu d'être abordées par un homme s'il n'y a pas eu au préalable un contact visuel entre eux. Ainsi, ce type d'attitude servirait à la femme à apprécier le degré de dominance de l'homme. S'il est vrai que l'homme dominant à un regard plus perforant que la moyenne, il n'aura pas forcément plus de succès s'il n'est pas capable de scénariser son approche.

Judee Burgoon, spécialiste de la communication non verbale à l'université de l'Arizona, a montré que le contact tactile caractérise les hommes dominants : les personnes de plus haut statut social touchent plus fréquemment les personnes de plus bas statut que l'inverse. En d'autres termes, celui qui effleure sa cible passe à ses yeux pour un mâle dominant. Une équipe de chercheurs a demandé à des garçons, dans des discothèques, d'inviter des jeunes filles à danser, en accompagnant (ou non) la proposition d'un contact tactile fugace. Quelques 67 % des jeunes filles ont accepté la demande après un contact physique, contre 48 % en l'absence d'un tel contact. De même, des garçons abordant des jeunes filles dans la rue et tentant d'obtenir leur numéro de téléphone ont eu plus facilement la précieuse information en formulant leur demande avec un contact tactile (28 % des cas) qu'en l'absence de contact (13 %). Apparemment, le toucher est apprécié, car, encore une fois, ce sont habituellement les individus dominants qui en font usage (voir Le sexe du toucher).

La séduction est une conduite biologique avant d'être un jeu de rôles que l'évolution a assigné aux partenaires végétaux, animaux ou humains. Les couleurs et les formes dont se parent les fleurs visent à séduire les insectes. Le maquillage dont la femme se pare a la même fonction vis-à-vis des hommes ! Et quels sont les artifices auxquels les hommes font appel pour séduire leurs compagnes ? Ils sont posturaux.

Qu'il pose ses bras sur les chaises voisines, comme s'il déployait ses ailes, qu'il joue de sa carrure ou qu'il se caresse les poils de la poitrine, qu'il pose ses doigts en éventail sur sa hanche gauche ou droite, qu'il plonge son regard dominant dans les prunelles de sa future conquête ou qu'il la touche du bout des doigts, l'homme se positionne dans l'apparence comme un paon dès qu'il se retrouve plongé dans une situation de séduction. Mais par-dessus tout, il parle de lui, questionne l'autre sans vraiment écouter les réponses, l'esprit focalisé sur la suite des évènements. Il vit son présent au futur des plaisirs qu'il se promet.

Plaire ou séduire

Quand on veut plaire, il faut apprendre à séduire. À priori, le besoin de plaire se conjugue au féminin. L'homme préfère séduire. Il n'existe pas de besoin de séduire, mais en revanche, il existe bien un besoin de plaire, d'amadouer l'agressivité primaire, animale que chaque être humain véhicule dans ses conduites primitives. Les fleurs se parent de couleurs attrayantes pour attirer (plaire) les abeilles, le chien qui lèche la main de son maître, le chat qui se frotte aux jambes de sa maîtresse : tous les animaux domestiqués par l'homme expriment ce besoin de plaire pour désamorcer une agression toujours possible. Par voie d'extension, ce besoin de plaire a été assimilé à une conduite de soumission par certains psychologues, une conduite d'apaisement par d'autres. Mais qu'en est-il ?

Quand vous souriez à une personne qui vous aborde dans la rue pour vous demander son chemin, vous ne faites rien d'autre que de dresser une barrière contre l'agressivité supposée de l'inconnu(e). En revanche, si vous êtes une femme et que vous souriez à un inconnu qui vous observe du coin de l'œil, votre sourire ne sera pas interprété comme émanant d'un quelconque besoin de plaire mais comme une conduite de séduction. Dans l'autre sens, l'homme assis à une terrasse de bistrot et qui sourit à une consommatrice installée à la table voisine sera considéré comme un vulgaire étranger si son apparence déplaît à la dame. Le message véhiculé par son sourire est identifié comme étant l'ébauche d'une entreprise de séduction.

Faut-il plaire avant de pouvoir séduire ? Si c'était vrai, la plupart des entreprises de séduction seraient vouées à l'échec. Heureusement que ce n'est pas le cas ! À priori, le besoin de plaire correspond au besoin de se plaire dans le regard de l'autre. La séduction ne serait qu'un moyen utilisé par le moi pour évaluer son impact séducteur ? Le premier mode d'interaction du nourrisson est le sourire, un mode séducteur actif. Les tout-petits en âge de communiquer séduisent pour conserver la cote d'amour de leurs parents.

On peut considérer la séduction comme un jeu. La séduction est, en réalité, la première des conduites de préservation du moi au sein de la société. C'est dire son importance ! Le fan qui décore sa chambre d'une multitude de posters représentant son idole ne cherche qu'à s'imprégner de sa personnalité mythique pour arriver à s'accepter ou, en d'autre termes, à se plaire par procuration. Il s'identifie à son modèle, si le fan et l'idole sont du même sexe ; il idéalise son idole comme une sorte d'amant idéal, s'ils sont de sexes opposés.

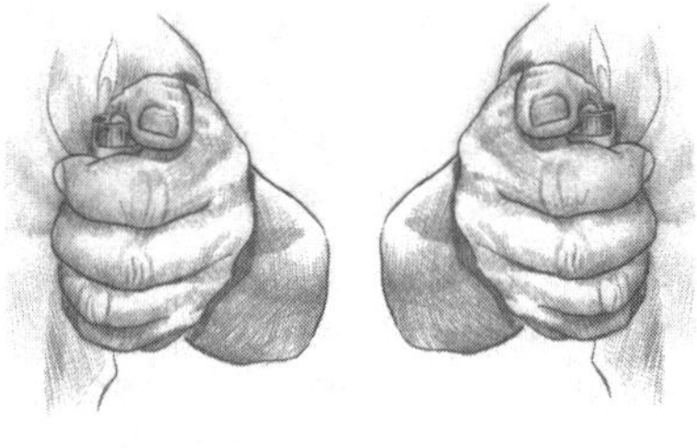

Figure 75-76

En matière de séduction, les mots peuvent trahir mais le corps ne ment jamais. *L'allumage du briquet par le pouce gauche ou le pouce droit (fig 75-76)* est un refrain gestuel invariable. La flamme est interne ou externe, suivant les individus (voir le sexe du briquet).

Différences de comportement

Le séducteur actif se fonde sur le mode verbal ou gestuel tandis que le séducteur passif se fonde sur le mode auditif ou plastique. Soit il a les moyens de plaire au travers de son apparence, soit il plaira parce qu'il est disponible à l'autre et use d'un discours gratifiant. Ce code réflexe peut paraître anodin, il est pourtant fondamental dans la mesure où nous avons tous besoin de conforter notre besoin de plaire ou de séduire l'autre. Il n'y a pas de communication sans séduction en filigrane. Même l'agressivité ou l'indifférence sont des modes de séduction. Chez les enfants, ce mode d'allumage est remplacé par l'inclinaison de la tête qui s'associe au mode « image ». *L'inclinaison récurrente de la tête vers la droite traduit une séduction active*. L'inclinaison récurrente vers la gauche appartient au registre de la séduction passive.

La séduction n'est pas une activité humaine aussi futile que vous le supposez. Nous ne séduisons pas pour nous plaire, mais parce que, sans l'apport de la séduction, l'humanité n'aurait pas eu de passé et donc pas d'avenir. Cette conduite, considérée par beaucoup comme un divertissement charnel, est bien plus essentielle au devenir de l'humanité que certaines croyances philosophiques ou religieuses qui considèrent l'homme comme une sorte de clone tout juste bon à se reproduire sans conscience, sans désir et sans plaisir. Un coup d'œil à la nature suffit à balayer toutes les objections possibles, séduire est un besoin essentiel, au même titre que le besoin d'apprendre, de comprendre, de rêver, d'espérer, d'aimer ou de s'accomplir. À l'instar de la nature qui a fixé les couleurs ou les parfums des fleurs, la séduction n'est pas laissée au hasard des rencontres aléatoires entre individus. Je veux croire qu'il existe une « nature humaine » dont les règles sont fixées au sein de l'inconscient individuel ou collectif. Je veux croire à un certain déterminisme commandé par des instances biopsychologiques infraconscientes. Si le hasard était le meneur de jeu, combien de chances auriez vous eu de rencontrer l'homme de votre vie ? Une sur plusieurs millions ? Les coeurs solitaires seraient comme les perdants de la Française des jeux, innombrables...

Je vous propose d'imaginer un modèle de fonctionnement du phénomène de la séduction qui rassurera ceux ou celles qui croient que le destin les a abandonnés sur le bord de la route.

L'inconscient programme l'enchaînement des évènements qui conduira le moi de Pierre à Jacques, de Jacques à Sandrine, de Sandrine à l'objectif assigné et connu par les forces obscures qui guident le *moi* vers son destin, à savoir la meilleure amie de Sandrine : Marie-Pierre. Il sait, l'inconscient, que Marie-Pierre existe avant que la conscience n'en soit informée. Il prépare le *moi* à cette rencontre essentielle qui débouchera sur une histoire d'amour. Sur un remède contre le pire ennemi de l'amour : la peur de la mort, solution finale et éternelle. Le *moi* hypnotisé hypnotisera l'inconscient complice de celui de Marie-Pierre. Les règles de la fascination ne s'exercent jamais sans préalable, sans une préparation rigoureusement inconsciente de celui, de celle ou de ceux qui en seront les cibles. Dans ce dernier cas de figure, l'histoire peut paraître idyllique. Une histoire d'amour qui débute ne l'est-elle pas toujours ?

Mais l'inconscient ne s'embarrasse pas de serments amoureux. Il programme le commencement et connaît déjà l'issue heureuse ou malheureuse qui attend les amants. L'inconscient ne peut se permettre de cultiver des états d'âme ! Il fonctionne sur le mode utilitaire, nécessaire et indispensable à la préservation de l'ensemble corps-esprit dont il a la charge. La raison d'État subconsciente prime sur le désir verbalisé de la conscience. L'instinct de survie, égoïste par définition, prévaut dans tous les cas. Le moi n'est qu'une infime parcelle de l'institution humaine, il est la star d'une manifestation dont l'inconscient est le producteur et dont les tenants et les aboutissants dépasse l'intelligence humaine.

Pour la gestuelle de la séduction, je vous renvoie à mon ouvrage : *Les gestes qui vous séduisent*[1].

LE SEXE DES SEINS

La belle dame succulente
Me trouble autant qu'elle me tente
En me repoussant de la main.
Mais vous n'y pensez pas j'espère ?
Je pourrais être votre mère
En ce cas, donnez-moi le sein.

Daniel Ancelet

Au fil de notre histoire, la taille des seins a varié avec l'image de la femme idéale. Au moins dans les représentations. Ainsi, la plastique de la Vénus de Willendorf, symbole de la fertilité, correspond à un tour de poitrine

1. Paru aux Éditions First.

de 240 cm, tombé à 113 cm en moyenne deux mille ans avant notre ère, puis à 80 cm en – 100 avant J.C., d'après Desmond Morris. Au fil des siècles, la mode a évolué, le plus souvent en imposant aux femmes de comprimer ces seins que la morale n'aurait su voir. Puis vint l'ère du soutien-gorge qui les mit en valeur, avec quelques bizarreries comme le bonnet en obus des années 1950 ou l'armature à encorbellement dessiné par un ingénieur pour la torride Jane Russell à la demande d'Howard Hugues. Mais la vraie révolution a eu lieu en 1961, année de l'invention du Wonderbra au Canada et de la première prothèse en silicone au Texas. Aujourd'hui, en France, la moyenne est le 90B et les seins ont retrouvé leur valeur nourricière.

Les seins sont les fesses par-devant que l'évolution a planté là pour que les hommes y ancrent leurs fantasmes visuels. Mais la poitrine bien développée d'un homme peut aussi faire fantasmer sa compagne.

Certains spécialistes ont déduit que la poitrine épanouie de la femme (seule dans l'ordre des primates à arborer dès l'adolescence et à conserver en permanence cet « attirant attribut ») et sa disponibilité permanente résulterait d'une augmentation d'hormones qui, conjuguée à la station debout, aurait contribué à créer un « bipède libidineux », l'homme qui allait envahir les continents.

Les seins martyrs

Mais les seins peuvent aussi se transformer en tabou dans certaines cultures africaines. Le *Courrier international*[1] rapporte les faits suivants : « Masser les seins des

1. N° 819, 13 juillet 2006.

jeunes filles avec des objets chauffés ou non pour les résorber est une tradition au Cameroun : cette pratique peut avoir des conséquences dramatiques sur la santé des femmes. Selon une étude menée en décembre 2005 dans tout le pays par l'anthropologue Flavien Ndonko, du programme germano-camerounais de santé/sida, à Yaoundé, 24 % des adolescentes, soit près d'une sur quatre, en sont victimes.

Ariane, 19 ans, qui vit à Yaoundé, se souvient d'avoir hurlé de douleur quand sa mère la séquestrait dans la chambre pour lui « repasser "les seins." Elle les écrasait avec une pierre chauffée en se protégeant les mains avec un chiffon. Je criais de toutes mes forces : "Non, maman ! Ça fait mal ! Non ! Non !" » Malgré ses supplications, sa mère a continué le massage pendant deux mois. Elle avait alors douze ans et ses parents voulaient étouffer le développement de sa poitrine et de sa féminité. Une sorte de lait s'est mis à couler de ses seins traumatisés. Pour échapper à cette épreuve, Ariane faisait des fugues, devenait de plus en plus rebelle, n'allait plus régulièrement à l'école. Ironie cruelle, elle a fini par tomber enceinte un an plus tard.

Le repassage des seins est une tradition qui se transmet de mère en fille. "Je l'ai appris de ma mère peu avant mon mariage, dans le cadre de l'éducation à la vie conjugale que toute mère donne à sa fille. Depuis, je l'applique à toutes mes filles" confie Christine Ngatchou. Surprise d'entendre que cette pratique est dangereuse, elle explique que le massage des seins qui poussent avant quatorze ans fait partie du B.a.-ba de la bonne conduite que toute femme doit connaître avant d'arriver au mariage.

Le but des parents est toujours le même : faire disparaître la poitrine de l'adolescente afin qu'elle n'attire pas les garçons, qu'elle continue ses études et ne s'engage pas précocement dans des relations sexuelles au risque de tomber enceinte.

Cette pratique est non seulement douloureuse, mais dangereuse. À partir de témoignages de femmes qui l'ont subie, l'enquête a révélé les affections et les maladies qu'elle peut provoquer : abcès, kystes, disparition totale de la poitrine, voire cancer. Ce massage peut provoquer une réaction inflammatoire. Le tissu mammaire durcit, entraînant le rétrécissement des seins et parfois la formation de nodules et de cellules cancéreuses. »

Des dispositifs hypnotiseurs

L'impact hypnotique de la naissance des seins ne date pas de l'invention du soutien-gorge à balconnets.

Les tissus vaporeux qui dévoilent en épousant les formes langoureuses ne sont pas une invention de couturier en vogue. La puissance des pectoraux ou la forme avantageuse d'un cache-sexe masculin sont autant de signaux vieux comme Hérode pour éveiller le désir. Bref, on n'imagine pas une entreprise de séduction sans l'intervention de tous les objets qui en représentent le décor, dont les bijoux tiennent souvent le premier rôle. Ce sont des dispositifs hypnotiseurs !

Quelques codes gestuels

La jeune fille tire son pull vers le bas à plusieurs reprises pour avoir l'occasion de se cambrer et faire admirer son décolleté. Si elle ne porte pas de soutien gorge, elle s'arrange pour que cela se voie. Il faut croire que l'orgueil se place souvent là où il peut, mais pas forcément là où il veut. Si, en revanche, elle écrase sa poitrine sous plusieurs couches de vêtements serrés, c'est le signe d'une identité sexuelle mal acceptée

Une femme qui porte toujours un décolleté, même en hiver, place son orgueil en ce lieu anatomique au détriment de ses autres atouts plastiques. Pour quelle raison ? Ce n'est pas fatalement lié à un besoin de séduire les inconnus, mais plus à celui de se plaire dans le regard de l'autre.

Il se peut aussi qu'elle s'arrange pour porter des vêtements dont la texture laisse pointer ses mamelons.

Toute sa communication passe par sa poitrine. C'est un genre d'exhibitionnisme liée au besoin d'allumer le désir. *Il lui arrive de souligner subtilement son décolleté en croisant ses bras sous sa poitrine (fig 77)*.

Figure 77

La posture est très courue par les séductrices qui sont fières, à juste titre, de leur décolleté. Elles auraient bien tort de s'en priver.
Le bout des doigts fuselés de votre coup de cœur glisse souvent vers la naissance de ses seins. Chez la plupart des allumeuses, la fabulation est une propension à présenter comme réelles les productions imaginaires de l'esprit. C'est une sorte de compensation subjective chez un sujet qui imagine ce qu'il aurait pu vivre, s'il avait réellement voulu y parvenir. Les fabulateurs ne manquent pas à l'appel, mais votre nouvelle conquête

devrait, en principe, recevoir un Oscar en la matière. Si c'est le cas, vous avez affaire à une simulatrice de haut vol. Elle ira où le vent de ses illusions la pousse et non là où vos désirs aimeraient tellement qu'elle aboutisse. Souligne-t-elle sous vos yeux gourmands son généreux décolleté en croisant ses bras sous ses seins ? La posture est très courue par les séductrices qui sont fières, à juste titre, de leur Wonderbra. Vous auriez bien tort de vous priver du panorama, mais attention, on ne touche pas à la marchandise sans autorisation expresse de la demoiselle.

Votre voisine de table, assise à vos côtés, se caresse la naissance des seins du bout des doigts. C'est une sorte d'appel du pied, si l'on peut dire. La femme n'est pas l'homme et la poitrine n'inspire pas les deux sexes de la même manière. Vous avez gagné sa confiance et elle songe déjà à la suite concrète des événements.

LE SEXE DU SENS SOCIAL

Le coefficient de sociabilité

Il se mesure en identifiant deux refrains gestuels de base :

a) Le mode de croisement des bras.

b) Le mode d'écoute téléphonique.

Le croisement des bras identifie le mode de défense du territoire mental : confiance en soi ou estime de soi privilégiées, selon que vous soyez offensif ou défensif.

Le choix de l'oreille téléphonique identifie le mode de communication : introverti ou extraverti. La manière dont je communique ma pensée traduite en mots ou en gestes détermine mon coefficient de sociabilité ou d'adaptation à mon entourage.

Masculin

Statut	Code	Nombre d'observés	%	Profils	Profils
Individualiste	OFIN	676	19 %	Créatif	Narcissique
Autonome	OFEX	820	23 %	Tribal	Challenger
Solidaire	DEFEX	1083	31 %	Idéaliste	Relationnel
Dépendant	DEFIN	939	27 %	Cartésien	Sensitif

OFIN = Offensif et introverti
DEFEX = Défensif et extraverti
OFEX = Offensif et extraverti
DEFIN = Défensif et introverti

Féminin

Statut	Code	Nombre d'observés	%	Profils	Profils
Individualiste	OFIN	722	18 %	Créatif	Narcissique
Autonome	OFEX	953	24 %	Tribal	Challenger
Solidaire	DEFEX	1290	32 %	Idéaliste	Relationnel
Dépendant	DEFIN	1059	26 %	Cartésien	Sensitif

Intégration, adaptabilité ou sociabilité, même combat ! Les pourcentages des différents groupes masculins ou féminins se suivent. Les profils idéalistes ou relationnels des deux sexes sont les plus solidaires, donc les plus sociables, ce qui ne devrait pas vous étonner outre mesure. Sauf que... les profils ont été attribués avant que nous procédions à une enquête gestuelle de terrain et que les résultats correspondent en tous points aux différentes sensibilités attribuées aux huit profils repris sous rubrique.

Suivant le profil psychogestuel auquel ils appartiennent, hommes et femmes, considérés hors d'un groupe social particulier, auront quasiment le même coefficient de sociabilité.

Les Français sont des individus sociables et solidaires, surtout quand il leur arrive de sanctionner le landerneau politique au moment des élections.

LE SEXE AU CHOIX

Selon Catherine Mathelin, psychanalyste, on ne peut pas envisager d'élever les garçons et les filles dans le même chaudron.

« C'est de toute façon impossible, on ne se comporte jamais de la même manière avec un garçon et avec une fille. Pourquoi ? Tout simplement parce que les identifications et les projections inconscientes des parents sont différentes et ce avant même la naissance du bébé. À cela s'ajoutent les représentations sociales des rôles masculin et féminin, tellement prégnantes qu'elles induisent, malgré nous, des comportements différents. »

Toujours selon Catherine Mathelin, filles et garçons doivent intégrer les tabous essentiels qui fondent la société humaine et suivre les valeurs et les règles de vie partagées par tous : respect des autres et de soi-même, interdit de la violence, politesse, etc. Outre ces principes de base, les parents ne peuvent faire l'impasse sur l'égalité des sexes et le droit des femmes à s'imposer à l'égal des hommes dans le monde du travail. Mais dans la réalité, l'égalité des sexes en matière d'éducation est loin du compte. On n'élève pas un garçon comme on éduque une fille. Dans le même ordre d'idées, les exigences scolaires, artistiques et sportives doivent (ou devraient) être les mêmes, quel que soit le sexe de l'enfant.

Il faut mettre un bémol à cette affirmation. Sur le plan sportif, le choix de l'activité dépendra de la morphologie de l'enfant. De même en ce qui concerne les activités artistiques, tous les garçons n'auront pas le physique d'un danseur de ballet et toutes les filles ne seront pas forcément attirées par la musculation à outrance, bien qu'il y ait des filles surinvesties dans leur corps au détriment de leur féminité. Il est évidemment impératif de tenir compte des prédispositions intellectuelles, artistiques ou physiques de chaque enfant. Ce n'est pas parce qu'un garçon aime jouer à la poupée ou danser qu'il est déjà un homosexuel en herbe. Imposer un modèle de masculinité ou de féminité est une conduite stupide. Si les parents envoient leur fils à la danse et leur fille à la boxe, parce qu'ils estiment qu'il est indispensable de développer la grâce gestuelle de l'un et la combativité physique de l'autre, pourquoi pas ? Le danger, c'est lorsque les parents le font parce que, inconsciemment, ils ont désiré un enfant de l'autre sexe.

À la question « pourquoi une petite fille exige-t-elle des robes à volants roses et des poupées Barbie ? » il est facile de répondre que le contexte social (télévision, copines) ou scolaire (identification sexuelle) influence les choix de l'enfant. Dès l'âge de quatre ans une petite fille mime la féminité. « Même si on n'apprécie guère ces "simagrées", ajoute C. Mathelin, il ne faut pas contrarier l'identification à son sexe. Quant à la "fixation" sur les poupées, Freud a mis en évidence l'équation symbolique "enfant = pénis". Une petite fille renonce à avoir un pénis parce qu'elle aura un bébé dans son ventre. La société, la culture, les médias, de même que les contes de fées proposent aux enfants des héros et des jouets "sexués" qui sont autant de repères et de support identificatoires. Marginaliser son enfant en lui refusant les normes sociales communément admises peut perturber son besoin d'identification. Même si les parents s'opposent aux stéréotypes sociaux et rejettent "les lois du marketing", l'enfant s'y conformera, qu'on le veuille ou non...

Pour ce qui est des garçons, comme le soulignait Françoise Dolto, ils sont phalliques. À l'image de leur sexe, ils sont actifs, provocants, combatifs. Les filles qui ont un sexe "en creux", sont davantage tournées vers l'introspection et la passivité. Cette différence psychologique, déterminée par le sexe, est confortée par les déterminants culturels, qui valorisent l'esprit de compétition des garçons. »

Ces valeurs-là sont-elles en train de se modifier sous la pression de l'esprit paritaire ? Les femmes du XXIe siècle ne sont plus à l'image de celles d'hier et que Dolto nous donne en exemple. L'équation « fille = garçon » pourrait bien s'avérer vrai dans les décades à venir.

Les femmes veulent faire carrière, ne plus dépendre financièrement d'un époux volage qui pourrait un jour s'évaporer comme la fumée d'une cigarette.

La multiplication exponentielle des divorces au cours de la seconde moitié du XXe siècle a changé les mentalités des jeunes femmes contemporaines, elles-mêmes souvent issues de familles divorcées et/ou mal recomposées. Elles font des enfants après trente ans quand leur carrière est déjà bien amorcée. L'homme n'est plus un objectif sécuritaire, mais un Pygmalion ou, carrément, un marche-pied professionnel, une passerelle vers un avenir financier autonome. Il est devenu interchangeable. Les jeunes femmes de demain ne viseront plus un amant imparfait, mais un papa parfait pour leurs enfants ou un compagnon de route pour partager le meilleur sans avoir à supporter le pire. Elles sont de plus en plus nombreuses à refuser le mariage comme une forme de soumission amoureuse ou de dépendance financière. Le choix des études supérieures auxquelles les femmes adhèrent en masse, l'ouverture aux femmes de nombreux secteurs d'activité réservés aux hommes jusqu'à présent ont transformé les mentalités féminines. On dirait que la femme est de plus en plus un homme comme les autres.

LE SEXSTRESS

Ou le stress de la première fois !

L'éjaculation précoce ou la frigidité peuvent être à l'origine d'un stress qui se manifeste dans une situation de séduction active. Votre jolie conquête vient de céder à vos avances, elle accepte un premier baiser. Sa réponse corporelle est d'une sensualité inattendue, elle aspire votre langue dans sa bouche, sa main gauche s'active dans votre nuque tandis que la droite s'égare entre la ceinture de votre pantalon et vos fesses. La tension est paroxystique : vous éjaculez sans préavis. La honte !

Cette scène vaut traumatisme ! La prochaine fois que les mêmes conditions seront remplies avec une autre rencontre, vous réagirez exactement de la même manière. Chaque expérience nouvelle sera un engramme supplémentaire qui intégrera le stress sexuel dans vos conduites. Le conditionnement deviendra opérant comme un réflexe pavlovien.

Pourquoi la première fois provoque-t-elle souvent une panne de secteur ?

Les nouvelles rencontres sont de véritables situations d'examen auxquelles les partenaires sont mal préparés. Séduire est une chose, passer à l'acte en est une autre. En cette matière, comme dans beaucoup d'autres, les hommes ne fonctionnent pas comme les femmes. L'anxiété de plaire s'oppose au besoin de séduire. En d'autres termes, la femme est investie dans son désir de plaire, l'homme fourbit ses armes pour séduire. Et la rencontre a lieu avec la malédiction du stress de la première fois ! La gestuelle plus que le discours sera déterminante dans la réussite de ce premier contact visuel. Tout va se jouer en face-à-face, les yeux dans les yeux, quel que soit le contenu des paroles échangées.

Fixer quelqu'un droit dans les yeux pendant un certain temps ne se fait que dans des situations d'amour ou de haine intense. Pour la plupart des gens, un regard soutenu au-delà de quelques secondes est trop menaçant et ils détournent les yeux. Entre amoureux, il existe une telle confiance mutuelle qu'ils peuvent se fixer ainsi sans se sentir agressés. Et tandis qu'ils se dévisagent, ils vérifient inconsciemment le degré de dilatation de la pupille de l'autre. S'ils voient de profonds lacs noirs, ils savent intuitivement que leurs sentiments sont partagés mais s'ils voient de minuscules têtes d'épingle, ils peuvent commencer à être mal à l'aise, devinant que les rapports ne sont pas parfaits. Et souvent, la rétractation des pupilles est la règle car la méfiance mène le bal. Le coup de foudre ne s'installe jamais au premier regard. Il faut d'abord déblayer le terrain, installer une certaine dose de confiance.

Mais supposons que tout est pour le mieux dans le meilleur des mondes ! Ils se voient, échangent des confidences, se touchent timidement et finissent par se rejoindre sur la même banquette pour troquer un premier baiser discret ou non. L'homme sentira son désir sexuel se manifester où vous savez, la respiration de sa conquête va s'accélérer tandis qu'une légère sudation apparaîtra sur sa lèvre supérieure. L'étape suivante est déjà programmée dans leurs inconscients qui ont déjà fait la jonction. Quand ils se retrouveront en privé, la fougue s'emparera de leurs émois chahutés tandis que les vêtements voleront aux quatre coins de la chambre ou du salon. Ils seront presque nus quand, surprise, l'homme, au comble de l'excitation, va connaître une panne de secteur. La honte !

Pour illustrer cette panne de secteur, je vous propose de lire l'anecdote qui suit, histoire de se détendre les neurones.

Les hormones de poulet

L'histoire d'André est évidemment authentique. Seuls les noms et les lieux ont été changés. Ce récit appartient à l'adolescence qui refuse son certificat de maturité. La truculence de cette histoire est à peine exagérée. Elle vous fera rire ou grincer des dents, c'est selon vot' bon cœur ! C'est le récit de mes débuts en tant que psychothérapeute.

Il faut un début à tout. André A. fut le mien ! Il était victime du genre d'accroc qui n'arrive qu'aux autres jusqu'à ce qu'on soit en âge de faire partie des autres ! Et quand on est soi-même impliqué du périnée jusqu'aux oreilles, comme l'exception qui confirme la règle, il est doublement déconseillé de s'en vanter. De quoi égratigner la plus solide des réputations. André en était affecté au plus profond de sa dignité de mâle en berne. Sa superbe boutique de gros, à l'entrée de la rue Saint-Denis à Paris, était reléguée au second plan de ses préoccupations. Il avait enfermé sa morosité dans son bureau futuriste, depuis trois jours, au deuxième étage de l'immeuble qui abrite son casse-croûte quotidien.

« Si on me demande, je suis en réunion avec moi-même », ripostait-t-il sur un ton rogue à son personnel déconcerté.

Il cogitait dur. Un phénomène inexplicable le déroutait, l'obsédait. Et comme il était en première ligne, le rôle ne lui convenait pas du tout. La dépression nerveuse le guettait. Quelqu'un ou plutôt quelqu'une lui avait certainement jeté un sort. Tout le monde était jaloux de sa réussite ! Alors, on s'attaquait à lui par des moyens magiques. "On" utilisait la sorcellerie pour l'abattre ! Bref, c'était la Berezina du dilettante en âge de copuler sans artifice.

Il avait trente-neuf ans, depuis bientôt cinq ans, et jamais « elle » ne lui avait fait défaut, jusqu'à maintenant. Grand, large d'épaules, un sourire carnassier accroché en permanence à ses jaquettes en porcelaine sur or, la chemise Gucci largement échancrée sur un bronzage annuel garanti et une chaîne Cartier. L'image médiatique du battant garanti bon teint dans le secteur du prêt-à-porter. Le Goncourt du succès préfabriqué.

Golf, judo et drague étaient les seuls sports qu'on lui connaissait. Surtout le troisième, à l'approche de sa quarantaine qui se laissait désirer. Sa jeune épouse s'en accommodait, plutôt bien que mal. La prospérité exige quelques petites compromissions. De toute façon, notre Tun[1] *24 carats ne lui laissait que peu de choix. Quand elle faisait mine de se rebiffer, il l'envoyait d'autorité en vacances à Eilat !*

Elle n'était pas le fleuron de ses conquêtes, mais elle restait la mère de ses héritiers. André, malgré la largeur de ses idées sur la question sexuelle et la largesse de ses vues sur sa propre sexualité, avait encore des principes stricts et surannés sur l'institution du mariage. Il ne trompait pas sa femme, il équilibrait égoïstement sa vie entre la poire et le fromage et prétendait ignorer superbement le sentiment de culpabilité.

« Une nana n'est qu'une nana, expliquait-il. Fuis-la ! Elle te suit ! Suis-la ! Elle te fuit, mon frère ! »

Un adepte inconditionnel de la civilisation du prêt-à-jeter après usage ! Pas de maîtresse en titre, rien que des passades à l'heure du déjeuner ou en fin d'après-midi,

---

1. Juif tunisien.

avant que le chien ne se transforme en loup, et avant que le loup ne rentre sur la pointe des pieds à la maison pour faire risette à sa petite famille. La libido d'André avait toujours fonctionné sans foi ni loi et sans accroc. Il venait de passer de l'autre côté de la barrière à son corps défendant.

Je venais de m'installer, hypnothérapeute tout neuf. Trois jours avaient passés sans l'ombre d'un coup de fil. J'avais distribué toutes mes cartes professionnelles (plus de cent). Quelques omnipraticiens du quartier m'avaient reçu entre deux consultations. Les libraires du coin affichaient discrètement mes coordonnées et m'avaient promis d'en parler à leurs habitués. Les amateurs de sommeil artificiel faisaient la sourde oreille. Le trac des débutants me tenait compagnie quand il ne me tenait pas la main. L'attente était éprouvante. Je commençais à broyer du noir. Mes doigts se sentaient irrésistiblement attirés par le cornet du téléphone. J'avais l'impression de vivre une série noire dans laquelle le rôle du détective miteux m'était dévolu. Je décidai de me mettre en état d'auto-hypnose pour repousser les vagues d'angoisse qui commençaient à me submerger. Très vite, je plongeais dans les zones subliminales de ma conscience. Des images se succédèrent, puis s'estompèrent entre-coupant le fil de mes pensées moroses.

Il neige dans ma tête. J'ai perdu mon chemin. J'aperçois, au loin, la classique lumière blafarde à travers un brouillard opaque. Une forme me poursuit inlassablement. Je fuis, paniqué par cette apparition lugubre et incongrue. Un sentiment énorme de culpabilité m'enveloppe sans raison précise. Mes pieds s'enfoncent dans une épaisse couche de neige qui recouvre le sol à perte de vue. Je suis transi de froid ! Mes dents s'entrechoquent. Le salut s'éloigne au fur et à mesure de ma progression difficile dans ce décor transsibérien. Qu'est-ce que je suis venu faire dans cette galère ? Un cri strident traverse la brume, se frayant un chemin jusqu'à mon cerveau torpide. J'ai soudain le sentiment désagréable d'être aspiré comme un fêtu de paille vers le ciel invisible de mon rêve.

Une décharge d'adrénaline me réveilla en sursaut. Le sentiment coupable persistait encore au-delà du rêve dont je gardais quelques images en mémoire. La sonnerie du téléphone se répercutait entre les quatre murs de mon cabinet ! Elle m'avait arraché à ce fichu cauchemar. Mon correspondant n'avait pas l'air dans son assiette. Il éprouvait une certaine gêne à justifier la raison de son appel. Un patient ? Un impatient ! Enfin ! Je rassemblais mes neurones éparpillés dans les deux hémisphères de mon cortex. Mon correspondant ne s'était pas présenté mais le son de sa voix m'était familier. Où l'avais-je entendue, cette voix ? C'était récent !

« J'ai mal compris votre nom. »

J'interrompis le flot de ses incohérences… Le désir de pratiquer mon art, entretenu par le calvaire de ces trois derniers jours, se révéla plus persuasif que jamais. À l'autre bout du fil, André A. se calma, s'expliqua, espéra, gémit, menaça, exigea des garanties sans même me demander le prix de mes honoraires. Il tergiversa, se souvint, je facturai, combien encore ? Il marchanda sa misère, offrit la lune dans l'instant qui suivit et la reprit à la phrase suivante, m'avertit que… en cas d'échec, me parla de sa ceinture presque noire de judoka, pleurnicha, explosa, proposa, disposa et finit tout de même par prendre date pour le soir-même à défaut d'un rendez-vous la veille. La délivrance ne pouvait plus attendre.

Le couac qu'il venait de connaître avec son dernier canon lui avait limé le moral. Une nana aussi rare qu'une houri ! Un chassis scandinave, des seins rupestres ! Une croupe rocailleuse à souhait. Je traduis le jargon du chiffonnier. Son cas était gravissime, urgentissime, superlatif. Il se prétendait envoûté par le Malin. J'étais le seul qui détenait la formule magique, pour le sauver de l'Apocalypse du caleçon, du marasme sexuel dans lequel il baignait jusqu'au nombril. La toute-puissance de l'hypnose ne faisait plus aucun doute pour lui. Il n'en avait jamais douté, du reste.

Quand j'avais rencontré André un peu moins d'un mois auparavant, il avait ironisé sur ma spécialité devant son personnel. Hypnotiser les gens ? « Tu dérailles, mon coco ! C'est du chiqué, juste bon pour distraire le petit peuple à Dimanche Martin*… » Fontaine… tout le monde connaît la suite !*

Heureusement pour lui, André n'avait pas de mémoire ou n'en avait plus depuis la catastrophe qui s'était abattue sur l'orgueil de ses fredaines. Son instinct sexuel, exaspéré par les charmes inexpugnables de sa dernière passade (elle l'avait fait poireauter pendant plus de trois mois) avait désactivé le mécanisme érectile dans lequel il avait placé une confiance aveugle. L'idéomotricité qui entraîne automatiquement une relation de cause à effet sur la verge de l'homme s'était muée en cause sans effets sur celle d'André. Il débandait au moment crucial et uniquement à ce moment précis. Les essais infructueux s'étaient succédés à une cadence infernale malgré la compassion agissante de sa belle fraîche émoulue. Il avait tout essayé, avoua-t-il, contrit. Il en était même tombé amoureux. Du jamais vu ! Elle ne l'avait pas renvoyé chez sa femme. La coquine m'avait tout l'air de prendre son rôle d'infirmière au sérieux. Elle était en train de le ferrer ! Le goujon !

Il raccrocha, enfin ! Les secondes, les minutes, l'heure et demie qui me séparaient encore de ma première intervention professionnelle s'égrènèrent en compagnie de la lenteur de mon impatience. Je vécus dans l'appréhension d'une annulation de dernière minute. Le temps s'étira, batifola, pris son temps. Moi pas ! Pour la vingt-septième fois, je corrigeai un détail dans mon cabinet. Le rideau se leva, enfin !

*

« Vous retrouvez, lentement, votre état de conscience habituel. Tout souvenir s'effacera à l'instant précis où vous ouvrirez les yeux. »

Fin de l'induction hypnotique. André était venu. Je l'avais aussitôt plongé en transe somnanbulique et j'avais officié, pris mon envol inaugural.

« J'ai dormi, moi ? m'interrogea-t-il dès son réveil. Tu veux rire, je me souviens de tout ce que tu m'as dit. »

Il se creusa les méninges pour me prouver qu'il était parfaitement conscient pendant toute la durée de la transe.

« Tu me garantis que ça va marcher, hein ! » m'assena-t-il avec une menace à peine voilée dans le ton.

Je confirmai tout en lui suggérant qu'une seule séance ne serait peut-être pas suffisante pour transformer radicalement le climat mental qui était à l'origine de ses déboires.

« C'est l'attitude de mon zob qui me rend furax. Jamais, jamais tu m'entends, il ne m'a fait un coup pareil. Quand je tiens la trique, je peux m'en enfiler treize à la douzaine sans débander. »

On voyait bien qu'il était originaire du sud de Marseille !

Il doutait vraiment d'avoir perdu conscience. Je lui confirmai la qualité de son sommeil partiel. Il admit finalement qu'il ne se souvenait de rien, ça le réconforta !

« Et si tu me prescrivais un machin, un stimulant quelconque ?

— Je ne suis pas médecin, mais pour vous être agréable, je vais appeler un neuropsychiatre de mes amis. »

J'étais dégoulinant. Je me dégoûtais.

« Je vous apporterai la préparation à la première heure demain matin », dis-je pour calmer ses doutes.

Je lui proposai une deuxième séance qu'il accepta du bout des lèvres.

« Je te confirmerai par téléphone », lâcha-t-il avec un geste évasif.

Il sortit du cabinet en oubliant de me règler mes honoraires. Je me rappelai à son bon souvenir.

« Demain ! Quand tu m'apporteras la préparation. Je suis sûr qu'elle fera de l'effet sur mon petit problème », riposta-t-il en tapotant sa braguette.

Très smart, le mec !

La porte se referma et je me précipitai sur mon téléphone pour expliquer mon petit ennui au docteur F., le neuropsychiatre en question. Il me promit de s'en occuper. Je pouvais passer chercher l'ordonnance une demi-heure plus tard. Il me faisait une fleur !

« Qu'est-ce que vous comptez lui prescrire, Docteur ? »

L'autre se marra !

« Un placebo, cher ami ! C'est radical ! »

*

« Tu es certain que c'est efficace ? me questionna le tombeur du Sentier. Et puis d'abord, ça contient quoi, tes gélules ? On dirait du sucre en poudre ! »

Il s'apprêtait à en ouvrir une pour la goûter. Je l'arrêtai d'un geste :

« Vous devez en prendre trois par jour avec les repas, et ce pendant huit jours. »

J'ajoutai avec innocence :

« Elles contiennent des extraits de valériane et un dérivé hormonal de... poulet. »

Le dernier mot m'avait échappé, je le jure. André n'avait pas réagi. Autant dire n'importe quoi que rien du tout.

« Combien je te dois ? conclut-il, enfin.

— Cent... cinquante pour la séance et cent pour la préparation, ça fait deux cent cinquante. »

Je parvins à articuler le résultat de mon addition malgré une furieuse envie de tousser.

« Dis donc ! C'est chérot, la boite de pilules ! T'as plutôt intérêt à ce que ça fasse des petits », me souffla-t-il, à l'oreille.

Nous étions sur le pas de sa boutique. Il sourit machinalement à une très jolie jeune femme qui venait d'entrer.

« C'est ma meilleure cliente. Tiens ! Voilà trois cents balles, garde la monnaie, coco ! »

Et il se précipita dans le sillage de sa cliente en quête d'un profit immédiat. Je serrai mes trois billets de cent balles dans ma poche. Une sueur impromptue dégoulina entre mes sourcils. Je m'enfuis sans demander des nouvelles de sa famille, comme un escroc qui abuse de son bienfaiteur.

Les jours suivants allaient m'occuper l'esprit et remplir mon cabinet de consultation, comme par enchantement.

André A. avait eu une bonne main. Le bouche à oreille avait fonctionné chez les libraires. Trois semaines plus tard, je respirais une prospérité toute neuve, ça tournait ! Mon premier patient n'avait plus donné signe de vie. Je n'aurais pas eu l'audace de lui passer un coup de fil pour m'enquérir de l'évolution du traitement… et de l'effet des hormones de poulet sur sa virilité. Le destin est farceur, il se chargerait de me remettre en face de mes responsabilités déontologiques.

*

Un bistrot près de la porte Saint-Martin ! Le hasard me mit en présence d'André et je n'en menai pas large. Ignorant les résultats de mon intervention, je tentai bêtement de l'éviter en faisant demi-tour, l'air inspiré. Peine perdue, il me rattrapa par la manche de mon blouson avec un air qui ne me disait rien qui vaille.

« J'ai à te causer », annonça-t-il, sérieux comme un tabellion.

À cet instant précis, je maudis en vrac tous les hypnotiseurs que la civilisation avait engendré depuis la Révolution française et Messmer en premier. Ma main droite chercha fébrilement dans ma poche de quoi lui rembourser sa visite à mon cabinet. Elle était vide, évidemment ! J'avais dû oublier mon porte-billets sur mon bureau. Je lui proposai de prendre un verre pour ne pas nous éterniser dans le passage.

« Je t'invite à déjeuner », m'informa-t-il, royal.

Curieux ! En quoi avais-je mérité cette générosité soudaine ? Nous nous attablâmes face à face. Je respirai mieux, les fesses calées sur une chaise. Le simple fait de m'asseoir dissolut la tension qui faisait trembler mes jambes.

« Je ne sais pas comment tu t'y es pris... » amorça-t-il.

Son préambule me rassura sur-le-champ, les couleurs qui avaient sûrement déserté mon visage revinrent à la volée. Un peu trop vite, sans doute ! Je me sentis rougir. Il m'observa intrigué, prit des nouvelles de ma petite santé, bref, intervertit les rôles ! Les charbons ardents avaient tiédi sous mes pieds. J'attendis la suite avec une sérénité un tant soit peu frauduleuse.

« Je te dois la plus belle après-midi de ma vie, annonça-t-il avec le sourire Ultra-brite du Roméo repu.

— Mais... Mais je... n'y suis pour rien, vous savez. »

Je bredouillai comme un idiot.

« Tu peux me tutoyer », lâcha-t-il, familier.

Il avait été victime d'une forme de priapisme non douloureux (il s'agit d'une érection violente et prolongée, n'aboutissant à aucune éjaculation) pendant près de quatre heures d'affilée. Et surtout, il avait rattrapé le temps perdu, capital et intérêts, en envoyant sa Juliette rejoindre quelques privilégiées au soixante-neuvième ciel de l'immoralité consentie. C'était une révélation ! Il était plus amoureux que jamais et songeait sérieusement au remplacement de sa légitime n° 1 qui se dorait, pour l'heure, sous le soleil de l'Éternel, à Eilat.

Je planai ! J'avais réussi, sans intention préméditée, à provoquer une activation à terme de ses centres nerveux et sans recours à la cantharide ou autre ecstasy aphrodisiaque de la même eau. Je nageai dans un bonheur professionnel qu'il partageait, d'ailleurs, sur un plan différent. André était tellement traumatisé par les coulisses de son exploit qu'il était devenu la proie de ses désirs enfin assouvis. La morale n'était pas sauve, mon honneur de psychothérapeute, par contre, si ! J'en déduisis que le violent complexe de culpabilité conçu par mon patient face à une déconfiture sans précédent (il ne s'était jamais entiché d'une rencontre, jusqu'ici, de peur de léser son épouse légitime) avait provoqué une pénalisation préventive de sa fonction érectile. La punition choisie par son Surmoi (le code pénal de la conscience) ne l'avait démonté qu'un temps. Battant en affaires comme en amour, son image ne pouvait entériner une défaite libidinale de cette importance. Il avait réagi sans retard, comme il avait l'habitude de le faire dans la vie. J'avais juste servi de catalyseur à sa motivation.

Tout est question d'attitude mentale, en définitive. Si on croit qu'une entreprise est réalisable, les montagnes érigées par le Surmoi ne sont jamais assez élevées pour barrer la route à la confiance en soi. En matière de croyance, l'opportunisme mène le bal. André ne croyait que ce qu'il pouvait voir ou toucher sauf si l'urgence de la situation lui intimait l'ordre impératif d'investir sa foi dans l'irrationnel. Voyez comme Dieu est pratique quand personne ne répond plus à l'appel ! La magie de l'hypnose aussi, dirait-on !

LE SEXE DE LA SEXUALITÉ

Les premiers résultats de l'enquête sur le contexte de la sexualité en France, rendus publics au début de l'année 2007[1], font apparaître à la fois des transformations profondes – notamment chez les femmes dont la libération sexuelle se poursuit – et des permanences dans les

1. Sandrine Blanchard, « Dernières nouvelles de la sexualité des Français », *Le Monde*, 13 mars 2007.

représentations de la sexualité. En matière de sexualité, les hommes ne pensent pas comme les femmes et vice versa. On s'en serait douté.

Échantillon

Réalisée auprès de 12 364 femmes et hommes âgés de dix-huit à soixante-neuf ans, par l'Institut national de la santé et de la recherche médicale (Inserm), l'Institut national d'études démographique (INED) et l'Agence nationale de recherche sur le sida (ANRS), cette enquête nationale est la troisième du genre depuis 1970.

Âges et fréquence

En un demi-siècle, l'âge moyen du premier rapport sexuel est passé de 18,8 ans à 17,2 ans pour les garçons et de 20,6 ans à 17,6 ans pour les filles. Ce mouvement a débuté dès les années 1960, avant même Mai 68 et la diffusion des moyens de contraception, notent les chercheurs. Puis l'âge du premier rapport sexuel s'est stabilisé dans les années 1980-1990, avec l'arrivée du sida, avant d'enregistrer une nouvelle tendance à la baisse depuis 2000.

Nombre de partenaires

Chez les femmes

Les femmes font de moins en moins leur vie avec leur premier amour. Alors que pour 70 % de celles âgées de 60 à 69 ans (contre 33 % des hommes), leur premier partenaire est devenu leur conjoint, seules 20 % des 20-24 ans (6 % chez les hommes) ont choisi de vivre avec l'homme avec lequel elles ont eu leur premier rapport. Il faut dire que les femmes ont davantage de partenaires sexuels au cours de leur vie : en moyenne 4,4 en 2006 contre 3,3 en 1992 et 1,8 en 1970.

Chez les hommes

Les hommes, eux, déclarent en moyenne 11,6 partenaires, un chiffre stable depuis plus de trois décennies. Quant aux infidélités, elles semblent plutôt marginales et davantage masculines. Seuls 2,8 % des femmes et 5,3 % des hommes vivant en couple depuis au moins un an déclarent avoir eu un autre partenaire sexuel que leur conjoint au cours de l'année écoulée.

Depuis 1970, la fréquence de l'activité sexuelle a très peu évolué. Hommes et femmes disent avoir, en moyenne, 8,7 rapports sexuels par mois. Mais 16 % des femmes et 15 % des hommes en couple depuis plus d'un an n'ont eu aucun rapport sexuel pendant au moins trois mois consécutifs. En revanche, les femmes de plus de 50 ans sont désormais près de 90 % à déclarer une activité sexuelle dans les douze derniers mois, contre 77 % en 1992 et 53 % en 1970.

Pratiques sexuelles

L'hétérosexualité demeure ultramajoritaire même si, précise l'enquête, « ces déclarations doivent être considérées comme des estimations minimales », du fait d'une acceptation encore difficile de l'homosexualité dans certains milieux. 4 % des femmes (contre 2,6 % en 1992) et 4,1 % des hommes (inchangé) ont eu au moins une fois une relation homosexuelle. Si la majorité des personnes interrogées considèrent que l'homosexualité est « une sexualité comme les autres », 40 %

des hommes de 60-69 ans et 21 % des 18-24 ans la trouvent « contre nature. »

La masturbation est « une sorte de tout premier contact avec la sexualité » pour 90 % des hommes, toutes générations confondues. Les femmes, elles, sont moins nombreuses à la pratiquer (60 %) et l'expérimentent plus tardivement.

Au lit, « fellation et cunnilingus ont connu une diffusion spectaculaire depuis les années 1970 et sont devenus une composante très ordinaire du répertoire sexuel », constate l'enquête. En revanche, la pénétration anale demeure une pratique minoritaire. En 2006, 37 % des femmes et 45 % des hommes disent en avoir fait l'expérience contre respectivement 24 % et 30 % en 1992.

Le plaisir n'est pas toujours au rendez-vous. Au cours des douze derniers mois, 36,3 % des femmes ont eu « souvent » ou « parfois » des difficultés à atteindre l'orgasme et 16,8 % des hommes ont pu rencontrer des problèmes d'érection.

L'échangisme, quant à lui, est très peu répandu et davantage masculin : seulement 1,7 % des femmes et 3,6 % des hommes ont fréquenté un lieu échangiste au cours de leur vie.

Le recours à la prostitution reste stable. En 2006, 3,1 % des hommes ont payé pour avoir un rapport sexuel (contre 3,3 % en 1992).

Prévention

Le préservatif s'est largement diffusé et est désormais utilisé par 89 % des jeunes de 18-24 ans lors de leur premier rapport sexuel. Quant au test de dépistage du sida, 50 % des femmes et 45 % des hommes en ont effectué au moins un au cours de leur vie.

Internet

Plus de 10 % des Français – et près d'un tiers des 18-25 ans – se sont déjà inscrit sur des sites de rencontre sur Internet. Ces échanges virtuels se prolongent en rapports sexuels pour 4 % à 6 % des femmes de 18-34 ans et 7 % à 10 % des hommes de 18-39 ans.

Sexe et amour

Peut-on avoir des rapports sexuels avec quelqu'un sans l'aimer ? Oui, répondent 57 % des hommes de 18-24 ans. Non, rétorquent 72 % des jeunes filles du même âge. Les années passent et les écarts de perception se creusent. À tous les âges de la vie, une majorité de femmes adhère à l'idée que les hommes « ont, par nature, plus de besoins sexuels » qu'elles. Et les hommes sont plus nombreux que les femmes à estimer que la sexualité est « indispensable à l'équilibre personnel. »

Si l'importance que les Français accordent au fait d'avoir une vie sexuelle a augmenté depuis les années 1970, les représentations de la sexualité restent marquées par un clivage qui continue d'opposer une sexualité féminine pensée prioritairement dans le registre de l'affect et de la conjugalité, à une sexualité masculine pensée dans le registre des besoins naturels et du désir. Comme le disait Rémy de Gourmont : « Un homme commence par aimer l'amour et finit par aimer une femme ; une femme commence par aimer un homme et finit par aimer l'amour ». Une citation qui résume bien toute cette enquête.

LA PLANÈTE SEXUELLE DES SINGES

Selon Desmond Morris, le mâle la monte par derrière, introduit son pénis, donne quelques rapides coups de rein, éjacule, descend et ils se séparent aussitôt. L'ensemble de la rencontre aura duré d'ordinaire quelques secondes.

Marie-Claude Bomsel[1] nous apprend que si chez les mammifères, les démonstrations amoureuses sont plus odorantes que visuelles… ce n'est pas le cas de la majorité des primates ! Aussi, à cause de la gêne que fait naître leur proximité avec nous, ont-ils été rapidement placés, par les non-initiés, dans le monde de la lubricité, « forniquant » sans cesse et quasiment sans prémices. Pourtant l'homme fait partie de l'ordre des primates, plus précisément de la famille des hominidés.

Être de la même famille, cela crée des liens ! En tout cas, il était logique que l'on recherche des analogies entre les rites amoureux des membres de ce groupe. Première constatation, on sait qu'environ 5 % des mammifères sont considérés comme fidèles à leur partenaire, si ce n'est pour toute leur durée de vie, incertaine dans le monde sauvage, tout au moins pendant une bonne partie de la période de reproduction impliquant plusieurs portée de jeunes. Les primates n'échappent pas à cette règle et sur les cent quatre-vingt-quinze à deux cent dix espèces identifiées que compte cet ordre, moins de dix peuvent être rangées dans la catégorie « couple stable ».

1. « La séduction : du singe à l'homme », *Cerveau & Psycho* n° 12.

Notre modèle occidental d'union ou de mariage pour la vie est donc déjà mis à mal par cette constatation. Ainsi nombre d'anthropologues ont proposé divers scénarios pour expliquer pourquoi nous avions choisi ce mode de vie minoritaire dans notre famille naturelle. Dans une perspective évolutionniste, la formation du couple humain serait due à une réceptivité sexuelle continuelle de la femelle humaine ; par intérêt génétique, le géniteur potentiel resterait auprès de sa partenaire pour transmettre ses gènes à sa descendance, s'abstenant de relations sexuelles avec d'autres femelles et contribuant à la protection et à l'éducation de ses enfants.

La séduction chez les grands singes

La notion de séduction est très variée chez les singes. Qu'en est-il des grands singes, nos proches cousins ? Le plus éloigné, l'orang-outan, est le seul grand singe d'Asie strictement arboricole ; il vit en solitaire à partir de vingt mètres au-dessus du sol. En dehors des jeunes subadultes, qui se rassemblent pendant l'adolescence en groupes, ce qui facilite les premiers contacts amoureux, les adultes vivent séparément. Aussi, quand un mâle rencontre une femelle, surtout s'il est jeune, il peut y avoir ce que nous appellerions un viol par consentement mutuel, le mâle étant deux fois plus corpulent que la femelle et ne perdant jamais une occasion de s'accoupler.

Le gorille africain vit en harem familial, un mâle pour quelques femelles (moitié moins grosses que lui) et les petits. Le groupe peut cependant comprendre un ou plusieurs jeunes mâles subadultes accompagnant le groupe dans ses déplacements et pouvant séduire occasionnellement une femelle sans provoquer l'agressivité du mâle dominant. Cette espèce étant particulièrement tolérante et peu portée sur la libido, les femelles prennent l'initiative des joutes amoureuses, simples et rapides.

C'est probablement chez les chimpanzés, avec lesquels nous partageons près de 99 % de notre patrimoine génétique, que nous pourrions espérer trouver un chaînon manquant. Les mâles sont à peine plus gros que les femelles et leur vie sociale est riche en conflits et en alliances. Deux modes de vie radicalement opposés sont possibles : les chimpanzés communs (dans une vingtaine de pays africains) vivent en communautés atteignant parfois une centaine d'individus occupant de larges territoires ; plusieurs mâles cohabitent avec plusieurs femelles dotées de protubérances fessières lors des périodes de fécondité. La majorité des mâles chimpanzés passent leur vie dans le même groupe, contrairement aux femelles qui, comme chez les gorilles, passent d'une communauté à une autre. De nombreux conflits naissent des relations de dominance que veulent imposer les mâles et de la compétition pour les femelles. De nombreuses rixes éclatent toujours, dangereuses et même parfois mortelles pour les mâles.

Ces chimpanzés font la guerre, pas l'amour. Leur comportement est à l'opposé de celui de l'autre espèce de chimpanzés, les bonobos. Cette espèce naine est confinée aux forêts denses limitrophes du fleuve Congo. Il y règne une atmosphère détendue, puisqu'ils utilisent les relations sexuelles, tous sexes et âges confondus, pour entretenir la cohésion du groupe et pour renforcer les liens amicaux. Les turgescences sexuelles des femelles sont particulièrement volumineuses et durent pendant presque tout le cycle, encourageant ainsi une activité poussée. Si, comme chez les chimpanzés communs, l'infidélité est la règle, elle est ici utilisée comme un lien et non comme une source de conflit.

On retrouve, chez ces deux espèces de chimpanzés, l'ébauche de nos mimiques de séduction : moue, claquement de lèvres, baiser d'accueil, regard fixe, figure détendue, enlacement par les bras. Nombreuses sont les mimiques, dérivées de l'enfance, esquissées lors de l'approche de deux partenaires.

Quelle différence avec l'Homme ?

La différence sexuelle entre l'homme et l'animal est la pensée conceptuelle.

Théoriquement monogame dans notre civilisation, pouvant vivre en harem dans d'autres sociétés, conquérant du monde grâce à son intelligence, l'homme est toujours à la recherche de ses origines et a souvent recherché quel rôle le sexe a joué dans son apparition. On sait désormais que l'animal est loin d'être une machine, que lui aussi peut faire preuve d'une certaine forme d'intelligence et qu'il ressent de nombreuses émotions. Même amoureuses. La question du sentiment, c'est-à-dire la prise de conscience de l'émotion, continue d'être discutée, particulièrement chez les grands singes, dont l'anatomie cérébrale est voisine de la nôtre.

La conscience de soi

Déjà la notion de conscience de soi, chez les autres hominidés, et surtout sur l'altérité du congénère (ce que l'on nomme la théorie de l'esprit, c'est-à-dire la capacité d'attribuer à d'autres des états mentaux et à comprendre ainsi leur comportement) est l'objet de diverses études pour les primatologues. Cette notion a conduit l'homme à avoir un regard sur soi par rapport aux autres, donc à manifester de la gêne et de la pudeur. Tout aussi logiquement sont aussitôt apparus les fantasmes qu'ils soient positifs ou négatifs : le rêve du prince (ou de la princesse) charmant, l'union pour la vie dans nos sociétés ou à l'inverse la transgression de l'interdit, par exemple la pédophilie ou l'inceste, des perversions qui sont rares chez les singes qui ont des systèmes naturels d'évitement.

Descendants des anges ?

Sommes-nous des singes améliorés ou évolués ? Ou alors l'être humain est apparu sur la planète venant d'un ailleurs cosmique et comme il est dit dans l'Ancien Testament : les anges ont trouvé les filles de la Terre si belles qu'ils ont décidé de les épouser et de créer une descendance. Pourquoi pas après tout ? Si ces anges étaient des hommes au sens humain du terme et qu'ils n'avaient pas d'autres moyens de se reproduire après un long voyage dans l'espace ? Saura-t-on jamais l'origine de l'homme ? Au moins peut-on inférer que celle de la femme est liée à notre planète, s'il faut en croire la Bible.

Le mélange des gènes a permis à la race humaine de croître en intelligence, ce qui fait qu'aujourd'hui, l'infériorité prétendue des femmes n'est plus qu'un héritage culturel d'une société patriarcale « importée du cosmos ».

Tout est possible en l'occurrence, les femmes sont si différentes des hommes sur un simple plan anatomique qu'il est bien possible qu'ils puissent provenir de mondes différents à l'origine.

LE SEXE DU SOURIRE

« Le sourire provient d'une vibration qui associe la joie et la terreur, l'émerveillement et l'effroi », écrit Patrick Drevet dans son essai *Le Sourire*[1]. Complexe, il révèle ce que nous sommes. Pourtant, à l'inverse du rire, qui préoccupe les chercheurs depuis une vingtaine d'années, peu d'études ont été consacrées à la plus subtile des expressions humaines.

À quand remonte le premier ? Il apparaît chez le bébé entre son trentième et son quarante-cinquième jour, au plus tard à trois mois, pour exprimer un contentement à la vue d'une personne familière, à l'écoute d'un son mélodieux ou après un repas. L'apprentissage par imitation va ensuite jouer son rôle et donner tous son sens au sourire. Le psychologue Paul Ekman en a recensé dix-neuf différents, dont celui empreint de peur, de mépris ou d'ironie : le rictus.

Sourire est d'abord un mécanisme cérébral. Selon les scientifiques, tout commence par une excitation de la partie antérieure de notre hypothalamus, glande située à la base du cerveau. Telle une onde, elle transmet un influx au système limbique, siège des émotions. Le tonus musculaire se relâche, les réactions faciales de contentement apparaissent (une excitation de la partie postérieure de l'hypothalamus entraîne des réactions de mécontentement).

1. Gallimard, Collection « Blanche », 1999.

Si quinze muscles sont nécessaires pour rire, il en faut autant pour amorcer ce que le dictionnaire définit trop simplement par « un léger mouvement des yeux et des lèvres ». Mais à chaque type de sourire ses muscles spécifiques ! Ainsi, le sourire de politesse, simple plissement des lèvres, met en jeu la contraction du grand zygomatique, alors que le sourire de joie, large et éclatant, fait intervenir l'orbiculaire palpébral, le muscle des paupières. Celui-ci ne s'active qu'involontairement lors de sensations agréables ; impossible de confondre un rictus contraint et un sourire de bonheur. Le sourire est un autre langage, un moyen de traduire ce qui, en nous, reste muet.

Les femmes sourient-elles plus que les hommes ? J'ai observé quelques milliers de clichés de femmes et d'hommes politiques ou de pouvoir et j'ai pu constater que le vrai sourire est un exercice plus féminin que masculin. Les hommes font appel au sourire de politesse ou au rictus commercial tandis que les femmes sourient avec les yeux et souvent tout le visage.

LE SEXE DES SPORTIFS

Tableau comparatif des profils entre hommes et femmes pratiquant un sport en salle.

Population globale étudiée : 130 individus
Répartition sexuelle : 57 hommes/73 femmes

Profil	Nombre femmes : 73	Nombre hommes : 57	% Femmes	% Hommes
Narcissique	4	3	6 %	5 %
Challenger	16	10	23 %	18 %
Créatif	3	3	4 %	5 %
Tribal	5	9	7 %	16 %
Cartésien	9	1	12 %	2 %
Relationnel	12	13	16 %	23 %
Sensitif	5	5	7 %	9 %
Idéaliste	19	13	26 %	23 %

Pour les hommes, les trois profils majoritaires sont identiques, à savoir Challenger + Relationnel + Idéaliste. Ils représentent 64 % de la population étudiée. Ce qui laisse sur le carreau les Tribaux, Narcissiques, les Créatifs, les Cartésiens et les Sensitifs.

En revanche, si on compare les profils féminins aux profils masculins, nous aurons dans l'ordre d'arrivée : les Idéalistes, les Challengers, les Relationnelles qui représentent 64 % du groupe de sportives.

La disproportion entre hommes et femmes de profil cartésien ne s'explique pas.

Les Idéalistes visent la perfection, les Challengers se mettent au défi, les Relationnelles ont besoin de communiquer. Quant aux Cartésiennes, il n'y a pas d'explication à leur présence dans ce groupe.

Le fait qu'il y ait peu de narcissiques dans ce genre de salle de fitness est en soi surprenant. Créatifs et

Sensitifs ne sont pas de grands amateurs de sculpture du corps.

Si je rassemble les deux sexes, soit une population totale de 130 individus :

Profil	Nombre	%
Narcissique	4	3
Challenger	16	10
Créatif	3	3
Tribal	5	9
Cartésien	9	1
Relationnel	12	13
Sensitif	5	5
Idéaliste	19	13

Majorité de Challenger + Relationnel + Idéaliste. Rien ne change, toujours 64 % de la population globale.

Ce qui prouve que les profils ont plus d'importance que les sexes dans ce groupe de sportifs.

LE SEXE DES STRATÉGIES

Le sens de la stratégie diffère du fait que les femmes portent les enfants et consentent un investissement parental bien supérieur à celui des hommes. Dans toutes cultures, ce sont les femmes qui prodiguent les soins aux enfants. Depuis des millions d'années, le développement du nouveau-né dépend de la qualité des soins maternels. Un comportement prévenant, qui s'exprime précocement chez les petites filles quand elles jouent à la maman, s'inscrit peut-être dans ce déterminisme biologique.

Plusieurs études ont effectivement montré que les femmes éprouvent une profonde satisfaction à s'occuper de leurs enfants, l'exercice d'une profession n'y change rien : la plupart des femmes prévoient aujourd'hui comme hier dans leur projet de vie une période de maternage.

Si les femmes ont une stratégie qualitative, les hommes ont plutôt une stratégie quantitative ; ils ont tendance à vouloir transmettre leurs gènes à plusieurs partenaires. Cette différence de stratégie de reproduction se traduit dans les comportements : les femmes sont prédestinées à la sollicitude, conséquence de leur investissement parental élevé, tandis que les hommes cherchent à s'imposer, à dominer les « compétiteurs » pour séduire les partenaires disponibles dont le nombre est limité en raison, précisément, de leur investissement parental.

Pour éviter les affrontements directs, l'homme a élaboré des stratégies d'intimidation très efficaces, et que pratiquent déjà les jeunes garçons. Dans une cours de récréation, dès l'école maternelle, on observe des comportements qui visent à impressionner les camarades et à les décourager pour éviter les confrontations. Beaucoup d'animaux ont adopté des stratégies identiques : dans leurs affrontements, les mâles essaient d'abord d'intimider leur rival en le menaçant et en adoptant de postures d'intimidation (le gorille se frappe le torse), sans se laisser entraîner, si possible, dans un vrai combat.

LE SEXE DE LA SUPERSTITION

Les femmes sont-elles plus superstitieuses que les messieurs ? Il est vrai que la clientèle des cabinets astrologiques et autres devins est plutôt composée de l'élément féminin de la population. Mais cela ne signifie pas que les hommes passent sous les échelles sans se soucier des conséquences d'une « telle audace » sur leur destin.

Il faut savoir que la superstition, qui n'est que la faculté de croire au miracle, est le moteur des religions. Et la religion, dont les hommes se sont emparés parce qu'elle est un pouvoir qui permet d'asservir les esprits, repose essentiellement sur la foi féminine. La femme confite en dévotion est plus orthodoxe que l'homme car elle vénère, sans le savoir, le tabernacle qu'elle porte au creux de ses entrailles, l'arche d'alliance entre la vie et la mort de toute civilisation. Le corps humain est une machine tellement parfaite qu'il est difficile de croire qu'il n'est que la conséquence d'un accident de la Nature. Mais surtout, il est insupportable de le considérer comme une vidange perdue. Il y a forcément une âme consignée quelque part. D'où l'importance de la superstition et surtout des religions ! Comment ? Vous ne saviez pas que les religions étaient de la superstition sanctifiée ? N'empêche qu'elles sont bien utiles quand tout va de travers et que la boussole ne trouve plus le nord !

Et les gestes de la superstition ?

Je croise les doigts

Le chevauchement des majeurs sur les index est un geste conventionnel destiné à évacuer le mauvais sort ou à porter chance. Ce code gestuel est plus typiquement féminin que masculin.

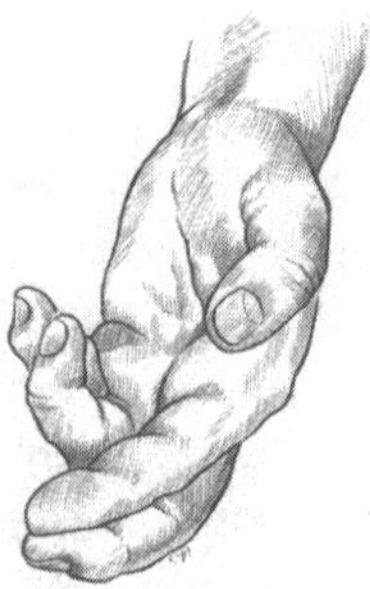

Figure 78

Quand le majeur gauche chevauche l'index gauche (fig 78), la symbolique digitale traduit ce geste de la manière suivante : la jalousie ou l'envie alimente l'image de soi. En clair : le reproducteur du geste espère que ses atouts lui ouvriront la voie.

Quand le majeur droit chevauche l'index droit (fig 79) : la confiance en soi est supposée conforter la maîtrise de la situation. En tous les cas, c'est l'espoir exprimé par ce geste.

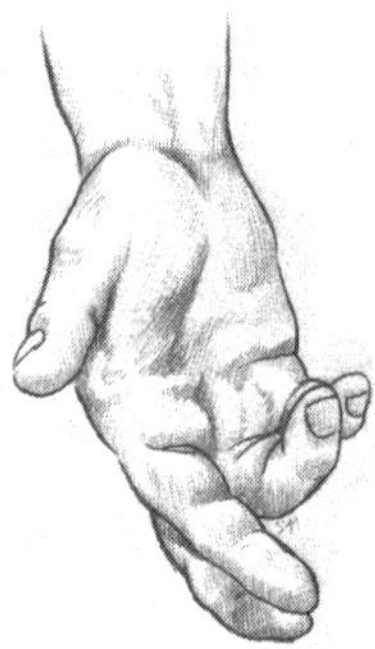

Figure 79

Le look et la confiance en soi sont associés gestuellement pour réaliser le vœu du reproducteur. Le geste en question s'inscrit dans la logique des choses. La

confiance en soi et l'estime de soi (look) sont les armes fondamentales du succès de toute entreprise.
Ce code d'intention est plus féminin que masculin. Il est surtout reproduit par les jeunes femmes qui consultent leur horoscope pour se fabriquer un destin sur mesure.

LE SEXE DU SURMOI

La somme des interdits y est concentrée sous la férule des images parentales intériorisées. C'est, en somme, la police ou le tribunal qui gère votre niveau de moralité, freine vos conduites impulsives et érige des barrières de défense pour protéger votre esprit de l'invasion de pensées lubriques.

Un surmoi fragilisé s'observe dans la reproduction de croisements de jambes répulsifs trop fréquents (voir le Sexe des jambes). Les femmes qui marchent les bras croisés révèlent également une perturbation de l'équilibre entre les deux images de référence, paternelle et maternelle.

Mais le surmoi est surtout représenté par les index en batterie qu'affectionnent tellement les tribuns, car les index symbolisent cette instance psychique particulière.

L'image paternelle est symbolisée par l'index droit et l'image maternelle, par l'index gauche, chez les droitiers, bien entendu.[1]

---

1. Voir Le Sexe des index.

T

LE SEXE À TABLE

Bien avant que l'on invente le premier restaurant, offrir de la nourriture a toujours fait partie des stratégies de séduction. Ce comportement se retrouve dans des lignages d'animaux indépendants, ce qui prouve que c'est sans doute une invention récurrente de la vie. Le plus souvent ce sont les mâles qui offrent, afin d'immobiliser les femelles lors de la copulation. Ainsi, les mouches-scorpions offrent régulièrement de la salive régurgitée contenant des restes de repas. Les moucherons Empis offrent une proie, éventuellement emballée dans un ballon de soie vide, ou encore un leurre naturel ressemblant à un paquet-cadeau, selon les espèces. Les sternes offrent de petits poissons à leurs belles et les guêpiers (des passereaux qui se nourrissent de guêpes) des insectes. Une corneille choucas mâle, tombée du nid et élevée en main par Konrad Lorenz, avait, par « empreinte », appris à le reconnaître comme objet sexuel. Elle lui offrit un jour, au printemps suivant, une bouchée de vers de terre, comme elle l'aurait fait pour une femelle de son espèce, si elle avait grandi au nid. On ne sait pas s'il faut mettre dans cette catégorie le fait que certaines femelles dégustent, s'ils ratent leur coup, des mâles plus petits qu'elles, comme le font les mantes religieuses ou les araignées nécrophiles, parfois huit cents fois plus volumineuses que leurs partenaires.

Le rapport entre sexe, séduction et nourriture peut tourner mal… Bon appétit !

Et la gestuelle ?

Elle

Elle mange toujours avec les coudes en appui sur la table

C'est une intellectuelle plus plate que tonique, même si elle vous donne l'impression que vous ne lui êtes pas indifférent. En réalité, elle se cherche un confident prêt à l'écouter des heures durant. À priori, elle vous fera parler de vous pour vous donner le change avant d'embrayer sur l'histoire de sa vie. La posture des coudes sur la table est confortable, elle est le refrain postural de tous ceux qui aiment bavarder en mangeant.

Elle mange sans appui des coudes ou des avant-bras

C'est une petite fille dans un corps de femme. Obéissante, soumise, respectueuse des règles du jeu. Elle vous sera aussi fidèle qu'une moule accrochée à son rocher, si vous lui plaisez. À la limite, elle appuiera délicatement ses poignets sur le bord de la table pour vous écouter pérorer tout en vous offrant ses grands yeux ingénus remplis de candeur.

Elle mange avec les avant-bras en appui sur le bord de la table ou posés sur la table

Elle sait ce qu'elle veut et suivant la direction de ses regards, si vous êtes sa cible, vous êtes déjà croqué avant d'avoir été mijoté.

Les avant-bras font partie des moyens défensifs du corps. Le fait de les poser sur la table est un signal de connivence. Le corps s'avance légèrement contre le rebord de la table, un signal d'invasion pré-programmé.

Lui

Il mange avec les coudes en appui sur la table

Ce n'est pas un séducteur audacieux. Il lui faut du temps pour passer la vitesse supérieure et vous pourriez vous lasser dans la mesure où il est tellement en orbite autour de son nombril qu'il sera aveugle à vos invites les plus subtiles. Patience et longueur de temps. Il finira par succomber à vos avances... avec un peu de chance.

Il mange sans appui des coudes ou des avant-bras

C'est un timide qu'il faudra violenter, si vous espérez qu'il vous courtise.

Il mange avec les avant-bras en appui sur le bord de la table

C'est un mâle dominant qui cherchera à vous séduire pour le plaisir d'exercer son pouvoir d'influence et non parce que vous lui plaisez forcément. En revanche, s'il pose ses avant-bras sur la table, je vous renvoie au descriptif ci-dessus : cette posture marque une envie de complicité, peut-être charnelle.

Quelques infos gastronomiques

10 % des hommes vivant en couple se chargent de la cuisine ordinaire, moins de 3 % du repassage.

Entre 1986 et 1998, la durée quotidienne des repas pris en famille à la maison est passée de 1 h 19 à 1 h 22 selon l'INSEE. Ce sont les moins de vingt-cinq ans qui passent le moins de temps à table (quinze minutes quand ils sont seuls). À l'inverse, les plus de soixante-quinze ans y consacrent presque deux fois plus de temps. Au total, la fameuse « déstructuration » des repas touche surtout les personnes seules et les moins de trente-cinq ans. Ces derniers invitent plus souvent des gens à la maison que leurs aînés et mangent aussi plus souvent à l'extérieur. Y compris chez leurs parents.

Au total, la fameuse « déstructuration » des repas touche surtout les personnes seules et les moins de trente-cinq ans. Ces derniers invitent plus souvent des gens à la maison que leurs aînés et mangent aussi plus souvent à l'extérieur. Y compris chez leurs parents.

Les ouvriers aiment davantage cuisiner et reçoivent plus que les cadres. Ces derniers privilégient le restaurant, question de moyens. Les ruraux invitent désormais davantage que les citadins. Les Français invitent plus famille et amis le samedi soir que le dimanche midi.

LE SEXE DE LA TAILLE

On voit souvent des hommes grands avec de petites femmes, mais rarement l'inverse. Les statistiques prouvent que la réussite sociale, la santé et même l'espérance de vie sont meilleures pour les plus grands. Il paraît que les hommes de grande taille se reproduisent plus facilement que les petits et ce pour deux raisons : plus on est grand, plus on bénéficie de taux de testostérone élevés et les préférences féminines vont aux hommes qui les dépassent en taille. Ils sont considérés comme plus aptes à les protéger et à transmettre cet avantage par leurs gènes. Les hommes préfèrent en revanche les femmes plus petites qu'eux, parce qu'ils le ressentent comme une marque de supériorité.

Dans nos séminaires, ajoute le Docteur Ellis cité par Allan Pease[1], nous avons souvent eu l'occasion de vérifier que les plus hauts responsables d'une entreprise sont presque toujours plus grands que les autres. En interrogeant différents instituts de management, nous avons découvert qu'un écart de taille de trois centimètres entraînait un bonus salarial d'environ sept cents euros – qu'il s'agisse d'un homme ou d'une femme. Des enquêtes réalisées aux États-Unis ont montré que la réussite financière y est aussi conditionnée par la taille : à Wall Street, mesurer trois centimètres de plus qu'un collègue aux compétences équivalentes se traduit par un supplément de salaire de six cents euros. Cette corrélation se vérifie dans la haute administration où la promotion est en principe fonction du degré de compétence et pas de la taille... Une enquête américaine prouve notamment que dans les entreprises américaines, ce sont les grands qui accaparent les meilleurs postes, sans compter que pour eux les salaires de départ sont plus élevés. Les personnes qui mesurent plus de 1,90 m obtiennent des rémunérations supérieures de 12 % à leurs homologues mesurant moins de 1,80 m.

Un nouveau racisme masculo-masculin pourrait voir le jour avec pour fondement le nombre de centimètres séparant les hommes. Nicolas Sarkozy en a souffert en tant que candidat à la présidentielle. Il est vrai que les hommes de haute taille donnent plus facilement

---

1. Allan Pease, Barbara Pease, « *Pourquoi les hommes se grattent l'oreille... et les femmes tournent leur alliance* » Éditions First.

une impression de charisme que les hommes de taille moyenne ou les petits.

LE SEXE DU TERRITOIRE

Comment créer les conditions d'une relation constructive ou profitable avec l'autre en se fondant sur la latéralité du croisement des bras ?

Est-il offensif (bras droit dominant dans le croisement des bras) ? Est-elle défensive (bras gauche dominant dans le croisement des bras) ? Et vous ? Il a croisé les bras à un moment donné de l'entretien, elle croise les bras en marchant à vos côtés. Connaissant déjà votre latéralité pour ce refrain gestuel invariable, que pouvez-vous en déduire et comment allez-vous adapter votre mode de communication pour donner toutes ses chances à votre relation ? Le croisement des bras identifie le mode de défense du territoire mental : l'offensif avantage la confiance en soi, le défensif privilégie l'estime de soi.

L'offensif a besoin de se faire confiance dans son domaine de compétences avant de gagner l'estime des autres. Hors de ce sentiment essentiel, il se sent diminué. En revanche, le défensif ne gagne ce sentiment de confiance en soi que s'il est estimé par son entourage.

Les cas de figure

Les couples du même sexe

Vous êtes deux hommes offensifs

Les offensifs ont le sens des responsabilités et un sens de l'honneur bien ancré, ils aiment aussi conserver leur libre arbitre. Ne lui imposez pas une opinion que vous n'accepteriez pas pour vous-même. Ne vous imposez pas non plus, laissez-le respirer. Gardez vos distances et rompez si vous sentez que votre relation est mal engagée ! Les hommes offensifs ont besoin de s'affirmer pour conserver leur confiance en soi, ce qui engendre parfois des conflits de personnalité.

Vous êtes deux hommes défensifs

Les hommes défensifs ont besoin de se sentir valorisés, motivés, encouragés. À ces seules conditions, l'autre acceptera de coopérer jusqu'à devenir parfois le prosélyte inattendu de votre projet ou de vos idées. C'est à partir de là que vos initiatives pourront être victorieuses. N'oubliez jamais que l'estime de soi est le carburant fondamental du défensif.

Vous êtes défensif, l'autre est offensif ou l'inverse

Soyez attentif et intellectuellement à la hauteur ! Ce genre de rencontre, pour qu'elle réussisse, doit être placée sous le signe de la réflexion et de la probité intellectuelle. L'antagonisme entre la confiance en soi et l'estime de soi est complémentaire.

Vous êtes deux femmes défensives

Veillez toujours à rester crédible et à bien gérer votre temps de parole sans empiéter sur le sien. Deux femmes défensives en face à face ont besoin de dialoguer pour s'entendre. Évitez les doubles monologues !

Vous êtes deux femmes offensives

Les femmes offensives entretiennent parfois des relations instables fondées sur l'esbrouffe ou la vanité. Si vous êtes dans ce cas de figure, évitez l'ironie à bon marché ou l'esprit critique, l'autre risque de se déjuger si le vent tourne. Ne cherchez pas à vous imposer d'entrée de jeu, elle fonctionne comme vous et les heurts risquent de provoquer des malentendus.

Vous êtes défensive, l'autre est offensive ou l'inverse

La relation doit être pédagogique, explicite et fondée sur le besoin de progresser en commun. L'altérité des territoires sera un gage de complicité si l'offensive accorde son estime à la défensive.

Les couples de sexe opposé

Vous êtes tous deux offensifs

Les offensifs de sexes opposés s'apprécient quand ils parviennent à s'apprivoiser. L'offensif devra conserver une distance de fuite pour ne pas heurter l'offensive de front.

Vous êtes offensif, elle est défensive

Inscrivez d'office votre relation dans une atmosphère socioculturelle, parlez lui de vos passions, de votre besoin de gagner vos paris et d'être populaire ou reconnu pour vos talents. Ce genre de rencontre peut éveiller des énergies insoupçonnées s'il s'agit d'une situation de séduction. La chance pourrait bien frapper à votre porte. Allez vite ouvrir ! La femme défensive aime se sentir en sécurité et elle admire l'audace de l'offensif.

Vous êtes tous deux défensifs

Les défensifs de sexes opposés lient souvent connaissance par le biais de leur passion pour l'érudition et le savoir. Ils aiment fréquenter les conférences, voyager utile, apprendre et accumuler des savoirs. L'ouverture entre défensifs de sexes opposés est souvent culturelle. Il arrive aussi que nombre de couples défensifs se rencontrent sur leur lieu de travail.

Vous êtes défensif, elle est offensive

Flexibilité relationnelle et humour sont les maîtres mots qui ouvriront la porte à une atmosphère ludique et totalement délicieuse, dès les premières minutes de votre entretien. Elle apprécie les hommes qui sourient facilement et dont le rire ne ressemble pas à un chat dans la gorge. La femme offensive aime prendre l'initiative. Ne la frustrez pas.

Offensif ou défensif ?

Cette échelle repose sur le refrain invariable du croisement des bras. Il détermine la frontière entre les individus qui ont besoin de conforter leur confiance en soi pour gagner l'estime des autres (les offensifs) et les individus qui ont besoin d'acquérir l'estime des autres et de soi pour renforcer leur confiance en soi (les défensifs). Le territoire mental correspond évidemment à la conscience qui renferme les capacités intellectuelles et commande aux comportements socioculturels stéréotypés qui nous différencient les uns des autres.

Hommes

Statut	Code	Nombre d'individus	%
Offensif	OFF	274	34 %
Défensif	DEF	537	66 %

Femmes

Statut	Code	Nombre d'individus	%
Offensif	OFF	450	36 %
Défensif	DEF	787	64 %

Soit un pourcentage légèrement supérieur de femmes offensives.

Les Français sont majoritairement défensifs, une proportion qui ne se retrouve pas dans les études réalisées sur des groupes sociaux particuliers (acteurs de cinéma, animateur de télé, sportifs, politiques), groupes parmi lesquels les pourcentages d'offensifs sont supérieurs à 40 % sans toutefois dépasser la barre des 50 %.

Étude comparative

La proportion d'offensifs et de défensifs entre hommes et femmes sportifs diffère sensiblement en ce qui concerne les hommes :

Hommes

Statut	Code	Nombre d'individus	%
Offensif	OFF	25	44 %
Défensif	DEF	32	56 %

L'équilibre sociétal se situe à 45/55 %. Il représente un groupe social entreprenant et en recherche de défis.

Femmes

Statut	Code	Nombre d'individus	%
Offensif	OFF	28	38 %
Défensif	DEF	45	61 %

En revanche, pour les femmes il n'y a pas de grande différence avec la population de référence, ci-dessus. Les femmes sportives demeurent moins offensives que les hommes.

LE SEXE DE LA TOLÉRANCE

La tolérance est intolérable dans une nation qui se cache derrière le discours consensuel d'un Président craignant d'affronter ses responsabilités. La France est une nation qui prône la tolérance démocratique face à des communautés religieuses extrémistes qui refusent de partager les valeurs de leur pays d'accueil au nom de l'interprétation rétrograde de leurs croyances. Comme l'affirmait un imam irakien interrogé par un journaliste français, nous sommes à l'aube d'une guerre de religions. Et s'il avait raison ?

Dire spontanément ce que l'on pense de ces conduites fondamentalistes serait une erreur, voire une injure sanctionnée par la loi. Mais « l'ordure de Français » ou le « sale petit blanc qui pue » ont-ils le droit de déposer plainte pour injure raciste au commissariat le plus proche sans se faire moquer par l'officier de service ? La tolérance est devenue un concept à sens unique. Elle fait place à l'intolérance du voisin d'en face. Tendez l'autre joue ! Le discours de l'ignorance gagne des points. Les journalistes féminines se couvrent du voile, bien forcées de respecter leurs coutumes quand elles sont chez elles mais elles refusent de se plier aux règles de la laïcité quand elles débarquent chez nous. Ce n'est que normal ! Mais si les Irakiens, par exemple, n'avaient pas de pétrole, comme les Tutsis du Rwanda, auraient-ils droit à l'indignation unanime des médias ?

Quand un non-croyant pénètre dans une église, il a pour obligation d'enlever son couvre-chef. Que penseriez-vous d'un individu qui refuserait d'ôter son chapeau par conviction religieuse ? Un chrétien met les pieds dans une mosquée, l'imam lui demande d'ôter ses souliers. Il refuse au nom de ses principes religieux. Crime de lèse-majesté ! L'incident ferait la une du *Parisien*. Il faut se couvrir la tête quand on entre dans une synagogue. Le refus d'obtempérer est une injure à la religion juive. Et ainsi de suite ! Quand les règles ne sont pas respectées, les extrémismes se réveillent et les lois ne s'appliquent plus de la même manière pour tout le monde. Le refus de s'intégrer, d'adopter les coutumes de son pays d'accueil, de respecter ses lois est une manifestation de mépris des règles. Et du mépris des règles à la délinquance, le pas est déjà franchi avant que le pied ne se lève.

L'interdiction du voile à l'école n'est que le début d'une radicalisation des mentalités dans un pays tolérant et laïc. La polygamie risque de suivre car les caisses d'allocations familiales commencent à la trouver saumâtre. C'est très mauvais signe pour tous ceux qui s'imaginent que la France est le paradis sur terre. La démultiplication des bavures et autres dérapages policiers n'est qu'un symptôme d'un ras le bol général. Quand le droit à la différence se confond avec une prime à l'intolérance, la marginalisation ne fait que croître et embellir et le délit de sale gueule devient un délit de facto. Et la bête immonde renaît de ses cendres, le racisme est partout. Il prend sa source dans l'intolérance et la méfiance érigée en système. Il suffit d'observer l'attitude des gens autour de soi. Plus les cuisses se croisent, plus l'intolérance et la méfiance prennent le pas sur la confiance et la tolérance. Si le sujet vous interpelle, observez les débats polémiques télévisuels en comparaison avec une rencontre amicale sur un plateau de télé et vous serez édifié. Comptez les cuisses croisées dans les deux cas de figure !

Dans un contexte particulier (réunion, restaurant, meeting, etc.) plus vous compterez de femmes dont les jambes droites dominent les jambes gauches, plus vous pourrez considérer que le malaise social est dans l'air. À l'inverse, plus vous observerez d'hommes qui croisent la jambe gauche sur la droite, plus vous pourrez inférer que l'intolérance a pris le pas sur la tolérance ou la convivialité.[1]

---

1. Voir Le sexe des jambes.

LE SEXE DU TOUCHER

Longtemps tabous en France, les effets du toucher sont aujourd'hui reconnus. Marque d'intérêt, de protection ou d'autorité, il influence directement nos comportements. Le toucher est également un micromessage très couru dans les prémices de la parade amoureuse.

« Le Français serre la main et fait la bise à tout bout de champ, observe Jean-Pierre Veyrat, spécialiste de la gestuelle et profileur pour le GIGN. Toucher, c'est un signe d'affection, mais cela sert aussi à porter l'estocade : "J'ai une chose à te demander, tu ne peux pas la refuser." »

Je ne conteste pas l'expertise de Veyrat mais je souhaite rajouter quelques éléments à ce constat. La Française est plus tactile que le Français, d'où cette coutume des quatre bisous qui ne sert qu'à la sécuriser. Le *shake hand* que les Britanniques évitent autant que faire se peut est privilégié par les Français par automatisme social. Nos concitoyens sont peut-être plus arrogants que les Anglo-Saxons, mais ils sont aussi plus relationnels. Les Français sont partageurs et nettement moins égoïstes que leurs voisins d'outre-Manche. Je précise que je ne suis pas citoyen français, mais sujet du royaume de Belgique, ce qui me permet de prendre de la distance.

Dans l'Hexagone, les bienfaits de l'effleurage, longtemps tabou, bridé par nos vieilles conceptions hygiéniques ou religieuses, sont désormais reconnus. On masse les bébés, des instits travaillent sur les liens entre le toucher et la lecture.

Dans notre société, où tout est très contrôlé, réglementé, non seulement le toucher est toléré, mais on en a besoin. Chaque être humain a à sa disposition environ deux mètres carrés de peau en demande de caresses. Dans notre cerveau, la zone du cortex préfrontal, vouée au toucher, est beaucoup plus vaste que celle des quatre autres sens.

Le toucher au féminin

La femme effleure, caresse, frôle, cajole, câline. La douceur est son paradis, la douleur son purgatoire. Certaines femmes ont besoin de provoquer, de susciter la violence de leur partenaire pour atteindre l'orgasme. Pour d'autres, la dispute verbale représente une prémisse indispensable à un rapport sexuel satisfaisant. Le toucher est un art charnel que peu de femmes maîtrisent, sauf au cinéma. Combien d'épouses savent-elles que le meilleur moyen de rendre un homme accro ou fidèle, ce qui revient au même, est de le caresser à perte de vue ? Ces caresses éveillent en lui le souvenir du contact maternel. Plus il en bénéficiera, plus il se sentira dépendant sentimentalement de sa compagne. L'infidélité d'un homme provient souvent d'un manque de caresses au sein du couple, donc d'une carence du toucher.

Selon le psychologue britannique Peter Collett, qui a publié *Ces gestes qui parlent pour nous* (J.-C. Lattès, 2006), le contact physique « recrée les sentiments d'amour et de sécurité éprouvés lorsque nous étions bébés ». On se sent accepté, bercé, du coup, on baisse la garde. « Un client qui a été touché par une vendeuse passe dans la boutique vingt-deux minutes en moyenne, au lieu de treize », observe Robert-Vincent Joule, directeur du laboratoire de psychologie sociale à l'université de Provence, coauteur du *Petit Traité de manipulation à l'usage des honnêtes gens* (PUG, 1987). Il se soumet librement, sans en être conscient. Cette technique est enseignée dans tous les séminaires de vente. »

Faire semblant

Une étude expérimentale effectuée par Nicolas Guéguen, chercheur à l'université de Bretagne-Sud, démontre qu'un simple geste, anodin en apparence, stimule une humeur positive. « Que voulez-vous boire, monsieur ? » lance la serveuse, l'air de rien, elle lui effleure le bras. Un café. Le client règle sa note et laisse un pourboire. À la table voisine, un autre avale sa bière. Lui n'a pas été frôlé : zéro pourboire. La scène se passe dans un bistrot de Vannes. À leur insu, cent quarante-trois consommateurs – quatre-vingt-dix-sept hommes et quarante-six femmes – ont été soumis au test de la « paluche » : 24,6 % ont laissé une prime si la serveuse leur a touché le bras, 10,8 % dans le cas contraire. Le toucher de la serveuse ou du patron de bistrot fidélise le client. Le micromessage peut se traduire de la façon suivante : « Je te touche parce que je t'apprécie. » Le toucher est un signe de connivence qui installe une pseudo intimité entre deux inconnus.

En politique

Les politiques en usent et abusent, consciemment ou non. *Touché, c'est gagné !* Vous connaissez cette apostrophe : tout électeur touché est un électeur gagné. La demande de contact provient souvent des militants et sympathisants qui se pressent autour de l'élu en campagne. Le politique empoigne les bras, happe une épaule, attrape l'électeur, il serre des milliers de mains, distribue les accolades. Ce comportement est le gage de sa réélection, car le toucher demeure le meilleur moyen de transmettre son énergie à l'autre et de le fidéliser. C'est aussi une question de poussière d'étoiles. Le pouvoir est hypnotique pour un simple quidam, tout comme la célébrité. L'homme de pouvoir guérit les écrouelles, comme le roi de France le jour de son sacre. En réalité, ce toucher procède d'un dispositif hypnotiseur biologique. Quand un militant ou un sympathisant s'approche de l'élu en campagne ou d'un candidat à la présidence, par exemple, il aspire à ce contact qui doit l'enrichir sur un plan spirituel. S'il est touché par la grâce, c'est-à-dire par l'élu, il conservera cet instant magique dans sa mémoire affective et se sentira missionné à voter pour lui.

Dans le même ordre d'idées, les hommes qui usent du toucher pour séduire leurs compagnes ont plus de chance d'arriver à leurs fins que ceux qui évitent le contact au cours des préliminaires. Mais les toucheurs sont aussi perçus comme des intrus quand ils pratiquent leurs approches hors du contexte de la séduction. En affaires, notamment, je vous déconseille d'avoir recours à ce type de contact, si vous ne voulez pas provoquer une levée de boucliers.

V

LE SEXE DE LA VIOLENCE

Qui en est à l'origine ? L'homme est-il d'office considéré comme plus violent que sa compagne ?

« Il n'y a pas de profil type de l'homme violent. Mais l'expérience clinique démontre que, hormis les cas de reproduction d'un climat de violence conjugale subi dans l'enfance, celui qui bat sa compagne souffre souvent d'une frustration liée à un passage oedipien non abouti. Cet homme violent, même s'il s'en défend, n'a jamais pu combler sa mère. Une mère qui faisait sentir son incapacité d'aimer en humiliant, en imposant une relation blessante sur le plan narcissique. En mettant sa compagne en état d'humiliation, le fils devenu adulte rejoue ainsi ce qu'il a enduré[1]. »

Dans le même ordre d'idées, la fille frustrée de l'amour de sa mère aura tendance à tomber amoureuse d'un homme qui lui fera subir cette violence considérée inconsciemment par sa compagne comme une « humiliation amoureuse » et qui ne sera qu'une extrapolation de la relation qu'elle entretenait avec sa mère. Comme nous le verrons plus loin.

---

1. Édith Cannac, « Maître, esclave, le secret partagé », propos recueillis par Sylvie VERAN, *Le Nouvel Observateur*, n° 2009, 27 janvier 2005.

La violence masculine peut aussi procéder d'une identification à un comportement sadique que le père a exercé sur la mère. Donner des coups, soumettre, est une compensation à une situation ancienne vécue. Ce type de violence s'accompagne par ailleurs d'une dimension orgasmique. Plus que dans le plaisir de faire mal, l'homme violent est dans une forme d'excitation sexuelle.

Mais comment expliquer que des femmes, consciemment ou non, consentent à cette violence ? Sans doute parce qu'elles ont subi la violence verbale d'une mère névrosée ou psychotique sans pouvoir renier l'amour qu'elles éprouvaient pour cette mère, dieu de colère, de vengeance et d'amertume. Les filles malmenées verbalement par leur génitrice ne sont pas en mesure de dresser des barrières de défense intangibles contre ces attaques souvent virulentes. Elles encaissent émotionnellement et décaissent sur le plan des sentiments. Quand elles finissent par échapper à ce terrorisme maternel, elles retombent souvent de Charybde en Scylla, entre les pattes d'une mari ou d'un partenaire violent. Et le scénario se réplique, mais d'une manière plus physique que verbale. Le traitement que leur mère leur a fait subir au cours de leur enfance et de leur adolescence a installé une prédisposition à la violence. Elles sont programmées pour recevoir des coups et non pour en donner.

Celle qui a été élevée dans un contexte délinquant peut-elle considérer l'honnêteté comme une vertu ? La déliquescence d'une éducation perverse peut-elle engendrer un refus du modèle imposé ? La jeune femme reproduira ces conduites malgré elle si elle n'a pas été déprogrammée au préalable par une psychothérapie en profondeur. Elle se vengera des brimades qu'elle a endurées à l'encontre de son mari ou de ses propres enfants, comme si la malédiction était inscrite dans son cursus vital. Et la surenchère peut faire partie du programme dans certains cas de figure. Jusqu'au point de non retour. Trois femmes meurent chaque semaine sous les coups de leur conjoint dans notre pays. Qui est coupable ? Le mari ou la mère ?

« Celles qui, petites, ont été maltraitées peuvent retrouver sous les coups de leur conjoint un "plaisir" de proximité avec le corps du parent violent – une sorte de jouissance décrite par Freud dans *Un enfant est battu*. D'autres vont ressentir une satisfaction d'ordre masochiste à être un objet de sévices. Le fantasme sexuel est très souvent suspendu à la souffrance. En tout état de cause, la femme qui se laisse battre manque d'une bonne image d'elle-même. Elle ne s'accepte qu'en victime, en être soumis. Un élément déterminant, dans cette relation consentie entre maître et esclave, c'est le secret qui lie les deux partenaires. Ni l'homme qui bat ni la femme qui est battue n'ont envie que ce qui se passe entre eux se sache. Parce que chacun y trouve quelque chose qui lui convient. C'est pourquoi tant de victimes attendent des années avant de porter plainte. Car dénoncer son conjoint, c'est oser révéler ce secret si longtemps partagé[1]. »

Et puis, intervient aussi le syndrome de Stockholm ! L'otage de toute cette violence conjugale prend fait et cause pour son bourreau. Elle lui trouve des excuses. Inversons les rôles ! Un homme se comporterait-il ainsi s'il était à son tour victime de la violence physique de son épouse ? Accepterait-il de vivre ce calvaire sans se révolter ?

---

1. Ibid.

Les femmes ont dans la tête l'image de siècles de femmes humiliées auxquelles elles ne veulent plus correspondre... Voire qu'elles veulent venger ! On a beaucoup parlé de la violence masculine, malheureusement réelle, et il y a encore une trace de la pensée normative de notre culture, lorsqu'elle refuse de voir la réciproque. Dans les couples, il existe toujours une relation de pouvoir, un désir de prendre le dessus... Les femmes exercent notamment une terrible violence par la disqualification, l'arme du discours, l'arme de la parole : « Tu n'es bon à rien ! » Avec son corollaire le plus dramatique : le déni du père devant les enfants ! Beaucoup de femmes ont un discours violemment disqualifiant sur les hommes. Notamment dans la tranche d'âge entre quarante et soixante ans.

Dans les relations entre les hommes et les femmes, on assiste fréquemment à cet aller-retour incessant entre masochisme et violence. Une patiente disait de son mari à son psy : « Je l'ai laissé faire pour voir jusqu'où il était capable d'aller. » Perdue dans son désir de puissance, elle n'avait pas conscience qu'elle se faisait du mal, à elle. Entre eux, les partenaires sont parfois comme des ados devant leurs parents. Ils sont à la recherche de limites. Les femmes se sont battues pendant des siècles contre un pouvoir masculin extrêmement violent. Mais les hommes sont-ils en mesure d'exister dans notre monde, hors du système de cette violence institutionnalisée pour ainsi dire ?

Les violences contre les femmes ne diminuent pas. Dans le reste du monde, ce qui est nouveau, c'est surtout la visibilité apportée par les médias aux situations tragiques vécues par les femmes dans de nombreux pays. Mais cette visibilité médiatique est-elle le remède à ces conduites ?

Je vous renvoie à mon ouvrage intitulé *Le Sens caché des gestes*, publié chez First, dont le chapitre consacré à la violence vous donnera quelques pistes pour en éviter les retombées.

Table des matières

D

E

F

G

H

I

J

L

M

T

V

J'AI LU
Bienêtre

JOSEPH ET CAROLINE
MESSINGER

Dis maman, pourquoi on peut pas dire *merde* ?

Aider les enfants à bien parler et à retrouver confiance en eux-mêmes

N° 9140

J'AI LU
Bienêtre
JOSEPH MESSINGER
Le langage psy du corps
Gestes, mimiques, postures, attitudes :
ne vous laissez pas trahir

N° 9247

J'AI LU
Bienêtre
JOSEPH
MESSINGER
Les secrets
de ceux
qui réussissent
dans la vie !
Les gestes
du succès,
les mots
de la réussite

N° 9446

J'AI LU
Bienêtre
JOSEPH
MESSINGER
Ces gestes
qui vous
trahissent
BEST-SELLER
5e édition
revue et
illustrée
La bible illustrée pour décoder
le sens caché de tous les gestes

N° 9588

9820

Composition Nord Compo
Achevé d'imprimer en Slovaquie
par Novoprint
le 29 janvier 2012

Dépôt légal janvier 2012
EAN 9782290022832

Éditions J'ai lu
87, quai Panhard-et-Levassor, 75013 Paris
Diffusion France et étranger : Flammarion